여러분의 합격을 응원하는
해커스공무원 특별 혜택

KB089999

FREE 공무원 헌법 **특강**

해커스공무원(gosi.Hackers.com) 접속 후 로그인 ▶ 상단의 [무료강좌] 클릭 ▶
[교재 무료특강] 클릭하여 이용

 해커스공무원 온라인 단과강의 **20% 할인쿠폰**

2A6CDE52D96B37EN

해커스공무원(gosi.Hackers.com) 접속 후 로그인 ▶ 상단의 [나의 강의실] 클릭 ▶
좌측의 [쿠폰등록] 클릭 ▶ 위 쿠폰번호 입력 후 이용

* 등록 후 7일간 사용 가능(ID당 1회에 한해 등록 가능)

합격예측 **온라인 모의고사 응시권 + 해설강의 수강권**

65F7A4D36C64B6AS

해커스공무원(gosi.Hackers.com) 접속 후 로그인 ▶ 상단의 [나의 강의실] 클릭 ▶
좌측의 [쿠폰등록] 클릭 ▶ 위 쿠폰번호 입력 후 이용

* ID당 1회에 한해 등록 가능

쿠폰 이용 관련 문의 **1588-4055**

단기 합격을 위한
해커스공무원 커리큘럼

입문	탄탄한 기본기와 핵심 개념 완성!

탄탄한 기본기와 핵심 개념 완성!

누구나 이해하기 쉬운 개념 설명과 풍부한 예시로 부담없이 쌩기초 다지기

TIP 베이스가 있다면 **기본 단계**부터!

▼

기본+심화

필수 개념 학습으로 이론 완성!

반드시 알아야 할 기본 개념과 문제풀이 전략을 학습하고
심화 개념 학습으로 고득점을 위한 응용력 다지기

▼

기출+예상 문제풀이

문제풀이로 집중 학습하고 실력 업그레이드!

기출문제의 유형과 출제 의도를 이해하고 최신 출제 경향을 반영한
예상문제를 풀어보며 본인의 취약영역을 파악 및 보완하기

▼

동형문제풀이

동형모의고사로 실전력 강화!

실제 시험과 같은 형태의 실전모의고사를 풀어보며 실전감각 극대화

▼

최종 마무리

시험 직전 실전 시뮬레이션!

각 과목별 시험에 출제되는 내용들을 최종 점검하며 실전 완성

▼

PASS

단계별 교재 확인 및
수강신청은 여기서!

gosi.Hackers.com

해커스공무원

신동욱
헌법 조문해설집

해커스

신동욱

약력

현 | 해커스공무원 헌법, 행정법 강의
전 | 서울시 교육청 헌법 특강
전 | 2017 EBS 특강
전 | 2013, 2014 경찰청 헌법 특강
전 | 교육부 평생교육진흥원 학점은행 교수
전 | 금강대 초빙교수
전 | 강남 박문각행정고시학원 헌법 강의

저서

해커스공무원 처음 헌법 만화판례집
해커스공무원 神헌법 기본서
해커스공무원 신동욱 헌법 조문해설집
해커스공무원 神헌법 핵심요약집
해커스공무원 神헌법 단원별 기출문제집
해커스공무원 神헌법 핵심 기출 OX
해커스공무원 神헌법 실전동형모의고사
해커스공무원 처음 행정법 만화판례집
해커스공무원 신동욱 행정법총론 기본서
해커스공무원 신동욱 행정법총론 조문해설집
해커스공무원 神행정법총론 핵심요약집
해커스공무원 神행정법총론 단원별 기출문제집
해커스공무원 神행정법총론 핵심 기출 OX
해커스공무원 神행정법총론 사례형 기출+실전문제집
해커스공무원 神행정법총론 실전동형모의고사 1·2

헌법 학습의 시작은 헌법 조문을 읽는 것입니다.

존엄한 인격주체성을 가진 대한민국의 주인으로서, 국민이 가지는 기본적인 권리를 규정하고 그 권리들이 어떻게 보장되고 실현되는지를 구체적으로 보여주는 최고의 법이자, 법 중의 법이 바로 "헌법"입니다. 헌법은 국가기관이 어떻게 구성되고 조직되며 어떤 권한을 갖는지, 불가침의 기본적인 인권을 보장하기 위해서는 어떤 통제장치들을 마련하고 있는지 등을 규정하고 있습니다. 그렇기 때문에 헌법 조문을 그대로 읽는 것 자체가 헌법 공부의 시작이며, 기초를 다지는 데 가장 중요한 과정입니다.

이해와 암기를 반복하면서 헌법의 기초를 세웁니다.

〈해커스공무원 신동욱 헌법 조문해설집〉은 헌법 조문에 대한 이해를 높이고, 기초를 탄탄하게 세울 수 있도록 친절하게 구성하였습니다. 뿐만 아니라, 관련 부속법령들까지 정확하게 학습하고 실제 시험을 대비하기 위한 능력을 기를 수 있도록 주요 키워드에 강조표시를 하여 효율적인 암기까지 가능하도록 하였습니다.

본 교재를 다음과 같이 학습하다 보면, 회독수가 거듭될수록 헌법의 깊은 뜻과 의미가 새롭게 다가올 것입니다.

첫째, 소설을 읽듯이 전체적으로 가볍게 헌법 조문을 읽어보시기를 바랍니다.
헌법 조문을 읽어보며 전반적으로 어떠한 내용들이 있는지, 어떠한 체계와 흐름을 가지고 있는지 확인하는 것이 좋습니다.

둘째, 헌법 조문을 좀 더 세밀하게 학습하고 이에 대한 이해를 넓혀가야 합니다.
구체적으로 각각의 헌법 조문이 어떠한 의미를 담고 있는지, 또 그 목적을 달성하기 위해서 관련 법률이 어떻게 제정되어 적용하고 있는지 등을 함께 학습하여야 합니다.

셋째, 여러 번 반복해서 학습하면서 헌법 조문과 익숙해져야 합니다.
한번에 암기하려고 하는 것보다는 반복하여 학습하고, 교재를 수시로 확인하면서 시험에서 함정으로 자주 출제되는 부분들은 따로 체크해 보도록 합니다.

더불어 공무원 시험 전문 사이트 해커스공무원(gosi.Hackers.com)에서 교재 학습 중 궁금한 점을 나눌 수 있으며, 강의를 통하여 본 교재에 대한 보다 자세한 해설을 들으실 수 있습니다.

헌법을 공부하는 모든 분들이 항상 건강하고 행복하시기를 기원합니다.

신동욱

목차

PART 1 대한민국헌법

PART 2 조문 암기

이 책의 구성 및 활용 방법

▌〈해커스공무원 신동욱 헌법 조문해설집〉 구성

헌법 조문
- 헌법 조문 전체를 순서대로 수록
- 암기가 필요한 중요한 부분은 강조하여 표시

> 제44조 ① 국회의원은 현행범인인 니한다.
> ② 국회의원이 회기전에 체포 또 석방된다.

제44조 ① 국회의원은 현행범인인 경우를 제외하고는 회기중 국회의 동의없이 체포 또는 구⋯

⋯의원이 회기전에 체포 또는 구금된 때에는 현행범인이 아닌 한 국회의 요구가 있으⋯ ⋯다.

⋯국회의원은 국회에서 직무상 행한 발언과 표결에 관하여 국회외에서 책임을 지지 아⋯

주의
학습하면서 자주 헷갈리는 부분들을 다시 한번 정리

① 불체포특권은 국회의원에게만 ⋯
② 준현행범에게는 인정되지 않는
> 주의 국회의장 안에서는 국회의원⋯
③ '회기중'에는 휴회도 포함하며, ⋯

⋯원의 불체포특권

⋯포특권은 국회의원에게만 인정되며, 지방의원에게는 인정되지 않는다.

⋯행범에게는 인정되지 않는 것으로 보는 것이 다수설이다.

> 주의 국회회장 안에서는 국회의원은 현행범이라도 국회의장의 명령없이는 체포할 수 없다.

③ '회기중'에는 휴회도 포함하며, 폐회중에는 불체포특권이 인정되지 않는다.

④ 불체포특권은 국회가 체포동의를 의결하면 회기중에도 체포가 가능한 상대적 특권이지만, 면⋯
회의 의결로도 제한할 수 없는 절대적 특권이다.

법조문 해설
법조문과 관련된 설명/이론/판례를 한번에 정리

01 국회의원의 불체포특권
① 불체포특권은 국회의원에게만
② 준현행범에게는 인정되지 않는

> • 국회의 동의절차: 관할판사가 체포동의요구서를 정부에 제출 → 정부가 국회에 체포동의를 요청 → 국회의⋯
> ⋯된 때부터 24시간 이후 72시간 이내에 표결처리

⋯동의안이 72시간 이내에 표결되지 아니하는 경우에는 그 이후에 최초로 개의하는 본회의에 상정하여 표⋯

⋯ · 구금에는 형사소송법상의 강제처분뿐만 아니라 행정상의 강제처분도 포함한다.

⋯불구속 수사, 형사소추(불구속 기소), 확정판결에 의한 자유형집행은 가능하다.

참고
본문과 비교하여 학습하면 도움이 되는 내용을 수록

> • 국회의 동의절차: 관할판사가 체포동⋯
> 된 때부터 24시간 이후 72시간 이내에⋯
> • 체포동의안이 72시간 이내에 표결되지⋯

⋯포특권을 최초로 성문화한 것은 미(美)연방헌법이다.

⋯전'에는 '전회기(前會期)'도 포함되므로 전회기에는 체포동의를 의결하였어도 현회기중에 석방을 요⋯
수 있다.

⋯범으로 체포된 경우에는 석방을 요구할 수 있는 대상에 해당하지 않는다.

⑤ 체포 · 구금에는 형사소송법상의 ⋯의원 4분의 1 이상의 발의가 있어야 한다.

> 주의 의결정족수는 다수결칙에 따른다.

02 1952년 7월 4일 제1차 개정헌법(발췌개헌)

개정과정	• 1950년 5월 총선에서 야당이 국회다수석을 차지하자 이승만 대통령⋯ 하기 위하여 대통령 간선규정을 직선제로 바꾸려 함 • 정부개헌안(대통령 직선+양원제)과 국회개헌안(의원내각제)은 ⋯ 고, 이후 국회는 양 개헌안이 절충된 발췌개헌안을 통과시킴
주요 내용 · 통치구조	• 정부와 대통령 　- 대통령 직선제(임기 4년, 1차 중임) 　- 국무위원 임명에 있어서 국무총리의 제청권 • 국회 　- 양원제 국회(규정만 하고 실제로는 단원제로 운영) 　- 국회의 국무위원불신임제

중요 내용 표로 정리
시험에 자주 출제되는 대한민국 헌정사와 정족수 내용을 표로 정리

개정과정	• 1950년 5월 총선에서 하기 위하여 대통령 간 • 정부개헌안(대통령 직 고, 이후 국회는 양 개

〈해커스공무원 신동욱 헌법 조문해설집〉 활용 방법

PART 1 헌법 조문을 모두 확인하고, 헌정사와 정족수까지 빈틈없이 점검!

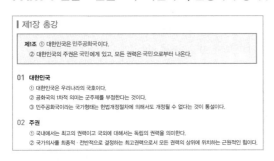

헌법 조문해설 학습

- 법조문을 가볍게 읽는 것부터 시작하여 법조문이 담고 있는 세부적인 내용까지 꼼꼼하게 학습합니다.
- 대한민국헌법의 모든 조문에 수록된 해설과 관련 이론 및 판례까지 한번에 연결하여 정리합니다.

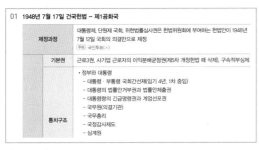

대한민국 헌정사 정리

대한민국 헌정사는 시험에 1 ~ 2문제씩 출제되고 세부적인 내용까지 암기해야 하는 중요한 부분이므로, 건국헌법 부터 현행 헌법까지 약 70년 분량의 대한민국 헌정사의 주요 내용을 간단한 표로 정리하면서 암기합니다.

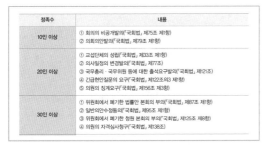

정족수 정리

정족수를 기준으로 정리한 표를 통해 관련 내용을 한눈에 확인하고, 헷갈리는 부분을 정리하면서 암기합니다.

PART 2 숫자 하나, 단어 하나까지 꼼꼼하게 암기 무한 반복!

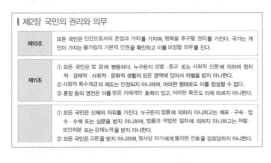

중요 내용을 키워드로 정리

- 조문의 중요 내용들을 강조표시하여 빠른 시간 안에 핵심 내용을 간단하고 효율적으로 암기할 수 있습니다.
- 자투리 시간에 강조표시된 키워드를 수시로 보면서 헌법 및 관련 부속법령 5개의 조문을 암기하면 좋습니다.

N회독 조문암기 학습 플랜

체계적인 반복 학습 방법

1. N회독 조문 학습 프로세스

- 헌법 조문과 연관된 내용을 학습하고 단순 암기가 필요한 대한민국 헌정사와 정족수도 빠짐없이 확인합니다.
- 키워드를 활용하여 조문의 중요 내용을 틈틈이 반복적으로 암기하면서 헌법의 기초를 확실하게 세웁니다.

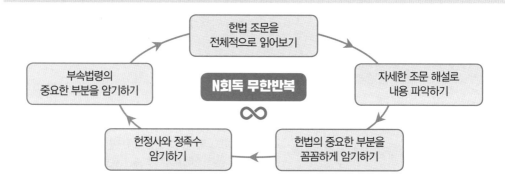

2. 나만의 헌법 단권화 요약집으로 업그레이드

조문해설집의 빈 공간에 헌법 기본서, 판례집, 기출문제집, 모의고사 등 다양한 학습 단계에서 새롭게 알게 된 내용이나 부족한 부분에 대하여 스스로 필요한 메모를 추가하면, 나만의 헌법 최종정리 단권화 요약집이 완성됩니다.

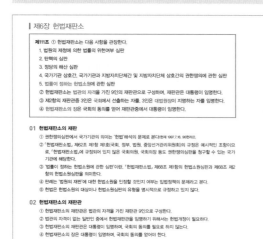

스스로 꾸준히 체크하는 암기 학습 플랜

☑ 15일로 완성하는 다회독 학습 플랜

학습 목표를 확인하고, 학습이 완료되면 회독 체크란에 ☑ 표시하여 반복하여 학습합니다.

	학습 목표		회독 체크				
Day	PART 1 내용 학습	PART 2 암기 학습	1	2	3	4	5
Day 1	대한민국헌법 전문, 제1장	대한민국헌법 전문, 제1장					
Day 2	대한민국헌법 제2장	대한민국헌법 제2장					
Day 3	대한민국헌법 제3장	대한민국헌법 제3장					
Day 4	대한민국헌법 제4장	대한민국헌법 제4장					
Day 5	대한민국헌법 제5장, 제6장	대한민국헌법 제5장, 제6장					
Day 6	대한민국헌법 제7장 ~ 제10장	대한민국헌법 제7장 ~ 제10장					
Day 7	대한민국 헌정사, 정족수 모아보기	헌법재판소법					
Day 8	대한민국헌법 전문, 제1장	공직선거법					
Day 9	대한민국헌법 제2장	국적법					
Day 10	대한민국헌법 제3장	국회법 1 (~ 제29조의2)					
Day 11	대한민국헌법 제4장	국회법 2 (~ 제70조)					
Day 12	대한민국헌법 제5장, 제6장	국회법 3 (~ 제169조)					
Day 13	대한민국헌법 제7장 ~ 제10장	지방자치법 1 (~ 제37조)					
Day 14	대한민국 헌정사, 정족수 모아보기	지방자치법 2 (~ 제192조)					
Day 15	전체 복습						

▦ 스스로 작성하는 학습 기록

실제로 학습한 날짜와 시간을 기록하고 스스로 얼마나 꾸준하게 학습했는지 점검해 봅니다.

학습 날짜		학습 시간		학습 범위	학습 날짜		학습 시간		학습 범위
월	일	H	M		월	일	H	M	
월	일	H	M		월	일	H	M	
월	일	H	M		월	일	H	M	
월	일	H	M		월	일	H	M	
월	일	H	M		월	일	H	M	
월	일	H	M		월	일	H	M	
월	일	H	M		월	일	H	M	

PART 1

대한민국헌법

해커스공무원 **신동욱 헌법 조문해설집**

I 대한민국헌법

전문

유구한 역사와 전통에 빛나는 우리 대한국민은 3·1운동으로 건립된 대한민국임시정부의 법통과 불의에 항거한 4·19민주이념을 계승하고, 조국의 민주개혁과 평화적 통일의 사명에 입각하여 정의·인도와 동포애로써 민족의 단결을 공고히 하고, 모든 사회적 폐습과 불의를 타파하며, 자율과 조화를 바탕으로 자유민주적 기본질서를 더욱 확고히 하여 정치·경제·사회·문화의 모든 영역에 있어서 각인의 기회를 균등히 하고, 능력을 최고도로 발휘하게 하며, 자유와 권리에 따르는 책임과 의무를 완수하게 하여, 안으로는 국민생활의 균등한 향상을 기하고 밖으로는 항구적인 세계평화와 인류공영에 이바지함으로써 우리들과 우리들의 자손의 안전과 자유와 행복을 영원히 확보할 것을 다짐하면서 1948년 7월 12일에 제정되고 8차에 걸쳐 개정된 헌법을 이제 국회의 의결을 거쳐 국민투표에 의하여 개정한다.

1987년 10월 29일

01 의의

① 헌법전문이란 헌법의 본문 앞에 위치한 문장으로서 헌법전의 일부를 구성하는 헌법 서문을 말한다.

② 형식적으로는 헌법전의 일부를 구성하는 것이고, 실질적으로는 헌법규범의 단계적 구조 중에서 최상위의 규범이라 할 수 있다.

③ 헌법전문은 헌법본문을 비롯한 모든 법령의 해석기준이 될 뿐 아니라 구체적인 입법을 함에 있어 법의 지침이 되기도 한다.

02 연혁

① 헌법전문은 제5차·제7차·제8차·제9차 개정헌법 때 개정되었다.

② '대한민국임시정부의 법통계승'은 제9차 개정헌법 때 신설하였다.

③ '불의에 항거한'은 제9차 개정헌법 때 추가하였다.

④ '4·19민주이념'은 제5차 개정헌법 때 신설하였다.

⑤ '평화적 통일'은 제7차 개정헌법(유신헌법) 때 처음으로 명시하였다.

⑥ 국민투표에 의한 헌법개정이 도입된 것은 제5차 개정헌법부터이다.

⑦ 1948년 7월 12일에 제헌국회에서 건국헌법이 의결되었고, 같은 해 7월 17일에 공포와 동시에 시행되었다. 7월 17일이 제헌절이 된 것은 건국헌법이 공포된 날을 기념하기 위함이다.

* 제정일(1948.7.12.), 공포일(1948.7.17.)

03 내용

① 전문의 핵심규정은 헌법개정을 통해서도 폐지할 수 없다고 본다.

> 주의 자구수정이나 핵심규정이 아닌 사항은 개정할 수 있다.

② 국민이 헌법의 주인이자 개정권자임을 분명히 밝히고 있다.

③ '3·1운동'은 건국헌법에서부터 명시하고 있다. 헌법재판소는 '3·1운동'이 헌법소원의 대상인 기본권의 하나라고 보지 않았다.

04 관련 판례

① 헌법전문은 최고규범이며, 헌법의 핵심원리와 최고이념을 규정한 것으로써 입법의 지침이자, 모든 법규범의 해석기준이다. 또한 재판에서 적용되는 재판규범이다(헌재 1989.1.25. 88헌가7).

② 조국의 자주독립을 위하여 공헌한 독립유공자와 그 유족에 대하여는 응분의 예우를 하여야 할 헌법적 의무를 지닌다. … 특정인을 반드시 독립유공자로 인정하여야 하는 것을 뜻할 수는 없다(헌재 2005.6.30. 2004헌마859).

▌제1장 총강

> **제1조** ① 대한민국은 **민주공화국**이다.
> ② 대한민국의 주권은 **국민**에게 있고, 모든 권력은 **국민**으로부터 나온다.

01 대한민국

① 대한민국은 우리나라의 국호이다.

② 공화국의 1차적 의미는 군주제를 부정한다는 것이다.

③ 민주공화국이라는 국가형태는 헌법개정절차에 의해서도 개정될 수 없다는 것이 통설이다.

02 주권

① 국내에서는 최고의 권력이고 국외에 대해서는 독립의 권력을 의미한다.

② 국가의사를 최종적·전반적으로 결정하는 최고권력으로서 모든 권력의 상위에 위치하는 근원적인 힘이다.

③ 최고성·독립성·시원성·자율성·단일불가분성·불가양성·항구성·실정법초월성 등을 본질적 속성으로 한다.

④ 주권의 주체가 국민임을 헌법에 명시하여 국민주권주의를 드러내고 있다.

> *국민은 '전체' 국민을 의미한다.

03 통치권

① 모든 권력은 '헌법'이 아니라, '국민'으로부터 나온다.

② '모든 권력'은 주권에서 유래하고 주권에 의하여 조직된 통치권(입법권, 행정권, 사법권 등)을 의미한다.

③ 통치권은 분할과 양도가 가능하다.

> **제2조** ① 대한민국의 국민이 되는 요건은 법률로 정한다.
> ② 국가는 법률이 정하는 바에 의하여 재외국민을 보호할 의무를 진다.

01 국민

국민이 되는 요건을 법률로 정한 단행법으로는 「국적법」이 있다.

02 재외국민

① 재외국민(영주권 소지자, 유학생, 사업상 체류자 등)은 대한민국 국민이지만, 외국국적동포는 외국인이다.

② '재외국민보호' 조항을 신설한 것은 제8차 개정헌법 때이고, '의무'를 추가한 것은 제9차 개정헌법 때이다.

03 국가의 재외국민보호의 구체적 의미

① 각종 법령에 의하여 정당한 대우를 받을 수 있도록 하는 외교적 보호를 의미한다.

② 정치적 고려에서 특별히 법률로써 정하여 베푸는 각종 지원을 의미한다.

> **제3조** 대한민국의 영토는 한반도와 그 부속도서로 한다.

01 영토

① 영토조항은 건국헌법부터 규정하였다.

② 「국가보안법」의 근거가 되는 조항이다.

③ 헌법에 영토조항은 있지만 영해와 영공에 대하여는 명문의 규정이 없다.

02 관련 판례

국민의 개별적 기본권이 아니라 할지라도 기본권보장의 실질화를 위하여서는, 영토조항만을 근거로 하여 독자적으로는 헌법소원을 청구할 수 없다 할지라도, 모든 국가권능의 정당성의 근원인 국민의 기본권 침해에 대한 권리구제를 위하여 그 전제조건으로서 영토에 관한 권리를, 이를테면 영토권이라 구성하여, 이를 헌법소원의 대상인 기본권의 하나로 간주하는 것은 가능한 것으로 판단된다(헌재 2001.3.21. 99헌마139).

> **제4조** 대한민국은 통일을 지향하며, 자유민주적 기본질서에 입각한 평화적 통일정책을 수립하고 이를 추진한다.
>
> **제5조** ① 대한민국은 국제평화의 유지에 노력하고 침략적 전쟁을 부인한다.
>
> ② 국군은 국가의 안전보장과 국토방위의 신성한 의무를 수행함을 사명으로 하며, 그 정치적 중립성은 준수된다.

01 통일

① '통일'이라는 개념이 헌법에 처음 등장한 것은 제7차 개정헌법(유신헌법) 때이며, 헌법전문에서 처음으로 규정하였다.

② 제4조의 '자유민주적 기본질서에 입각한 평화통일'은 제9차 개정헌법(현행헌법)에서 처음 규정하였다.

02 국제평화주의와 관련된 헌법 조항

① 침략전쟁의 부인(제5조 제1항): '모든 전쟁'을 부인하는 것이 아니고 '침략적 전쟁'을 부인한다.

＊자위적(방어적)인 목적의 전쟁은 인정된다.

② 평화적 통일의 지향(제4조)

③ 국제법존중주의(제6조 제1항)

④ 외국인의 법적 지위의 보장(제6조 제2항)

03 정치적 중립성과 관련된 헌법 조항

① 국군의 정치적 중립(제5조 제2항)

국토방위의 신성한 의무	→	국가의 안전보장 추가	→	정치적 중립성 추가
〈건국 헌법〉		〈제5공화국 헌법〉		〈제6공화국 헌법〉

② 공무원의 정치적 중립(제7조 제2항)

③ 헌법재판소 재판관의 정당가입과 정치관여금지(제112조 제2항)

④ 중앙선거관리위원회 위원의 정당가입과 정치관여금지(제114조 제4항)

⑤ 교육의 정치적 중립성(제31조)

04 관련 판례

헌법상의 여러 통일관련 조항들은 국가의 통일의무를 선언한 것이기는 하지만, 그로부터 국민 개개인의 통일에 대한 기본권, 특히 국가기관에 대하여 통일과 관련된 구체적인 행동을 요구하거나 일정한 행동을 할 수 있는 권리가 도출된다고 볼 수 없다(헌재 2007.7.20. 98헌바63).

> **제6조** ① 헌법에 의하여 체결·공포된 **조약**과 **일반적으로 승인된 국제법규**는 국내법과 같은 효력을 가진다.
>
> ② 외국인은 **국제법과 조약**이 정하는 바에 의하여 그 지위가 보장된다.

01 조약

① 조약은 '헌법'에 의하여 체결·공포된 것을 의미한다.

주의 헌법과 법률(×)

② 조약보다 헌법의 효력이 우선한다.

③ 조약과 법령의 관계

ⓐ 헌법 제60조 제1항에 열거된 조약(국회의 동의를 요하는 조약)은 법률과 동일한 효력을 가진다.

ⓑ 헌법 제60조 제1항에 열거되지 않은 조약(국회의 동의를 요하지 않는 조약)은 대통령령과 동일한 효력을 가진다.

02 일반적으로 승인된 국제법규

① 성문의 국제조약과 불문의 국제관습법을 포함하는 개념이다.

② 국내법과 같은 효력을 가지며, 다수설은 법률동위설이다.

주의 국내법률(×)

03 외국인의 법적 지위

① 외국인은 외국국적보유자와 무국적자를 의미한다.

② 원칙: 상호주의, 예외: 평등주의(인간의 권리)

> **제7조** ① 공무원은 **국민전체**에 대한 봉사자이며, **국민**에 대하여 **책임**을 진다.
>
> ② 공무원의 **신분과 정치적 중립성**은 법률이 정하는 바에 의하여 보장된다.

01 공무원의 범위

최광의의 공무원을 의미하며, 공무수탁사인까지 포함한다.

＊공무수탁사인: 국가나 지방자치단체로부터 공권을 부여받아 자신의 이름으로 공권력을 행사하는 사인이나 사법인을 말한다.

예 학위를 수여하는 사립대학 총장, 선장, 항공기 기장, 별정우체국장, 토지수용하는 사업시행자 등

02 공무원의 책임

다수설은 법적 책임이 아닌 정치적·윤리적 책임을 의미한다고 본다.

03 공무원의 신분과 정치적 중립성의 보장

협의의 공무원을 의미하며, 직업공무원제도에서 말하는 공무원을 말한다.

주의 경력직 공무원만 해당한다.

> **제8조** ① 정당의 설립은 자유이며, 복수정당제는 보장된다.
> ② 정당은 그 목적·조직과 활동이 민주적이어야 하며, 국민의 정치적 의사형성에 참여하는데 필요한 조직을 가져야 한다.
> ③ 정당은 법률이 정하는 바에 의하여 국가의 보호를 받으며, 국가는 법률이 정하는 바에 의하여 정당운영에 필요한 자금을 보조할 수 있다.
> ④ 정당의 목적이나 활동이 민주적 기본질서에 위배될 때에는 정부는 헌법재판소에 그 해산을 제소할 수 있고, 정당은 헌법재판소의 심판에 의하여 해산된다.

01 정당의 설립

① 정당설립의 '등록'제는 합헌이다.

[주의] '허가'제는 위헌이다.

② 복수정당제는 헌법개정을 통해서도 폐지할 수 없다고 본다(통설).

③ 정당설립의 요건: 중앙당, 시·도당(5개 이상), 시·도당의 법정당원수(1,000명 이상)

02 정당운영보조금

① 정당운영에 필요한 자금을 '보조할 수 있다'라고 명시하여, 임의적 사항으로 규정하고 있다.

② 법률에서 정당운영보조금을 폐지하더라도 위헌에 해당하지 않는다.

 * 정당운영보조금은 헌법에 명시된 사항이므로 위헌여부를 다툴 수 없다.

03 정당의 해산

① 정당의 '목적이나 활동'을 대상으로 판단한다.

[주의] 목적과 활동(×)

② '민주적 기본질서'는 자유민주적 기본질서를 의미한다(헌재 1999.12.23. 99헌마135).

③ 정부만이 제소권자에 해당한다.

[주의] 정부 또는 국회(×)

④ 정부의 정당해산제소는 국무회의의 필요적 심의사항이다(헌법 제89조 제14호).

⑤ 다수설은 정부가 헌법재판소에 정당의 해산을 제소하는 것을 재량이라고 본다.

⑥ 헌법재판관 6인 이상의 찬성이 필요하다.

⑦ 헌법재판소의 해산결정은 창설적 효력을 가진다.

⑧ 해산집행(중앙선거관리위원회 등록말소)은 확인적 의미를 가진다.

> **제9조** 국가는 전통문화의 계승 · 발전과 민족문화의 창달에 노력하여야 한다.

01 연혁

① 제8차 개정헌법 때 신설한 조항이다.

② 대통령의 취임선서문에서도 민족문화의 창달에 노력해야 함을 명시하고 있다.

＊ 대통령의 취임선서문(헌법 제69조)

02 관련 판례

국가의 문화육성의 대상에는 원칙적으로 모든 사람에게 문화창조의 기회를 부여한다는 의미에서 모든 문화가 포함된다. 따라서 엘리트문화뿐만 아니라 서민문화, 대중문화도 그 가치를 인정하고 정책적인 배려의 대상으로 하여야 한다(헌재 2004.5.27. 2003헌가1 등).

▌제2장 국민의 권리와 의무

> **제10조** 모든 국민은 인간으로서의 존엄과 가치를 가지며, 행복을 추구할 권리를 가진다. 국가는 개인이 가지는 불가침의 기본적 인권을 확인하고 이를 보장할 의무를 진다.

01 연혁

① '인간으로서 존엄과 가치' 부분은 제5차 개정헌법 때 신설하였다.

＊ 독일 Bonn 기본법으로부터 영향을 받았다.

② '행복추구권' 부분은 제8차 개정헌법 때 신설하였다.

＊ 미국(버지니아주 헌법에서 최초규정)으로부터 영향을 받았다.

02 행복추구권

① 불가침의 기본적 인권을 의미하며, 기본권의 자연권성을 뒷받침하는 규정이다.

② 국가의 기본권 보장의무의 내용

㉠ 기본권을 침해하지 않을 소극적 의무

㉡ 기본권을 실현할 적극적 의무

㉢ 제3자의 침해로부터의 기본권 보호의무

> **제11조** ① 모든 국민은 **법 앞에** 평등하다. 누구든지 **성별 · 종교** 또는 **사회적 신분에** 의하여 정치적 ·
> 경제적 · 사회적 · 문화적 생활의 모든 영역에 있어서 차별을 받지 아니한다.
> ② **사회적 특수계급의** 제도는 인정되지 아니하며, 어떠한 형태로도 이를 창설할 수 없다.
> ③ 훈장 등의 영전은 이를 **받은 자에게만** 효력이 있고, **어떠한 특권도** 이에 따르지 아니한다.

01 평등권

① 성문법, 불문법, 국제법 등 일체의 법규범 앞에 평등함을 의미한다.

② 행정, 입법, 사법 등 모든 국가권력을 구속한다.

　* 통설과 판례는 입법자도 구속한다는 점에서 입법자구속설(법내용평등설)의 입장이다.

③ 상대적 평등을 인정하며, 합리적인 이유가 있는 차별은 허용된다.

02 차별의 위헌성 심사기준

구분	내용
원칙 (자의금지원칙)	• 완화된 심사기준을 적용 • 합리적 이유 여부를 기준으로 심사
예외 (비례의 원칙)	• 헌법에서 특별히 평등을 요구하는 경우 • 차별취급으로 관련기본권에 중대한 제한이 초래된 경우에 엄격심사

03 차별 금지

구분	내용
성별	• 남녀차별을 금지함 • 생리적 차이에 따른 합리적 차별은 허용함 　예 생리휴가 등
종교	특정 종교만을 우대하거나 차별하는 것을 금지함
사회적 신분	헌법재판소는 사회적 신분의 의미에 대해 후천적 신분설의 입장에 있음 * 후천적 신분: 선천적 신분이 아닌 장기간 사회생활상의 지위에서 점하는 위치
사회적 특수계급	특수계급제도금지: 조선시대의 반상제도나 서양의 노예제 등을 금지함 주의 전직대통령에 대한 예우는 포함 ×
훈장등의 영전	영전일대의 원칙: 영전의 세습을 금지함 주의 훈장에 수반되는 연금지급이나 국가유공자 지원은 위헌 ×

제12조 ① 모든 국민은 신체의 자유를 가진다. 누구든지 **법률**에 의하지 아니하고는 체포 · 구속 · 압수 · 수색 또는 심문을 받지 아니하며, **법률과 적법한 절차**에 의하지 아니하고는 **처벌 · 보안처분** 또는 강제노역을 받지 아니한다.

② 모든 국민은 **고문**을 받지 아니하며, **형사상 자기에게 불리한 진술**을 강요당하지 아니한다.

③ 체포 · 구속 · 압수 또는 수색을 할 때에는 **적법한 절차**에 따라 **검사의 신청**에 의하여 법관이 발부한 영장을 제시하여야 한다. 다만, **현행범인**인 경우와 **장기 3년** 이상의 형에 해당하는 죄를 범하고 도피 또는 증거인멸의 염려가 있을 때에는 **사후**에 영장을 청구할 수 있다.

④ 누구든지 체포 또는 구속을 당한 때에는 즉시 **변호인의 조력**을 받을 권리를 가진다. 다만, 형사 피고인이 스스로 변호인을 구할 수 없을 때에는 법률이 정하는 바에 의하여 국가가 변호인을 붙인다.

⑤ 누구든지 체포 또는 구속의 이유와 변호인의 조력을 받을 권리가 있음을 **고지**받지 아니하고는 체포 또는 구속을 당하지 아니한다. 체포 또는 구속을 당한 자의 가족 등 법률이 정하는 자에게는 그 이유와 일시 · 장소가 지체 없이 **통지**되어야 한다.

⑥ 누구든지 체포 또는 구속을 당한 때에는 **적부의 심사**를 법원에 청구할 권리를 가진다.

⑦ 피고인의 **자백**이 고문 · 폭행 · 협박 · 구속의 부당한 장기화 또는 기망 기타의 방법에 의하여 자의로 진술된 것이 아니라고 인정될 때 또는 **정식재판**에 있어서 피고인의 자백이 그에게 불리한 유일한 증거일 때에는 이를 유죄의 증거로 삼거나 이를 이유로 처벌할 수 없다.

01 적법절차의 원칙

① '적법한 절차' 조항은 제9차 개정헌법 때 신설하였다.

② 적법절차원리는 형사법에만 적용되는 원리가 아니고 입법, 행정 등 국가작용 전반에 적용되는 헌법원리이다(헌재 1997.11.27. 92헌바28).

02 영장주의

① 검사의 신청 없이 법관이 직권으로 영장을 발부하는 것도 가능하다.

* 법관이 직권으로 발부한 영장은 '명령장'의 성질을 가지며, 검사의 신청에 의해 발부한 영장은 '허가장'의 성질을 가진다.

② 영장주의 예외

ㄱ 현행범체포: 50만원 이하의 벌금 · 구류 또는 과료에 해당하는 죄의 현행범인에 대해서는 '범인의 주거가 분명하지 아니한 때에 한하여' 영장없이 체포할 수 있다.

ㄴ 긴급체포: 체포한 때부터 48시간 이내에 '사후영장'을 청구하여야 한다.

03 체포 · 구속적부심사제도

① 체포에는 영장에 의한 체포, 현행범체포, 긴급체포가 모두 포함한다.

② 체포 · 구속적부심사제는 제7차 개정헌법 때 삭제되었으나, 제8차 개정헌법 때 부활하였다.

③ 제8차 개정헌법에서는 법률유보규정을 두었으나, 제9차 개정헌법에서 삭제하였다.

④ 체포 · 구속이유 등 고지(넓은 의미의 미란다원칙)

    ⊙ 미국의 미란다원칙을 수용하고 있다.

    ⓒ 변호인이 있는 경우에는 변호인에게 통지한다.

    ⓒ 변호인이 없는 경우에는 법정대리인 · 배우자 · 직계친족 · 형제자매 중 피의자 또는 피고인이 지정한 자에게 통지한다.

04 자백의 증거능력 및 증명력 제한의 원칙

① 자백배제법칙: 고문 등에 의한 자백의 증거능력은 인정되지 않는다.

② 자백보강법칙: 자백의 증거능력은 인정되지만, 자백의 증명력은 제한한다.

    ＊ 정식재판에서만 자백의 증명력이 제한되며, 즉결심판이나 약식재판에서는 자백만으로 유죄 판결이 가능하다.

05 처벌과 고문

① 처벌은 형벌과 기타 제재조치를 모두 포함하는 개념으로, 형벌 · 보안처분 · 강제노역 이외의 기타 불이익한 처분도 적법절차원리의 적용을 받는다.

② 헌법재판소는 헌법에서 규정한 형벌 · 보안처분 · 강제노역은 예시규정에 해당한다고 본다.

③ 고문은 절대적으로 금지하고 있으며, 법률로도 허용될 수 없다.

06 진술거부권

① 진술이란 생각 · 지식 · 경험사실을 언어를 통해 표출하는 것이므로 음주측정이나 사진촬영, 지문채취는 진술거부의 대상이 아니다.

② 진술거부권은 현재 피의자나 피고인으로서 수사 또는 공판절차에 계속 중인 자뿐만 아니라 장차 피의자나 피고인이 될 자에게도 보장되며, 형사절차뿐 아니라 행정절차나 국회에서의 조사절차 등에서도 보장된다. 또한 진술거부권은 고문 등 폭행에 의한 강요는 물론 법률로써도 진술을 강요당하지 아니함을 의미한다(헌재 1997.3.27. 96헌가11).

③ 민사상이나 행정상의 사유는 인정되지 않으며, '형사상' 사유로 제한한다.

④ 타인에게 해당하는 사유는 인정되지 않으며, '자기'로 제한한다.

07 변호인의 조력을 받을 권리

① 헌법재판소는 우리 헌법에 나타난 법치국가원리 및 적법절차원칙에 따라 불구속피의자의 경우에도 변호인의 조력을 받을 권리가 당연하게 인정되는 것으로 본다.

    주의 수형자(기결수)에게는 원칙적으로 인정되지 않는다.

② 헌법상 형사피고인에게만 국선변호인의 조력을 받을 권리를 인정하고, 형사피의자는 헌법상 국선변호인의 조력을 받을 권리가 없다. 판례도 형사피의자에게 국선변호인의 조력을 받을 권리를 보장해야 할 헌법상 입법의무는 없다고 보았다.

    주의 형사피의자는 형사소송법상 구속 전 피의자 심문시(영장실질심사)에 국선변호인이 인정된다.

③ '구속'된 모든 형사피고인과 피고인이 미성년 · 농아자(듣거나 말하는 데 모두 장애가 있는 사람) · 70세 이상 · 심신장애 · 단기 3년 이상의 징역이나 금고에 해당하는 사건으로 기소된 때에 국선변호인을 인정한다(필요적 변호사건).

> **제13조** ① 모든 국민은 행위시의 법률에 의하여 범죄를 구성하지 아니하는 행위로 소추되지 아니하며, 동일한 범죄에 대하여 거듭 처벌받지 아니한다.
>
> ② 모든 국민은 소급입법에 의하여 참정권의 제한을 받거나 재산권을 박탈당하지 아니한다.
>
> ③ 모든 국민은 자기의 행위가 아닌 친족의 행위로 인하여 불이익한 처우를 받지 아니한다.

01 소급 금지

① 형벌불소급의 원칙에 의해 사후입법에 의한 처벌을 금지하고 있으며, 판례변경에 의한 처벌은 해당하지 않는다(대판 1999.9.17. 97도3349).

② 헌법 제13조 제2항에 명시된 '소급입법'은 '진정소급입법'을 의미한다.

02 헌법상 규정

① 처벌: 범죄에 대한 국가의 형벌권실행으로서 과벌을 의미하며, 국가가 행하는 일체의 제재나 불이익처분을 의미하지 않는다(헌재 1994.6.30. 92헌바38).

주의 제12조 제1항의 '처벌'이 일체의 불이익을 포함하는 것과 비교된다.

② '친족의 행위'에서 '친족'은 예시에 불과하며, 친족 이외의 타인을 모두 포함한다.

③ 형사상의 불이익뿐만 아니라 국가로부터 어떠한 불이익한 처분도 받지 않는다는 의미이다.

03 자기책임의 원리의 헌법상 근거

자기책임의 원리는 법치주의에 당연히 내재하는 원리로 볼 것이고, 헌법 제13조 제3항은 표현에 해당한다(헌재 2011.9.29. 2010헌마68).

> **제14조** 모든 국민은 거주 · 이전의 자유를 가진다.

01 주체

거주 또는 이전의 자유는 법인에게도 인정되지만, 외국인에게는 인정되지 않는다.

02 거주 · 이전의 자유

① 국내거주이전의 자유가 인정된다.

② 국외거주이전의 자유에는 입 · 출국의 자유, 해외여행의 자유, 국외이주의 자유가 인정된다.

③ 국적이탈 · 변경의 자유가 인정된다.

> 주의 무국적의 자유는 인정되지 않는다.

> **제15조** 모든 국민은 직업선택의 자유를 가진다.

01 연혁

제5차 개정헌법 때 처음으로 신설하였다.

02 직업의 자유

① 판례에 따르면 '직업'이란 생활수단성과 계속성을 충족하는 것이다.

> * 다수설은 '공공무해성'까지 요구한다.

② 직업선택의 자유는 포괄적 의미의 '직업의 자유'를 의미한다.

③ 적극적 측면과 소극적 측면

적극적 측면	• 직업결정의 자유 • 직업행사의 자유 • 전직의 자유 • 영업의 자유
소극적 측면	직업을 가지지 아니할 자유

> **제16조** 모든 국민은 주거의 자유를 침해받지 아니한다. 주거에 대한 압수나 수색을 할 때에는 검사의 신청에 의하여 법관이 발부한 영장을 제시하여야 한다.

01 주체

① 주거의 자유의 주체가 되는 국민에는 외국인이 포함되며, 법인은 해당하지 않는다.
② 주거에 해당하는 공간은 사업장이나 영업소의 공간도 포함한다.

02 간접적 방법에 의한 침해

도청장치와 같은 기술적 보조수단을 통해 간접적으로 주거에 들어가는 것도 주거의 자유를 침해하는 것에 해당한다.

> **제17조** 모든 국민은 사생활의 비밀과 자유를 침해받지 아니한다.

01 연혁

제8차 개정헌법 때 신설하였다.

02 주체

① 사생활의 비밀과 자유의 주체가 되는 국민에는 살아있는 자연인과 외국인이 포함된다.
② 죽은 사람이나 법인은 사생활의 비밀과 자유의 주체가 될 수 없다.

03 사생활의 자유

① 사생활의 내용에는 사생활에 관한 사항, 일반인에게 아직 알려지지 아니한 사항, 일반인의 감수성을 기준으로 할 때 공개를 원하지 않을 사항 등이 있다.
② 미국이나 독일, 일본의 헌법은 명문규정을 두고 있지 않다.

> **제18조** 모든 국민은 통신의 비밀을 침해받지 아니한다.

01 주체

① 통신의 자유는 국민과 외국인, 법인 모두에게 인정된다.

② 교정시설에 수용 중인 수형자도 원칙적으로 통신의 자유의 주체가 될 수 있다.

02 통신의 비밀

① 서신 · 전화 · 전신 · 팩스 · 이메일 그 밖의 우편물 등 체신기관과 컴퓨터기기에 의하여 다루어지는 격지자 간의 의사의 전달 등을 포함한다.

② 봉합하지 아니한 엽서나 전보도 통신의 자유의 대상에 포함된다.

③ 비밀에 해당하는 것은 통신내용과 통신자료를 포함한다.

④ 통신의 비밀을 침해하는 것은 비밀내용의 인지하고 제3자에게 누설하는 것을 말한다.

03 관련 판례

수용자의 서신검열이 허용되며 교도관의 참여하에 서신을 수발하게 하는 등 일반인에 비해 많은 제한을 받으나, 이는 필요한 제한이며 통신의 자유의 본질적 내용을 침해하는 것은 아니라고 본다(헌재 2003.12.18. 2001헌마826).

> **제19조** 모든 국민은 양심의 자유를 가진다.

01 연혁

① 건국헌법에서는 양심의 자유와 종교의 자유를 함께 규정하였다.

② 제5차 개정헌법 때 양심의 자유 부분을 분리하였다.

02 양심의 자유

① 국민과 외국인을 포함한 자연인에게 인정되며, 법인에게는 인정되지 않는다.

② 양심형성의 자유(내심적 자유)는 절대적 자유에 해당한다.

③ 양심실현의 자유(상대적 자유)의 유형

ㄱ 양심표명의 자유: 양심을 표명할 자유, 양심을 표명하도록 강요받지 아니할 자유

ㄴ 부작위에 의한 양심실현의 자유: 양심에 반하는 행동을 강요받지 아니할 자유

ㄷ 작위에 의한 양심실현의 자유: 양심에 따른 행동을 할 자유

03 관련 판례

① 세계관·인생관·주의·신조 등은 물론 이에 이르지 아니하여도 보다 널리 개인의 인격형성에 관계되는 내심에 있어서의 가치적·윤리적 판단도 포함된다(헌재 1991.4.1. 89헌마160).

② 양심상의 결정이 어떠한 종교관·세계관 또는 그 외의 가치체계에 기초하고 있는가와 관계없이, 모든 내용의 양심상의 결정이 양심의 자유에 의하여 보장된다(헌재 2004.8.26. 2002헌가1).

04 양심적 병역거부

① 양심적 병역거부는 종교적·윤리적·도덕적·철학적 또는 이와 유사한 동기에서 형성된 양심상 결정을 이유로 집총이나 군사훈련을 수반하는 병역의무의 이행을 거부하는 행위를 말한다. … 양심적 병역거부자에게 병역의무의 이행을 일률적으로 강제하고 그 불이행에 대하여 형사처벌 등 제재를 하는 것은 양심의 자유를 비롯한 헌법상 기본권 보장체계와 전체 법질서에 비추어 타당하지 않을 뿐만 아니라 소수자에 대한 관용과 포용이라는 자유민주주의 정신에도 위배된다. 따라서 진정한 양심에 따른 병역거부라면, 이는 병역법 제88조 제1항의 '정당한 사유'에 해당한다(대판 2018.11.1. 2016도10912 전합).

② 국가가 관리하는 객관적이고 공정한 사전심사절차와 엄격한 사후관리절차를 갖추고, 현역복무와 대체복무 사이에 복무의 난이도나 기간과 관련하여 형평성을 확보해 현역복무를 회피할 요인을 제거한다면, 심사의 곤란성과 양심을 빙자한 병역기피자의 증가 문제를 해결할 수 있으므로, 대체복무제를 도입하면서도 병역의무의 형평을 유지하는 것은 충분히 가능하다. 따라서 대체복무제라는 대안이 있음에도 불구하고 군사훈련을 수반하는 병역의무만을 규정한 병역종류조항은, 침해의 최소성 원칙에 어긋난다(헌재 2018.6.28. 2011헌바379 등).

주의 「병역법」 제5조 병역종류 조항은 헌법불합치이고, 「병역법」 제88조 입영기피죄 처벌조항은 합헌이다.

> **제20조** ① 모든 국민은 종교의 자유를 가진다.
>
> ② 국교는 인정되지 아니하며, 종교와 정치는 분리된다.

01 주체

① 국민, 외국인, 법인, 단체 등에게 인정된다.

② 내심적 자유에 해당하는 신앙의 자유는 성질상 자연인만이 주체가 될 수 있다.

③ 종교행사의 자유, 종교적 집회 · 결사의 자유, 종교교육의 자유 등은 법인이나 단체에게 인정된다.

02 종교의 자유

① 신앙의 자유(내심의 자유): 어느 종교를 믿을 자유 및 믿지 아니할 자유, 신앙을 변경할 자유

  * 신앙의 자유는 제한할 수 없는 절대적 기본권이다.

② 종교적 행위의 자유: 신앙고백의 자유, 신앙에 반하는 행위를 강요받지 아니할 자유, 종교적 행사의 자유 (예배 · 의식 등), 종교적 집회 · 결사의 자유, 종교교육의 자유, 선교의 자유

  * 종교적 행위의 자유는 헌법유보나 법률유보에 의하여 제한될 수 있는 상대적 기본권이다.

03 국교부인 및 정교분리의 원칙

① 국교는 인정되지 않는다고 명시하고 있으며, 국가는 종교에 대하여 중립적인 입장임을 의미한다.

② 국가에 의한 종교교육과 종교적 활동은 금지된다.

③ 특정종교나 종교 일반에 대하여 차별적인 우대나 불이익을 주는 것은 금지된다.

④ 종교는 정치에 대하여 불간섭한다.

04 관련 판례

① 금치처분을 받은 사람은 최장 30일 이내의 기간 동안 공동행사에 참가할 수 없으나, 서신수수, 접견을 통해 외부와 통신할 수 있고, 종교상담을 통해 종교활동을 할 수 있다. 또한, 위와 같은 불이익은 규율 준수를 통하여 수용질서를 유지한다는 공익에 비하여 크다고 할 수 없다. 따라서 위 조항은 청구인의 통신의 자유, 종교의 자유를 침해하지 아니한다(헌재 2016.5.26. 2014헌마45).

② 수용자 중 미결수용자에 대하여만 일률적으로 종교행사 등에의 참석을 불허한 것은 미결수용자의 종교의 자유를 나머지 수용자의 종교의 자유보다 더욱 엄격하게 제한한 것이다. 이 사건 종교행사 등 참석불허 처우는 과잉금지원칙을 위반하여 청구인의 종교의 자유를 침해하였다(헌재 2011.12.29. 2009헌마527).

③ 논산훈련소장이 훈련병들로 하여금 육군훈련소 내 종교행사에 참석하도록 한 행위는 정교분리원칙에 위배되어 청구인들의 종교의 자유를 침해하며, 과잉금지원칙에 위배되어 종교의 자유도 침해한다(헌재 2022.11.24. 2019헌마941).

> **제21조** ① 모든 국민은 **언론·출판**의 자유와 **집회·결사**의 자유를 가진다.
>
> ② 언론·출판에 대한 **허가**나 **검열**과 집회·결사에 대한 **허가**는 인정되지 아니한다.
>
> ③ 통신·방송의 시설기준과 신문의 기능을 보장하기 위하여 필요한 사항은 **법률**로 정한다.
>
> ④ 언론·출판은 **타인의 명예**나 **권리** 또는 **공중도덕**이나 **사회윤리**를 침해하여서는 아니 된다. 언론·출판이 타인의 명예나 권리를 침해한 때에는 피해자는 이에 대한 **피해의 배상**을 청구할 수 있다.

01 언론·출판의 자유

① 의사표현의 자유, 알 권리, 액세스(access)권, 언론기관의 자유 등을 포함한다.

② 제21조 제4항

  ㉠ 전문: 제5차 개정헌법에서 신설하였으며, 언론의 사회적 책임에 대한 규정이다.

  ㉡ 후문: 제8차 개정헌법에서 신설하였으며, 피해의 배상을 청구할 수 있음을 규정한다.

02 집회·결사의 자유

① 집회: 다수인이 공동의 목적을 가지고 평화적으로 일정한 장소에서 일시적으로 회합하는 행위

  ㉠ 적극적 집회의 자유: 집회를 개최할 자유, 집회를 진행할 자유, 집회에 참가할 자유

  ㉡ 소극적 집회의 자유: 집회를 개최하지 아니할 자유, 집회에 참가하지 아니할 자유

② 결사: 다수인이 공동목적을 위하여 자유의사에 의하여 상당기간동안 결합한 단체

  ㉠ 적극적 결사의 자유: 단체결성의 자유, 단체존속의 자유, 단체활동의 자유

  ㉡ 소극적 결사의 자유: 단체로부터 탈퇴할 자유, 결사에 가입하지 아니할 자유

03 허가·검열

① 헌법에 의해 절대적으로 금지되는 검열의 요소

  ㉠ 허가를 받기 위한 표현물의 제출의무

  ㉡ 행정권이 주체가 된 사전심사

  ㉢ 허가받지 아니한 의사표현의 금지와 사전심사절차를 관철할 수 있는 강제수단 등의 요건을 갖춘 경우

② 허가제는 금지되지만 '신고제'는 허용된다. 판례도 옥외집회 신고제에 대해 합헌결정을 하였다.

③ 허가제·검열제 금지의 연혁

제3차 개정헌법	→	제7차·제8차 개정헌법	→	제9차 개정헌법(현행)
〈신설〉		〈삭제〉		〈부활〉

04 관련 판례

① 허가와 검열은 본질적으로 같은 것에 해당한다(헌재 1996.10.4. 93헌가13 등).

② 내용규제 그 자체가 아니거나 내용규제의 효과를 초래하는 것이 아니라면 헌법상 금지된 '허가'에는 해당되지 않는다.

  주의 표현내용규제가 아닌 한 방송사업허가제(헌재 2001.5.31. 2000헌바43)나 옥외광고물 허가제(헌재 1998.2.27. 96헌바2)는 합헌으로 보았다.

> **제22조** ① 모든 국민은 학문과 예술의 자유를 가진다.
> ② 저작자 · 발명가 · 과학기술자와 예술가의 권리는 법률로써 보호한다.

01 주체

① '모든 국민'에는 국민과 외국인이 포함되며, 대학이나 연구단체 등도 포함된다.

② 예술품보급의 자유와 관련해서 예술품보급을 목적으로 하는 예술출판자 등도 예술의 자유의 보호를 받는다(헌재 1993.5.13. 91헌바17).

02 학문과 예술의 자유

① 건국헌법부터 규정하고 있다.

② 전문연구의 자유, 교수의 자유, 연구결과발표의 자유, 학문적 집회 · 결사의 자유, 대학의 자치가 인정된다.

> **제23조** ① 모든 국민의 재산권은 보장된다. 그 내용과 한계는 법률로 정한다.
> ② 재산권의 행사는 공공복리에 적합하도록 하여야 한다.
> ③ 공공필요에 의한 재산권의 수용 · 사용 또는 제한 및 그에 대한 보상은 법률로써 하되, 정당한 보상을 지급하여야 한다.

01 역대 헌법의 보상기준

건국헌법(1948년)	상당한 보상
제3차 개정헌법(1960년)	상당한 보상
제5차 개정헌법(1962년)	정당한 보상
제7차 개정헌법(1972년)	법률 위임
제8차 개정헌법(1980년)	법률보상, 이익형량하여 보상
제9차 개정헌법(1987년)	정당한 보상

02 관련 판례

국토이용관리법 제21조의3 제1항의 토지거래허가제는 사유재산제도의 부정이 아니라 그 제한의 한 형태이고 토지의 투기적 거래의 억제를 위하여 그 처분을 제한함은 부득이한 것이므로 재산권의 본질적인 침해가 아니며, 헌법상의 경제조항에도 위배되지 아니하고 현재의 상황에서 이러한 제한수단의 선택이 헌법상의 비례의 원칙이나 과잉금지의 원칙에 위배된다고 할 수도 없다(헌재 1989.12.22. 88헌가13).

> **제24조** 모든 국민은 법률이 정하는 바에 의하여 선거권을 가진다.
>
> **제25조** 모든 국민은 법률이 정하는 바에 의하여 공무담임권을 가진다.

01 선거권의 주체

① 선거권은 국민의 권리에 해당하므로, 외국인에게는 원칙적으로 인정되지 않는다.

② 현행헌법에서는 선거권연령을 직접 명시하지 않는다.

　＊「공직선거법」에서 선거권을 인정하는 연령을 '18세 이상'으로 규정하고 있다.

③ 제3차 개정헌법부터 제8차 개정헌법까지는 선거권연령을 헌법에서 규정하였다.

02 외국인에게 인정되는 선거권

① 실정법상의 권리에 해당하여, 외국인에게도 입법정책에 의해 부여할 수 있다.

② 민주국가에서 국민주권과 대의제 민주주의를 실현하는 핵심적인 수단으로서 선거권이 갖는 중요성에 비추어 볼 때, 형벌의 내용이 선거권 제한이라고 한다면, 그 자체 및 적용범위의 정당성에 관하여도 보통선거의 원칙에 입각한 선거권보장과 그 제한의 관점에서 헌법 제37조 제2항의 규정에 따라 엄격한 비례심사를 함이 타당하다(헌재 2009.10.29. 2007헌마1462).

③ 현행법상 지방선거권: 지방의원, 단체장, 교육감, 교육의원 선거권 등은 영주의 체류자격 취득일 후 3년이 경과한 외국인으로서, 해당 지방자치단체의 외국인등록대장에 올라 있는 외국인에게 인정된다(「공직선거법」 제15조 제2항 제3호).

④ 국정선거권: 대통령 및 국회의원 선거권은 외국인에게 인정되지 않는다.

03 공무담임권의 내용

① 현실적인 권리가 아니라 공무담임의 기회를 보장하는 성격이다.

② 피선거권과 공직취임권을 내용으로 한다.

04 공무담임권의 자격요건

피선거권자	나이 제한	근거법	거주 요건
대통령	40세 이상	헌법	5년 이상 국내거주
국회의원	18세 이상	「공직선거법」	불필요
지방의원 및 단체장	18세 이상	「공직선거법」	60일 이상 거주 필요

> **제26조** ① 모든 국민은 법률이 정하는 바에 의하여 국가기관에 **문서로** **청원할** 권리를 가진다.
>
> ② 국가는 청원에 대하여 **심사할 의무**를 진다.

01 주체와 대상

① 청원권은 국민, 외국인, 자연인, 법인에게 인정된다.

> 주의 공무원, 군인, 수형자 등도 청원을 할 수 있으나, 직무와 관련된 청원과 집단적 청원은 할 수 없다.

② 헌법은 '국가기관'에 청원할 수 있다고 규정하고 있다.

③ 「청원법」에 따라 '국가기관'의 범위는 확장된다.

> ＊「청원법」상 국가기관의 범위: 국가기관, 지방자치단체와 그 기관, 법령에 의하여 행정권한을 가지고 있거나 행정권한을 위임
> 또는 위탁받은 법인·단체 또는 그 기관이나 개인

02 청원 방식

① 구두로 청원하는 것은 인정되지 않는다.

② 전자문서로도 청원할 수 있다(「청원법」 제9조 제1항).

03 청원에 대한 의무

① 헌법은 '심사의무'만을 규정한다.

> 주의 '결과통지의무'는 헌법상 의무에 해당하지 않는다.

② 청원법은 '심사의무'뿐만 아니라, '결과통지의무'까지 규정하고 있다.

> ＊특별한 사유가 없는 한 90일 이내에 그 처리결과를 청원인에게 통지하여야 한다(「청원법」 제21조 제2항).

> **제27조** ① 모든 국민은 헌법과 법률이 정한 법관에 의하여 법률에 의한 재판을 받을 권리를 가진다.
> ② 군인 또는 군무원이 아닌 국민은 대한민국의 영역 안에서는 중대한 군사상 기밀·초병·초소·유독음식물공급·포로·군용물에 관한 죄중 법률이 정한 경우와 비상계엄이 선포된 경우를 제외하고는 군사법원의 재판을 받지 아니한다.
> ③ 모든 국민은 신속한 재판을 받을 권리를 가진다. 형사피고인은 상당한 이유가 없는 한 지체 없이 공개재판을 받을 권리를 가진다.
> ④ 형사피고인은 유죄의 판결이 확정될 때까지는 무죄로 추정된다.
> ⑤ 형사피해자는 법률이 정하는 바에 의하여 당해 사건의 재판절차에서 진술할 수 있다.

01 재판청구권

① 헌법과 법률이 정한 자격과 절차에 의하여 임명되고(헌법 제104조), 물적 독립(헌법 제103조)과 인적 독립(헌법 제106조)이 보장된 법관에 의한 재판을 받을 권리를 의미한다.

② 법률에 의한 재판을 받을 권리는 합헌적인 실체법과 절차법에 따른 재판을 의미한다.

③ '법률'에 관습법(조리)도 포함되는지 여부

　㉠ 형사실체법과 절차법: '법률'에 관습법 또는 조리가 포함되지 않는다.

　㉡ 민사실체법과 행정실체법: '법률'에 관습법 또는 조리가 포함된다.

02 군사법원의 재판을 받지 않을 권리

① 원칙: 일반 국민은 군사법원의 재판을 받지 않는다.

② 예외(일반 국민이 군사법원의 재판을 받는 경우)

　㉠ 중대한 군사상 기밀 등에 관한 죄 중 법률이 정한 경우

　　주의 '군사시설에 관한 죄'는 현행헌법에서 삭제되었다.

　㉡ 비상계엄이 선포되고 「계엄법」 제10조 제1항에 열거된 죄를 범한 경우

　　주의 비상계엄이 선포되었다고 하여 모든 범죄가 군사법원의 재판을 받는 것은 아니다.

03 신속한 공개재판을 받을 권리

① 재판공개의 원칙에 대해서는 헌법 제109조에서 별도로 규정하고 있다.

② 공개재판을 받을 권리는 형사피고인뿐만 아니라 모든 국민에게 인정되는 권리이다.

　주의 '공정한' 재판을 받을 권리: 헌법에 명문규정은 없지만, 당연히 인정되는 권리이다.

③ 헌법 제27조 제3항 제1문의 신속한 재판을 받을 권리의 실현을 위해서는 구체적인 입법형성이 필요하므로 법률에 의한 구체적 형성 없이는 신속한 재판을 위한 어떤 직접적이고 구체적인 청구권이 발생하지 아니한다(헌재 1999.9.16. 98헌마75).

04 무죄추정의 원칙

① 제8차 개정헌법 때 신설하였다.

② 무죄추정의 원칙은 판결의 기본방향과 법관 및 수사기관의 기본자세를 규정하는 원칙이며, 판결 이전의 절차뿐만 아니라 판결 자체와 판결형성의 과정에서도 준수되어야 할 원칙이다.

③ '형사피고인'만 명문으로 규정하고 있지만, 형사피의자도 당연히 무죄추정을 받는다(헌재 1992.1.28. 91헌마111).

④ 유죄판결에는 실형선고, 형의 면제, 집행유예, 선고유예도 포함한다.

> 주의 면소판결, 공소기각판결, 관할위반판결과 같은 형식재판은 유죄판결에 해당하지 않는다.

05 형사피해자의 재판절차진술권

① 제9차 개정헌법 때 신설하였다.

② 모든 범죄의 피해자에게 인정된다.

> 주의 헌법 제30조의 범죄피해자는 생명 · 신체에 대한 범죄피해자만을 의미한다.

③ 형사피해자는 보호법익의 주체일 뿐만 아니라 문제되는 범죄 때문에 법률상 불이익을 받게 되는 자도 포함한 개념이다(헌재 1992.2.25. 90헌마91).

④ 판례에 따르면, 검사의 자의적인 불기소처분, 공정거래위원회의 고발권 불행사에 대해 재판절차진술권 침해를 이유로 헌법소원이 가능하다.

제28조 형사피의자 또는 형사피고인으로서 구금되었던 자가 법률이 정하는 불기소처분을 받거나 무죄판결을 받은 때에는 법률이 정하는 바에 의하여 국가에 **정당한 보상**을 청구할 수 있다.

---

01 형사보상청구권의 요건

① 구금은 미결구금과 형의 집행으로서의 구금을 모두 포함한다.

> 주의 불기소처분이나 무죄판결을 받은 경우라도 '불구속'이었던 자는 형사보상청구가 불가능하다.

② 피의자 보상청구가 가능한 불기소처분에는 혐의 없거나, 죄가 안 되거나, 공소권 없는 경우와 같은 협의의 불기소처분이 있다.

> 주의 기소중지나 기소유예처분을 받은 피의자에게는 인정되지 않는다.

③ 무죄판결에는 당해 절차뿐만 아니라 상소권회복에 의한 상소 · 재심절차 · 비상상고절차에서의 무죄판결도 포함한다.

④ 면소 또는 공소기각의 재판을 받은 경우에도 면소 또는 공소기각의 재판을 할 만한 사유가 없었더라면, 무죄재판을 받을 만한 현저한 사유가 있었을 경우에는 보상청구를 할 수 있다.

02 형사보상청구권의 범위

법률이 정하는 바에 의하여 국가에 '정당한' 보상을 청구할 수 있다.

> 주의 '상당한' 보상(×)

> **제29조** ① 공무원의 **직무상 불법행위**로 손해를 받은 국민은 법률이 정하는 바에 의하여 국가 또는 공공단체에 정당한 배상을 청구할 수 있다. 이 경우 공무원 자신의 책임은 면제되지 아니한다.
>
> ② **군인·군무원·경찰공무원** 기타 법률이 정하는 자가 전투·훈련 등 직무집행과 관련하여 받은 손해에 대하여는 **법률이 정하는 보상**외에 국가 또는 공공단체에 공무원의 **직무상 불법행위**로 인한 배상은 청구할 수 없다.
>
> **제30조** 타인의 **범죄행위**로 인하여 **생명·신체**에 대한 피해를 받은 국민은 법률이 정하는 바에 의하여 국가로부터 **구조**를 받을 수 있다.

01 공무원의 불법행위

① 최광의 공무원을 의미하며, 헌법 제7조 제1항의 공무원의 범위와 같다.

② 공무원의 직무에는 권력적 작용뿐만 아니라 비권력적 작용도 포함되며, 단지 행정주체가 사경제주체로서 하는 활동만 제외된다(대판 2001.1.5. 98다39060).

③ 헌법은 '국가 또는 공공단체'에 배상을 청구할 수 있다고 규정한다.

④ 국가배상법은 '국가 또는 지방자치단체'로 범위를 축소하고 있다.

⑤ 공무원개인은 공무원의 고의 또는 중과실이 인정될 때 외부적·내부적 책임을 부담한다(대판 1996.2.15. 95다 38677).

　　주의 경과실이 있는 경우에는 외부적·내부적 책임을 부담하지 않는다.

02 보상을 받을 수 있는 대상

① 외국인은 상호주의 원칙을 적용한다.

② 의무전투경찰순경은 경찰공무원에 포함된다.

③ 경비교도대원·공익군무요원은 군인에 포함되지 않는다.

④ '기타 법률이 정하는 자'로 「국가배상법」에서 향토예비군대원을 포함한다.

03 이중배상금지 규정

① 다른 법률에 의해 보상을 받을 수 없는 경우에는 국가배상청구를 할 수 있다(헌재 1997.2.14. 96다28066).

② 제5차 개정헌법(제3공화국)에서는 국가배상법상으로 존재하던 규정에 대해 대법원이 위헌판결을 내렸으나, 제7차 개정헌법(유신헌법)에서는 헌법에 직접 명시하였다.

04 범죄피해자의 구조

① 제9차 개정헌법 때 신설하였다.

② '생명·신체'에 대한 피해를 대상으로 하여, 재산범죄의 피해자는 대상으로 하지 않는다.

③ 외국인은 상호주의가 적용된다.

> **제31조** ① 모든 국민은 능력에 따라 균등하게 교육을 받을 권리를 가진다.
> ② 모든 국민은 그 보호하는 자녀에게 적어도 초등교육과 법률이 정하는 교육을 받게 할 의무를 진다.
> ③ 의무교육은 무상으로 한다.
> ④ 교육의 자주성 · 전문성 · 정치적 중립성 및 대학의 자율성은 법률이 정하는 바에 의하여 보장된다.
> ⑤ 국가는 평생교육을 진흥하여야 한다.
> ⑥ 학교교육 및 평생교육을 포함한 교육제도와 그 운영, 교육재정 및 교원의 지위에 관한 기본적인 사항은 법률로 정한다.

01 교육을 받을 권리

① 능력은 일신전속적 능력을 의미한다.

② 소극적 의미의 균등은 능력 이외의 성별 · 종교 · 사회적 신분 등에 의하여 차별을 받지 않는 것을 의미한다.

③ 적극적 의미의 균등은 장애인이나 경제적 능력이 없는 자도 균등한 교육을 받을 수 있도록 교육의 외적 조건의 정비를 요구할 수 있는 권리를 의미한다.

④ 초등교육(6년)의 무상의무교육을 받을 권리는 헌법상 구체적 권리에 해당하지만, 중등교육(3년)은 헌법상 구체적인 권리로 인정되지 않는다.

> 주의 중등의무교육의 순차적 실시는 중등의무교육을 받을 권리를 침해하지 않는다(헌재 1991.2.11. 90헌가27).

⑤ 오늘날 의무교육제도는 국민에 대한 의무부과의 면보다는 국가에 대하여 인적 · 물적 교육시설을 정비하고 교육환경을 개선하여야 한다는 의무부과의 측면이 보다 더 중요한 의미를 갖게 된다(헌재 2005.3.31. 2003헌가20).

⑥ 대학의 자율성은 제9차 개정헌법 때 신설하였다.

⑦ 국가의 평생교육 진흥의무는 제8차 개정헌법 때 신설하였다.

02 교원의 정치적 중립성

① 「교육공무원법」(교원의 정치활동을 금지), 교원노조법(교원노조의 정치활동금지)

② 국 · 공립 · 사립대학의 전임강사 이상을 제외한 그밖의 교원은 정당발기인 및 당원이 되지 않는다(「정당법」 제22조 제1항).

03 교원지위 법정주의

① 교원의 지위: 교원의 권리에 관한 사항과 교원의 의무에 관한 사항을 의미한다.

> 주의 교원의 의무에는 교원의 기본권을 제한하는 사항까지 포함한다.

② 기본적 사항: 교원의 신분이 부당하게 박탈되지 않도록 하는 최소한의 보호의무에 관한 사항이 포함된다.

> *사립대학에서의 임용탈락시 다툴 수 있는 절차가 없는 기간임용제는 교원지위법정주의에 위배된다(헌재 2003.2.27. 2000헌바26).

> **제32조** ① 모든 국민은 근로의 권리를 가진다. 국가는 사회적·경제적 방법으로 근로자의 고용의 증진과 적정임금의 보장에 노력하여야 하며, 법률이 정하는 바에 의하여 최저임금제를 시행하여야 한다.
> ② 모든 국민은 근로의 의무를 진다. 국가는 근로의 의무의 내용과 조건을 민주주의원칙에 따라 법률로 정한다.
> ③ 근로조건의 기준은 인간의 존엄성을 보장하도록 법률로 정한다.
> ④ 여자의 근로는 특별한 보호를 받으며, 고용·임금 및 근로조건에 있어서 부당한 차별을 받지 아니한다.
> ⑤ 연소자의 근로는 특별한 보호를 받는다.
> ⑥ 국가유공자·상이군경 및 전몰군경의 유가족은 법률이 정하는 바에 의하여 우선적으로 근로의 기회를 부여받는다.
> **제33조** ① 근로자는 근로조건의 향상을 위하여 자주적인 단결권·단체교섭권 및 단체행동권을 가진다.
> ② 공무원인 근로자는 법률이 정하는 자에 한하여 단결권·단체교섭권 및 단체행동권을 가진다.
> ③ 법률이 정하는 주요방위산업체에 종사하는 근로자의 단체행동권은 법률이 정하는 바에 의하여 이를 제한하거나 인정하지 아니할 수 있다.

01 근로의 권리

① 국민의 권리에 해당하며, 외국인에게는 원칙적으로 인정되지 않는다.
② 헌법재판소는 외국인에게 예외적으로 근로의 권리 중 일할 '환경'에 대한 권리(자유권)를 인정하였으나, 일할 '자리'에 대한 권리(사회권)는 인정하지 않았다(헌재 2007.8.30. 2004헌마670).
③ 다수설과 판례는 원칙적으로 근로의 권리의 성격에 대하여 근로기회제공청구권설을 따른다.
> 주의 근로기회제공청구는 직접 일자리 제공을 요구하는 것을 의미하지 않는다.

02 근로 적정임금

① '적정임금'은 제8차 개정헌법에서 도입하였다.
② '최저임금제'는 제9차 개정헌법에서 도입하였다.
③ 최저임금제는 원칙적으로 모든 사업장에 적용된다.
> *「근로기준법」은 원칙적으로 5인 이상의 사업장에 적용한다.
④ 근로자의 고용의 증진과 적정임금의 보장에 '노력'하여야 하고, 최저임금제는 반드시 '시행'되어야 한다.
⑤ 근로의 의무의 성격은 다수설에 따르면 윤리적 의무설로 보며, 법적 의무는 없다.

03 근로조건과 보호

① 계약 자유의 원칙을 보완하기 위하여 「근로기준법」상으로 근로조건의 최저기준을 규정하고 있다.

  * 「근로기준법」을 위반한 근로계약내용은 무효가 되고, 무효가 되는 부분은 「근로기준법」에 정한 기준을 따른다.

② 「남녀고용평등과 일·가정 양립 지원에 관한 법률」상 여성 근로의 특별보호를 위하여 모집·채용·정년·퇴직·해고에 있어서 남녀차별금지, 동일가치의 노동에 동일임금 지급을 규정하고 있다.

  * 「남녀고용평등과 일·가정 양립 지원에 관한 법률」상 혼인으로 인한 퇴직제도는 무효이다.

③ 여자와 연소자의 근로의 특별보호를 명시적으로 규정한다.

  주의 '장애인'의 근로의 특별보호에 대해서는 명문 규정이 없다.

④ 연소자 근로의 특별보호

  ㉠ 15세 미만자는 원칙적으로 근로자로 사용할 수 없다.

  ㉡ 「근로기준법」상 18세 미만자는 원칙적으로 심야근로 및 휴일근로를 인정하지 않는다.

⑤ '국가유공자 본인'을 의미하며, '국가유공자의 가족'은 포함되지 않는다.

  주의 '국가유공자 가족'에 대해 가산점을 부여하는 것은 헌법적인 근거가 없으나, 입법정책상 배려는 가능하다.

⑥ 「국가유공자 등 예우 및 지원에 관한 법률」상 국가유공자 등에게 우선적으로 근로기회를 보장해준다.

⑦ 우선적 근로기회보장은 국가유공자 등에 대한 보훈의 한 방법을 예시한 것이다.

  주의 우선보직이나 우선승진의 기회보장은 포함되지 않는다.

04 근로자의 권리

① 비록 헌법이 위 조항에서 '단체협약체결권'을 명시하여 규정하고 있지 않다고 하더라도 근로조건의 향상을 위한 근로자 및 그 단체의 본질적인 활동의 자유인 '단체교섭권'에는 단체협약체결권이 포함되어 있다고 보아야 한다(헌재 1998.2.27. 94헌바13).

② 근로3권은 자유권적 측면과 사회권적 측면을 함께 가지고 있는 기본권으로 본다. 헌재는 초기에 사회권적 성격을 더 강조했으나, 최근에는 근로3권을 '사회적 보호기능을 담당하는 자유권' 또는 '사회권적 성격을 띤 자유권'이라고 하여 자유권적 기능을 강조한다(헌재 1998.2.27. 94헌바13 등).

③ 국가공무원법과 지방공무원법에서 '사실상 노무에 종사하는 공무원은 예외'로 하고 공무원의 노동운동을 금지하는 규정은 합헌이다. '사실상 노무에 종사하는 공무원의 범위'를 법률로 직접규정하지 않고 하위법령에 위임하는 것은 합헌이지만, 지방공무원법이 사실상 노무에 종사하는 공무원의 범위를 조례로 정하도록 위임하였으나, 조례를 제정하지 않은 '부작위'는 위헌에 해당한다(헌재 2009.7.30. 2006헌마358).

> **제34조** ① 모든 국민은 인간다운 생활을 할 권리를 가진다.
>
> ② 국가는 사회보장·사회복지의 증진에 노력할 의무를 진다.
>
> ③ 국가는 여자의 복지와 권익의 향상을 위하여 노력하여야 한다.
>
> ④ 국가는 노인과 청소년의 복지향상을 위한 정책을 실시할 의무를 진다.
>
> ⑤ 신체장애자 및 질병·노령 기타의 사유로 생활능력이 없는 국민은 법률이 정하는 바에 의하여 국가의 보호를 받는다.
>
> ⑥ 국가는 재해를 예방하고 그 위험으로부터 국민을 보호하기 위하여 노력하여야 한다.

01 주체

① 자연인에 해당하는 국민만이 주체가 된다.

② 외국인과 법인은 주체가 아니다.

02 인간다운 생활을 할 권리

① 제5차 개정헌법 때 신설하였다.

② 인간다운 생활을 할 권리로부터는 인간의 존엄에 상응하는 생활에 필요한 최소한의 '물질적'인 생활의 유지에 필요한 급부를 요구할 수 있는 구체적인 권리가 상황에 따라서는 직접 도출될 수 있다고 할 수는 있어도, 동 기본권이 직접 그 이상의 급부를 내용으로 하는 구체적인 권리를 발생케 한다고는 볼 수 없다(헌재 1995.7.21. 93헌가14).

③ 헌법 제34조 제2항·제6항을 보더라도 이들 규정은 단지 사회보장·사회복지의 증진 등과 같은 국가활동의 목표를 제시하거나 이를 위한 객관적 의무만을 국가에 부과하고 있을 뿐, 개인에게 국가에 대하여 사회보장·사회복지 또는 재해 예방 등과 관련한 적극적 급부의 청구권을 부여하고 있다거나 그것에 관한 입법적 위임을 하고 있다고 보기 어렵다(헌재 2003.7.24. 2002헌바51).

03 「국민기초생활 보장법」의 내용

① 수혜범위는 노동무능력자에 한정하지 않고 생활이 어려운 모든 국민을 대상으로 한다.

② 소득인정액이 최저생계비 이하로서 부양의무자가 없거나, 부양의무자가 있어도 부양능력이 없거나, 부양을 받을 수 없는 경우에 수급권자로 인정된다.

③ 급여수준은 건강하고 문화적인 최저생활(최저생계비 이상)을 기준으로 한다.

> **제35조** ① 모든 국민은 건강하고 쾌적한 환경에서 생활할 권리를 가지며, 국가와 국민은 환경보전을 위하여 노력하여야 한다.
> ② 환경권의 내용과 행사에 관하여는 법률로 정한다.
> ③ 국가는 주택개발정책 등을 통하여 모든 국민이 쾌적한 주거생활을 할 수 있도록 노력하여야 한다.

01 환경권의 연혁

① 환경권(헌법 제35조 제1항)은 제8차 개정헌법 때 신설하였다.
② 헌법 제35조 제2항 · 제3항은 제9차 개정헌법 때 추가하였다.

02 환경권의 대상

① 자연인에게 인정되는 권리에 해당하므로, 외국인도 포함한다.
② 법인에게는 인정되지 않는다.
③ 공해예방청구권, 공해배제청구권, 생활환경조성청구권, 쾌적한 주거생활권을 내용으로 한다.
④ 자연환경과 인공적 환경(생활환경 등)을 모두 포함한다.

03 관련 판례

① 환경권은 명문의 법률규정이나 관계 법령의 규정 취지 및 조리에 비추어 권리의 주체, 대상, 내용, 행사 방법 등이 구체적으로 정립될 수 있어야만 인정되는 것이므로, 사법상의 권리로서의 환경권을 인정하는 명문의 규정이 없는데도 환경권에 기하여 직접 방해배제청구권을 인정할 수는 없다(대판 1999.7.27. 98다47528).

② 일반국민이 환경권만을 근거로 공해예방청구 등을 할 수 없으나, 구체적 권리를 보유한 자는 토지 등의 소유자는 소유권에 기하여 방해의 제거나 예방을 위하여 필요한 청구를 할 수 있다(대판 1999.7.27. 98다47528).

> **제36조** ① 혼인과 가족생활은 개인의 존엄과 양성의 평등을 기초로 성립되고 유지되어야 하며, 국가는 이를 보장한다.
> ② 국가는 모성의 보호를 위하여 노력하여야 한다.
> ③ 모든 국민은 보건에 관하여 국가의 보호를 받는다.

01 혼인과 가족생활에 대한 헌법 규정의 성격

① 자유권보장, 제도적 보장, 헌법원리 내지 원칙규범에 해당한다.
② 적극적으로는 제3자의 침해로부터 보호할 의무를 의미한다.
③ 소극적으로는 혼인을 이유로 차별해서는 안 된다는 것을 의미한다.

02 모성의 보호

① 모성은 자녀를 가진 여성을 의미한다.
② 보호는 건강에 대한 보호와 사회적 · 경제적 보호를 의미한다.

03 보건권

① 적극적으로는 국민보건을 위해 필요하고 적절한 정책을 수립하고 행하여야 하는 국가의 의무를 말한다.
② 소극적으로는 국가가 국민의 건강을 침해해서는 안 된다는 것을 의미한다.

> **제37조** ① 국민의 자유와 권리는 헌법에 열거되지 아니한 이유로 경시되지 아니한다.
> ② 국민의 모든 자유와 권리는 국가안전보장 · 질서유지 또는 공공복리를 위하여 **필요한 경우에 한하여** **법률로써** 제한할 수 있으며, 제한하는 경우에도 자유와 권리의 **본질적인 내용**을 침해할 수 없다.

01 헌법에 열거되지 않은 기본권

① 행복추구권에 포함되는 기본권에는 자기결정권, 일반적 행동자유권, 사적자치권, 개성의 자유로운 발현권, 휴식권, 문화향유권 등이 있다.

② 인간의 존엄과 가치에 따라 인격권이 인정된다.

③ 행복추구권과 사생활의 비밀과 자유에 따라 개인정보자기결정권이 인정된다.

④ 신체의 자유에 따라 신체의 불훼손권이 인정된다.

02 성질상 제한할 수 없는 기본권

절대적 기본권에 해당하는 양심형성의 자유, 신앙의 자유 등은 제한할 수 없다.

03 기본권제한의 요건

① 제7차 개정헌법 때 '국가안전보장'을 제한사유로 추가하였다.

② '필요한 경우에 한하여' 부분은 과잉금지원칙의 근거조문이다.

③ 국민의 기본권을 제한하는 법률규정이 헌법에 위배되지 않기 위하여는 헌법 제37조 제2항에서 정하고 있는 입법활동의 한계라고 할 수 있는 과잉금지의 원칙이 지켜져야 한다. 즉, 입법의 목적이 헌법과 법률의 체제상 그 정당성이 인정되어야 하고(목적의 정당성), 입법자가 선택한 방법이 그 목적의 달성을 위하여 효과적이고 적절해야 하며(방법의 적정성), 입법목적을 달성하기 위하여 똑같이 효과적인 방법 중에서 기본권을 보다 적게 침해하는 방법을 사용하여야 하고(피해의 최소성), 입법에 의하여 보호하려는 공익과 이로 인하여 침해되는 사익을 비교형량하여 양자 사이에 합리적인 비례관계가 이루어져야 한다(법익의 균형성)(헌재 2000.6.1. 99헌마553).

④ '법률로써'의 의미는 '법률로만' 제한하라는 것이 아니라, '법률에 근거하여' 제한하라는 의미이다.

⑤ 따라서 법률의 위임을 받은 법규명령, 조례 등에 의한 기본권제한도 가능하며, 법률의 효력을 갖는 조약, 대통령의 긴급명령 등으로도 기본권을 제한할 수 있다.

⑥ '본질적 내용 침해금지' 부분의 연혁

제3차 개정헌법	→	제7차 개정헌법	→	제8차 개정헌법
〈신설〉		〈삭제〉		〈부활〉

⑦ 헌법 제37조 제2항의 성격은 기본권제한의 수권규범(근거규범)이면서 기본권제한의 한계규범으로 본다.

> **제38조** 모든 국민은 **법률이 정하는 바**에 의하여 납세의 의무를 진다.
>
> **제39조** ① 모든 국민은 법률이 정하는 바에 의하여 국방의 의무를 진다.
>
> ② 누구든지 병역의무의 이행으로 인하여 **불이익한 처우**를 받지 아니한다.

01 납세의 의무

① 주체는 국민이며, 법인도 포함한다.

② 외국인(외국법인)도 국내에 재산이 있거나 과세대상이 되는 행위를 할 때에는 조세를 부담한다.

③ 헌법에 규정된 자체로서 부과할 수 없고, 법률에 의해 구체화되어야 부과할 수 있다.

④ 납세의 의무는 대체이행이 가능하다.

02 국방의 의무

① 직접적인 병력형성의무, 간접적인 병력형성의무, 병력형성 이후 군작전명령에 복종하고 협력하여야 할 의무를 모두 포함한다.

② '불이익한 처우'는 '법적인 불이익'을 의미하는 것이며, 단순한 사실상·경제상의 불이익을 모두 포함하는 것은 아니다(헌재 1999.2.25. 97헌바3).

③ 국방의 의무는 대체복무가 인정되지 않는다.

▎제3장 국회

> **제40조** 입법권은 **국회**에 속한다.

01 국회입법권의 의미

① 국회중심입법의 원칙 및 국회의 법률단독의결의 원칙을 의미한다.

② 국회가 입법을 독점한다(국회독점입법의 원칙)는 것을 의미하지는 않는다.

02 다른 국가기관의 입법 기능

① 다른 국가기관도 입법기능을 수행할 수 있다.

　예 행정입법, 지방의회의 조례 등

② 다른 국가기관도 법률 제·개정과정에 참여할 수 있다.

　예 정부의 법률안제출권, 대통령의 법률안공포권 등

> **제41조** ① 국회는 국민의 보통·평등·직접·비밀선거에 의하여 선출된 국회의원으로 구성한다.
>
> ② 국회의원의 수는 법률로 정하되, 200인 이상으로 한다.
>
> ③ 국회의원의 선거구와 비례대표제 기타 선거에 관한 사항은 법률로 정한다.

01 보통·평등·직접·비밀선거의 원칙

① 헌법은 국회의원선거(제41조 제1항)와 대통령선거(제67조 제1항)의 경우에만 직접 명시하고 있다.

② 지방선거의 경우는 헌법이 아닌 「지방자치법」에서 규정한다.

③ '자유선거'의 원칙은 헌법에 명시적 규정은 없지만 당연히 인정된다(헌재 1999.6.24. 98헌마153).

02 국회의원의 수

① 「공직선거법」은 지역구국회의원 254명과 비례대표국회의원 46명을 합하여 300인으로 규정하고 있다 (「공직선거법」 제21조 제1항).

② 국회의원의 수를 200인 미만으로 하기 위해서는 헌법개정이 필요하다.

> 주의 국회의원의 수를 500인으로 늘리는 것은 법률개정만으로도 가능하다.

03 비례대표제

① 제8차 개정헌법 때 신설하였다.

② 지역구국회의원선거와 병행하여 정당명부식 비례대표제를 실시하면서도 별도의 정당투표를 허용하지 않는 범위에서 헌법에서 위반된다(헌재 2001.7.19. 2000헌마91 등).

> **제42조** 국회의원의 임기는 4년으로 한다.
>
> **제43조** 국회의원은 법률이 정하는 직을 겸할 수 없다.

01 국회의원의 임기

① 국회의원의 임기는 4년으로 헌법에 직접 규정되어 있으므로, 법률로 국회의원의 임기를 제한할 수 없다.

② 지방의원의 임기는 국회의원과 동일하게 4년이지만 「지방자치법」에 규정되어 있다. 즉, 이는 입법사항에 해당하므로 법률개정만으로 연장 또는 단축이 가능하다.

02 국회의원의 겸직금지

구분	국회의원의 겸직이 금지된 지위
「국회법」 제29조	대통령, 헌법재판소재판관, 각급선거관리위원회위원, 지방의회의원, 정부투자기관 임직원, 농·수협중앙회 임직원 등
「감사원법」 제9조	감사위원
「법원조직법」 제49조	법관
「지방자치법」 제35조	지방자치단체장

> 주의 국회의원과 국무총리·국무위원은 겸직할 수 있다(의원내각제적 요소).

> **제44조** ① 국회의원은 **현행범인**인 경우를 제외하고는 **회기중** 국회의 동의없이 체포 또는 구금되지 아니한다.
> ② 국회의원이 **회기전**에 체포 또는 구금된 때에는 **현행범인**이 아닌 한 국회의 요구가 있으면 **회기중** 석방된다.
> **제45조** 국회의원은 국회에서 **직무상** 행한 발언과 표결에 관하여 **국회외**에서 책임을 지지 아니한다.

01 국회의원의 불체포특권

① 불체포특권은 국회의원에게만 인정되며, 지방의원에게는 인정되지 않는다.

② 준현행범에게는 인정되지 않는 것으로 보는 것이 다수설이다.

> (주의) 국회회의장 안에서는 국회의원은 현행범이라도 국회의장의 명령없이는 체포할 수 없다.

③ '회기중'에는 휴회도 포함하며, 폐회중에는 불체포특권이 인정되지 않는다.

④ 불체포특권은 국회가 체포동의를 의결하면 회기중에도 체포가 가능한 상대적 특권이지만, 면책특권은 국회의 의결로도 제한할 수 없는 절대적 특권이다.

> *국회의 동의절차: 관할판사가 체포동의요구서를 정부에 제출 → 정부가 국회에 체포동의를 요청 → 국회는 본회의에 보고된 때부터 24시간 이후 72시간 이내에 표결처리
> *체포동의안이 72시간 이내에 표결되지 아니하는 경우에는 그 이후에 최초로 개의하는 본회의에 상정하여 표결한다.

⑤ 체포·구금에는 형사소송법상의 강제처분뿐만 아니라 행정상의 강제처분도 포함한다.

> (주의) 불구속 수사, 형사소추(불구속 기소), 확정판결에 의한 자유형집행은 가능하다.

⑥ 불체포특권을 최초로 성문화한 것은 미(美)연방헌법이다.

⑦ '회기전'에는 '전회기(前會期)'도 포함되므로 전회기에는 체포동의를 의결하였어도 현회기중에 석방을 요구할 수 있다.

⑧ 현행범으로 체포된 경우에는 석방을 요구할 수 있는 대상에 해당하지 않는다.

⑨ 재적의원 4분의 1 이상의 발의가 있어야 한다.

> (주의) 의결정족수는 다수결원칙에 따른다.

⑩ 회기중에만 석방이 인정되며, 회기후에는 다시 구금할 수 있다.

02 국회의원의 면책특권

① 국회의원에게만 인정되며, 지방의원에게는 인정되지 않는다.

② 국회에서 발언하는 국무총리·국무위원 등도 주체로 인정되지 않는다.

③ 다수설에 따르면 국회의원직을 겸한 국무총리·국무위원 등도 국회의원의 자격에서 행한 발언에 대해서만 면책된다.

④ 국회의 장소적 의미: 국회의사당이라는 건물만을 의미하는 것이 아니라, 국회의 소관직무와 관련된 활동이 행해지는 모든 장소를 의미한다.

⑤ 직무부수행위도 '직무상'에 포함된다(대판 1992.9.22. 91도3317).

 * 발언 내용이 허위라는 점을 인식하지 못하였다면 비록 발언 내용에 다소 근거가 부족하거나 진위 여부를 확인하기 위한 조사를 제대로 하지 않았다고 하더라도, 그것이 직무 수행의 일환으로 이루어진 것인 이상 이는 면책특권의 대상이 된다(대판 2007.1.12. 2005다57752).

⑥ 국회외에서는 면책특권으로 인해 책임지지 않으나, 국회내에서 징계처분을 하는 것은 가능하다.

⑦ 일체의 법적책임이 면제(민·형사상 책임면제)될 뿐이며, 선거구민에 대한 정치적 책임이나 소속정당에 의한 징계처분까지 면제되는 것은 아니다.

⑧ 범죄는 성립하지만 처벌만 면제하는 '인적처벌조각사유'에 해당한다.

 주의 교사범·방조범 등 공범은 처벌한다.

⑨ 면책되는 국회의원을 기소하면 법원은 '공소기각판결'을 하여야 한다(대판1992.9.22. 91도3317).

03 국회의원의 불체포특권과 면책특권 비교

구분	불체포특권	면책특권
보호가치	신체의 자유	직무상 발언과 표결
직무관련성	직무관련이 없는 범죄에도 인정	직무상 발언과 표결
적용기간	일시적	영구적
효과	체포유예	인적처벌조각사유, 법적인 책임면제
국회의결로 제한가능 여부	제한가능(상대적 특권)	제한불가능(절대적 특권)

> **제46조** ① 국회의원은 청렴의 의무가 있다.
>
> ② 국회의원은 국가이익을 우선하여 양심에 따라 직무를 행한다.
>
> ③ 국회의원은 그 지위를 남용하여 국가·공공단체 또는 기업체와의 계약이나 그 처분에 의하여 재산상의 권리·이익 또는 직위를 취득하거나 타인을 위하여 그 취득을 알선할 수 없다.

01 국회의원의 헌법상 의무

청렴의무, 국가이익우선의무, 이권불개입의무, 겸직금지의무, 양심에 따른 직무수행의무가 있다.

주의 '품위유지의무'는 국회법상 의무에 해당한다.

국회의원의 헌법상 의무	• 겸직금지의무 • 청렴의무 • 국가이익우선의무 • 지위를 남용한 이권개입금지의무 • 양심에 따른 직무수행의무
국회의원의 「국회법」상 의무	• 품위유지의무 • 출석의무 • 회의장에서의 질서준수의무 • 국정감사·국정조사에서의 비밀유지의무 • 영리업무종사 금지의무

02 자유위임의 헌법적 근거조항

① 헌법 제7조 제1항: 공무원의 국민전체의 봉사자 규정

② 헌법 제45조: 국회의원의 면책특권 규정

③ 헌법 제46조 제2항: 국회의원의 국가이익우선의무 규정

> **제47조** ① 국회의 정기회는 법률이 정하는 바에 의하여 **매년 1회** 집회되며, 국회의 임시회는 대통령 또는 국회재적의원 **4분의 1 이상**의 요구에 의하여 집회된다.
>
> ② 정기회의 회기는 **100일**을, 임시회의 회기는 **30일**을 초과할 수 없다.
>
> ③ 대통령이 임시회의 집회를 요구할 때에는 **기간과 집회요구의 이유**를 명시하여야 한다.
>
> **제48조** 국회는 의장 1인과 **부의장 2인**을 선출한다.
>
> **제49조** 국회는 헌법 또는 법률에 특별한 규정이 없는 한 **재적의원 과반수의 출석과 출석의원 과반수**의 찬성으로 의결한다. 가부동수인 때에는 **부결**된 것으로 본다.

01 국회의 정기회와 임시회

① 국회의 정기회: 매년 1회 집회(헌법), 매년 9월 1일에 집회(「국회법」)

　＊지방의회의 정례회: 매년 2회(「지방자치법」)

② 정기회의 회기일수: 100일을 초과할 수 없다.

　＊「국회법」에서는 "100일로 한다."라고 명시하고 있다.

③ 임시회의 회기일수: 30일을 초과할 수 없다.

　＊지방의회의 회기일수는 조례로 정한다.

④ 임시회 집회는 국무회의의 필요적 심의사항에 해당한다.

02 의장과 부의장

① 국회의장의 직무대행 순서

　㉠ 의장이 지정하는 부의장

　㉡ 의장이 지정할 수 없을 때에는 소속 의원수가 많은 교섭단체소속인 부의장의 순서

② 부의장 2인으로 하며, 부의장을 3인으로 늘리는 것은 헌법개정사항에 해당한다.

③ 의장·부의장 선출은 무기명투표 방식으로 한다.

　[주의] '재적의원 과반수' 득표로 당선된다.

④ 의장·부의장이 사임하려면 국회의 동의를 얻어야 한다.

03 의결정족수

① 국회의 일반 '의결정족수'(다수결원칙)는 헌법에 규정되어 있다.

② 일반 '의사정족수'(재적의원 5분의 1 이상)는 「국회법」에 규정되어 있다.

③ 가부동수인 경우에는 부결된다.

　[주의] 가부동수인 경우에는 국회의장에게 결정권이 부여되지 않는다.

　＊부결시 의장에게 결정권 있는 경우: 대법관회의, 선거관리위원회의

> **제50조** ① 국회의 회의는 공개한다. 다만, 출석의원 과반수의 찬성이 있거나 의장이 국가의 안전보장을 위하여 필요하다고 인정할 때에는 공개하지 아니할 수 있다.
>
> ② 공개하지 아니한 회의내용의 공표에 관하여는 법률이 정하는 바에 의한다.
>
> **제51조** 국회에 제출된 법률안 기타의 의안은 회기중에 의결되지 못한 이유로 폐기되지 아니한다. 다만, 국회의원의 임기가 만료된 때에는 그러하지 아니하다.

01 공개원칙과 예외적 비공개 사유

① 의사공개의 원칙 적용범위: 본회의, 위원회, 소위원회 모두 공개원칙

② 비공개 요건: 본회의는 공개한다. 다만, 의장의 제의 또는 10인 이상의 연서에 의한 동의로 본회의의 의결이 있거나 의장이 각 교섭단체대표의원과 협의하여 국가의 안전보장을 위하여 필요하다고 인정할 때에는 공개하지 아니할 수 있다(「국회법」 제75조 제1항).

  * 재판의 비공개 사유(헌법 제109조): 국가안전보장, 안녕질서, 선량한 풍속

③ 공개하지 아니한 회의의 내용은 공표되어서는 아니 된다. 다만, 본회의의 의결 또는 의장의 결정으로 제1항 단서의 사유가 소멸되었다고 판단되는 경우에는 이를 공표할 수 있다(「국회법」 제118조 제4항).

02 회기계속의 원칙

① 회기가 만료되어도 폐기되지 않고 다음 회기에서 계속 심의한다.

② 회기계속의 원칙은 입법기(임기동안)내에서만 적용된다.

③ 국회의원의 임기가 만료되는 경우에는 회기계속의 원칙이 적용되지 않는다.

  * 의결되지 못한 의안은 국회의원의 임기만료로 자동 폐기된다.

03 회기계속원칙과 회기불계속원칙 비교

구분	회기계속원칙	회기불계속원칙
연혁	제3공화국 헌법부터 규정	−
입법례	프랑스	영국 · 미국
이념	한 입법기 내에는 동일한 의사를 가짐	한 회기마다 독립적인 의사를 가짐
회기중에 이송된 법률안, 폐회중 법률안에 대하여 이의가 있는 경우	• 재의요구기간 내 환부거부 • 재의요구기간 내 환부거부하지 않으면 법률안은 확정됨	• 보류거부 • 재의요구기간 내 서명하지 않으면 법률안은 폐기됨
폐회중 대통령이 법률안에 대하여 이의가 없는 경우	대통령은 공포함	대통령은 서명 · 공포함

제52조 국회의원과 정부는 법률안을 제출할 수 있다.

제53조 ① 국회에서 의결된 법률안은 정부에 이송되어 15일 이내에 대통령이 공포한다.

② 법률안에 이의가 있을 때에는 대통령은 제1항의 기간내에 이의서를 붙여 국회로 환부하고, 그 재의를 요구할 수 있다. 국회의 폐회중에도 또한 같다.

③ 대통령은 법률안의 일부에 대하여 또는 법률안을 수정하여 재의를 요구할 수 없다.

④ 재의의 요구가 있을 때에는 국회는 재의에 붙이고, 재적의원과반수의 출석과 출석의원 3분의 2 이상의 찬성으로 전과 같은 의결을 하면 그 법률안은 법률로서 확정된다.

⑤ 대통령이 제1항의 기간내에 공포나 재의의 요구를 하지 아니한 때에도 그 법률안은 법률로서 확정된다.

⑥ 대통령은 제4항과 제5항의 규정에 의하여 확정된 법률을 지체 없이 공포하여야 한다. 제5항에 의하여 법률이 확정된 후 또는 제4항에 의한 확정법률이 정부에 이송된 후 5일 이내에 대통령이 공포하지 아니할 때에는 국회의장이 이를 공포한다.

⑦ 법률은 특별한 규정이 없는 한 공포한 날로부터 20일을 경과함으로써 효력을 발생한다.

01 법률안의 제출 및 의결

① 국회의원 10인 이상 또는 위원회(상임위원회, 특별위원회)는 법률안을 제출할 수 있다.

② 정부의 법률안 제출권을 인정하는 것은 의원내각제의 요소이다.

③ 대통령의 거부권은 환부거부만 인정되며, 보류거부는 인정되지 않는다.

④ 대통령은 법률안에 대하여 일부거부 또는 수정거부 할 수 없다.

⑤ 재의결정족수: 재적의원 과반수의 출석과 출석의원 3분의 2 이상의 찬성

주의 재적의원 3분의 2 이상(×)

02 법률안이 법률로 확정되는 경우

① 15일 이내에 대통령이 공포하여야 한다.

② 국회의 재의결이 있으면 법률로 확정된다.

③ 공포나 재의요구 없이 15일을 경과하여야 한다.

주의 수정재의결은 '전과 같은 의결'이 아니기 때문에 재의결에 해당하지 않으므로, 수정재의결을 할 경우에는 법률로 확정되지 않는다.

03 국회의장의 법률안공포권

① 국회의 재의결로 법률이 확정된 경우에는 대통령이 공포하지 않으면 5일 경과 후 법률안공포권이 발생한다.

② 15일 이내에 공포나 재의를 요구하지 아니하여 법률로 확정된 경우에는 법률안공포권이 지체 없이 발생한다는 견해와 5일 경과 후에 발생한다는 견해가 대립한다.

제54조 ① 국회는 국가의 예산안을 심의 · 확정한다.

② 정부는 회계연도마다 예산안을 편성하여 회계연도 개시 90일 전까지 국회에 제출하고, 국회는 회계연도 개시 30일 전까지 이를 의결하여야 한다.

③ 새로운 회계연도가 개시될 때까지 예산안이 의결되지 못한 때에는 정부는 국회에서 예산안이 의결될 때까지 다음의 목적을 위한 경비는 전년도 예산에 준하여 집행할 수 있다.

1. 헌법이나 법률에 의하여 설치된 기관 또는 시설의 유지 · 운영

2. 법률상 지출의무의 이행

3. 이미 예산으로 승인된 사업의 계속

01 예산과 법률 비교

구분	예산	법률
형식	예산(비법률)	법률
제출권자	정부	정부 · 국회
국회의 심의절차	폐지 · 삭감은 가능하나, 정부의 동의없이 증액 · 항목신설 불가	수정자유
효력발생	의결로써 효력이 발생	공포가 효력발생요건
거부권행사	불인정	인정
시간적 효력	1회계연도 이내	개폐될 때까지 유효
기속대상	국가기관만 기속	국가기관 · 국민 모두 기속
헌법소원	대상 ×	대상 ○

02 예산안

전년도 예산에 준하여 집행하는 경비는 '새로운 회계연도가 개시될 때까지' 예산안이 의결되지 못한 경우에 인정된다.

주의 회계연도 개시 30일 전까지 의결되지 아니한 때(×)

03 준예산제도

① 준예산은 국회의결이 필요 없다.

＊ 가예산 · 잠정예산은 국회의결이 필요하다.

② 준예산으로 집행할 수 있는 경비에 대해서는 헌법에서 직접 규정하고 있다.

> **제55조** ① 한 회계연도를 넘어 계속하여 지출할 필요가 있을 때에는 정부는 연한을 정하여 **계속비로**
> 서 국회의 의결을 얻어야 한다.
> ② 예비비는 **총액으로** 국회의 의결을 얻어야 한다. 예비비의 지출은 **차기국회의** 승인을 얻어야 한다.

01 계속비

① 계속비는 회계연도독립 원칙의 예외로 인정된다.

② 국가가 지출할 수 있는 연한은 그 회계연도부터 5년 이내로 한다. 다만, 필요하다고 인정하는 때에는 국회의 의결을 거쳐 그 연한을 연장할 수 있다(「국가재정법」 제23조).

02 예비비

① 정부는 예측할 수 없는 예산외의 지출 또는 예산초과지출에 충당하기 위하여 일반회계 예산총액의 100분의 1 이내의 금액을 예비비로 세입세출예산에 계상할 수 있다(「국가재정법」 제22조).

② 예비비의 지출은 차기국회의 승인을 얻어야 한다.

주의 차년도 국회(×), 동의(×)

> **제56조** 정부는 예산에 변경을 가할 필요가 있을 때에는 **추가경정예산안을** 편성하여 국회에 제출할
> 수 있다.
> **제57조** 국회는 **정부의 동의없이** 정부가 제출한 지출예산 각항의 금액을 **증가하거나 새 비목을 설치할**
> 수 없다.
> **제58조** **국채를** 모집하거나 예산외에 **국가의 부담이** 될 계약을 체결하려 할 때에는 정부는 미리 **국회의**
> **의결을** 얻어야 한다.

01 예산

① 국회가 지출예산의 금액을 증액하거나 새로운 비목을 설치하려면 정부의 '동의'가 필요하다.

주의 '삭감'하는 것은 정부의 동의 없이도 가능하다.

② 예산결산특별위원회는 소관상임위원회가 삭감한 예산금액을 증가하게 하거나 새 비목을 설치할 경우에는 소관상임위의 '동의'가 있어야 한다.

02 국채모집 또는 예산외에 국가의 부담이 될 계약

① 예산외에 국가의 부담이 될 계약은 2회계연도 이상에 걸쳐 채무를 부담하는 사법상 계약을 의미한다.

② '사후'가 아니라 '미리' 국회의 의결을 얻어야 한다.

③ '차기 국회의 승인'은 필요하지 않다.

> **제59조** 조세의 종목과 세율은 법률로 정한다.

01 조세법률주의

① 과세요건법정주의: 과세요건뿐만 아니라 부과 · 징수절차까지 법률로 제정해야 한다.

② 과세요건명확주의, 소급과세금지의 원칙, 엄격해석의 원칙이 인정된다.

[주의] 확장해석이나 유추해석은 금지된다.

02 조세평등주의

조세평등주의는 조세법률주의의 내용에 포함되지 않는다.

> **제60조** ① 국회는 상호원조 또는 안전보장에 관한 조약, 중요한 국제조직에 관한 조약, 우호통상
> 항해조약, 주권의 제약에 관한 조약, 강화조약, 국가나 국민에게 중대한 재정적 부담을 지우는 조약
> 또는 입법사항에 관한 조약의 체결 · 비준에 대한 동의권을 가진다.
> ② 국회는 선전포고, 국군의 외국에의 파견 또는 외국군대의 대한민국 영역안에서의 주류에 대한
> 동의권을 가진다.

01 국회의 조약의 체결 · 비준에 대한 동의권

① 주권(=헌법제정권력) 제한설에 근거를 두고 있다.

② 사전동의를 의미하며, 수정동의는 인정되지 않는다.

③ 국회의 동의를 요하는 조약: 상호원조 또는 안전보장에 관한 조약, 중요한 국제조직에 관한 조약, 우호통
상항해조약, 주권의 제약에 관한 조약, 강화조약, 국가나 국민에게 중대한 재정적 부담을 지우는 조약 또
는 입법사항에 관한 조약

④ 헌법 제60조 제1항은 열거조항으로 본다.

02 관련 판례

국회는 헌법 제60조 제1항에 규정된 일정한 조약에 대해서만 체결 · 비준에 대한 동의권을 가진다(헌재
2008.3.27. 2006헌라4).

> **제61조** ① 국회는 국정을 감사하거나 특정한 국정사안에 대하여 조사할 수 있으며, 이에 필요한 서류의 제출 또는 증인의 출석과 증언이나 의견의 진술을 요구할 수 있다.
> ② 국정감사 및 조사에 관한 절차 기타 필요한 사항은 법률로 정한다.

01 국정감사

매년 정기회 집회일 이전에 감사시작일부터 30일 이내의 기간을 정하여 감사를 실시한다. 다만, 본회의 의결로 정기회 기간 중에 감사를 실시할 수 있다.

02 국정조사

국회 재적의원 4분의 1 이상의 요구가 필요하며, 상임위원회 또는 특별위원회에서 실시한다.

03 국정감사 · 조사의 방법

① 감사 · 조사와 관련된 보고 또는 서류제출의 요구를 할 수 있다.

　* 서류제출요구는 재적의원 3분의 1 이상의 요구가 필요하다.

② 증인 · 감정인 · 참고인의 출석요구, 검증, 청문회 개최가 가능하다.

04 국정감사와 국정조사의 비교

구분	국정감사	국정조사
사안	국정전반	특정사안
시기	정기적, 매년 정기회 집회일 이전 (본회의 의결로 정기회 기간 중 감사 실시가능)	재적의원 4분의 1의 요구가 있을 때
기간	30일 이내	의결로 정함
주체	소관상임위원회	상임위원회 또는 특별위원회
공개	공개(의결로 비공개 가능)	공개(의결로 비공개 가능)

05 국정감사와 감사원감사의 비교

구분	국정감사	감사원감사
목적	국회의 본래 기능을 수행하기 위한 자료 · 정보수집과 국정통제	국가재원의 정당한 집행과 행정의 원활한 기능조사
기능	입법부에 의한 행정부 · 사법부의 비판 · 통제	• 직무감찰: 행정부의 내부적 통제 • 회계감사: 모든 국가기관 통제
내용	국가중요정책결정	회계검사, 직무감찰
대상	입법, 사법, 국정의 행정 등 모든 분야	회계사항, 공무원의 직무상 비위감찰

> **제62조** ① 국무총리 · 국무위원 또는 정부위원은 국회나 그 위원회에 출석하여 국정처리상황을 보고하거나 의견을 진술하고 질문에 응답할 수 있다.
> ② 국회나 그 위원회의 요구가 있을 때에는 국무총리 · 국무위원 또는 정부위원은 출석 · 답변하여야 하며, 국무총리 또는 국무위원이 출석요구를 받은 때에는 국무위원 또는 정부위원으로 하여금 출석 · 답변하게 할 수 있다.

01 국회나 위원회에서 국무총리 또는 국무위원의 질의 응답

① 출석요구의 대상: 헌법은 국무총리 · 국무위원 · 정부위원에 대해서만 규정한다.

　주의 「국회법」에서는 대법원장, 헌법재판소장, 중앙선거관리위원회위원장, 감사원장에 대해서도 출석을 요구할 수 있다고 규정한다.

② 국무총리 · 국무위원 · 정부위원의 경우에는 권리이자 의무이다.

　주의 대통령의 경우에는 권리에 해당하며 의무는 아니다.

02 정부위원

국무조정실의 실장 및 차장, 부 · 처 · 청의 처장 · 차관 · 청장 · 차장 · 실장 · 국장 및 차관보와 과학기술정보통신부 · 행정안전부 및 산업통상자원부에 두는 본부장은 정부위원이 된다(「정부조직법」 제10조).

03 국회의 질문권

구분	정부에 대한 질문 (「국회법」 제122조의2)	긴급현안질문 (「국회법」 제122조의3)
사안	국정 전반, 국정의 특정 분야	회기 중 현안이 되고 있는 중요한 사항
제출	의장에게 제출, 의장이 48시간 전까지 정부에 도달되도록 송달	24시간 전까지 의장에게 제출
질문시간	일문일답에 의한 질문은 20분으로 하고, 답변시간은 제외함	질문 10분, 보충질문 5분

> **제63조** ① 국회는 **국무총리** 또는 **국무위원**의 해임을 대통령에게 **건의**할 수 있다.
>
> ② 제1항의 해임건의는 국회재적의원 **3분의 1** 이상의 발의에 의하여 국회재적의원 **과반수**의 찬성이 있어야 한다.
>
> **제64조** ① 국회는 **법률**에 저촉되지 아니하는 범위 안에서 의사와 내부규율에 관한 규칙을 제정할 수 있다.
>
> ② 국회는 의원의 자격을 심사하며, 의원을 징계할 수 있다.
>
> ③ 의원을 **제명**하려면 국회재적의원 **3분의 2** 이상의 찬성이 있어야 한다.
>
> ④ 제2항과 제3항의 처분에 대하여는 법원에 제소할 수 없다.

01 국무총리 또는 국무위원의 해임

① 해임건의는 법적 구속력이 인정되지 않는다.

② 제5차 개정헌법 제59조에서 해임건의권을 규정하였다.

  * 국회는 국무총리 또는 국무위원의 해임을 대통령에게 건의할 수 있다. 대통령은 특별한 사유가 없는 한 이에 응하여야 한다 (제5차 개정헌법 제59조).

③ 헌법에서는 해임건의의 사유에 대하여 아무런 규정이나 제약을 두지 않는다.

  * 해임건의 사유로는 단순한 부도덕, 정치적 무능력, 정책결정상의 과오도 포함한다.

02 의원의 자격심사 및 징계

① 자격심사청구는 의원 30인 이상의 요구로 한다.

② 징계요구는 의원 20인 이상의 요구로 한다.

③ 다수설에 따르면 의원의 자격심사, 징계, 제명에 대한 처분에 대하여 헌법재판소에 제소할 수 있다.

03 해임건의와 탄핵제도 비교

구분	해임건의	탄핵제도
특성	정치적 책임	법적 책임
정부형태와의 관계	의원내각제 요소	정부형태와 무관(대통령제에서 필요성이 더 큼)
대상자	국무총리, 국무위원	대통령, 국무총리, 국무위원, 행정각부의 장, 헌법재판소 재판관, 법관, 중앙선거관리위원회위원, 감사원장, 감사위원(법률상 검사)
직무 관련성	• 직무와 관련 없는 사생활 • 도덕상 과오도 대상이 됨	• 직무집행과 관련된 것만 • 사생활, 도덕상 과오는 대상이 아님
위법성	• 위법성을 전제로 하지 않음 • 정책상 과오도 해당함	• 헌법이나 법률을 위배한 경우 • 정책상 과오, 정치적 무능력은 해당하지 않음
국회투표	본회의가 보고된 때로부터 24 ~ 72시간 이내에 무기명투표	
국회의결효과	권한행사가 정지되지 않음	권한행사가 정지됨
공직취임금지	5년간 금지되지 않음	5년간 금지됨

> **제65조** ① 대통령 · 국무총리 · 국무위원 · 행정각부의 장 · **헌법재판소 재판관** · 법관 · 중앙선거관리
> 위원회 위원 · 감사원장 · 감사위원 **기타 법률**이 정한 공무원이 그 **직무집행**에 있어서 **헌법이나 법률**
> 을 위배한 때에는 국회는 탄핵의 소추를 의결할 수 있다.
> ② 제1항의 탄핵소추는 국회재적의원 3분의 1 이상의 발의가 있어야 하며, 그 의결은 국회재적의원
> 과반수의 찬성이 있어야 한다. 다만, 대통령에 대한 탄핵소추는 국회재적의원 과반수의 발의와 국
> 회재적의원 3분의 2 이상의 찬성이 있어야 한다.
> ③ 탄핵소추의 의결을 받은 자는 탄핵심판이 있을 때까지 그 권한행사가 정지된다.
> ④ 탄핵결정은 공직으로부터 파면함에 그친다. 그러나, 이에 의하여 **민사상**이나 **형사상**의 책임이
> 면제되지는 아니한다.

01 탄핵의 대상

① 대통령, 국무총리, 국무위원, 행정각부의 장, 헌법재판소 재판관, 법관, 중앙선거관리위원회 위원, 감사원
장, 감사위원은 탄핵의 대상이 된다.
② 기타 법률이 정한 공무원: 검사, 경찰청장, 방송통신위원회 위원장
③ 공무원의 직무집행에는 고유업무와 직무관련행위를 포함한다.
④ '헌법'에는 명문의 헌법규정뿐만 아니라 헌법재판소의 결정에 의하여 형성되어 확립된 불문헌법도 포함
된다(헌재 2004.5.14. 2004헌나1).
⑤ '법률'이란 단지 형식적 의미의 법률 및 그와 동등한 효력을 가지는 국제조약, 일반적으로 승인된 국제법
규 등을 의미한다(헌재 2004.5.14. 2004헌나1).

02 탄핵소추

① 국회 탄핵소추는 재량행위에 해당하며, 국회의 탄핵소추부작위는 헌법소원대상에 해당하지 않는다(헌재
1996.2.29. 93헌마186).
② 탄핵소추안이 발의된 것만으로는 권한이 정지되지 않는다.
③ 권한행사의 정지시점은 소추의결서가 피소추자에게 송달되는 때이다.

03 탄핵결정의 효과

① 공직으로부터 파면된 공무원은 5년간 공무원이 될 수 없다.
② 민 · 형사상 책임은 면제되지 않는다.
  * 공직에서 파면되는 것과 민 · 형사상 책임은 별개이며, 일사부재리원칙이 적용되지 않는다.

04 관련 판례

대통령의 직무상 행위는 법령에 근거한 행위뿐만 아니라, '대통령의 지위에서 국정수행과 관련하여 행하는 모
든 행위'를 포괄하는 개념으로서, 예컨대 각종 단체 · 산업현장 등 방문행위, 준공식 · 공식만찬 등 각종 행사에
참석하는 행위, 대통령이 국민의 이해를 구하고 국가정책을 효율적으로 수행하기 위하여 방송에 출연하여 정
부의 정책을 설명하는 행위, 기자회견에 응하는 행위 등을 모두 포함한다(헌재 2004.5.14. 2004헌나1).

제4장 정부

제1절 대통령

> **제66조** ① 대통령은 **국가의 원수**이며, 외국에 대하여 **국가를 대표**한다.
>
> ② 대통령은 국가의 독립 · 영토의 보전 · 국가의 계속성과 헌법을 수호할 책무를 진다.
>
> ③ 대통령은 조국의 **평화적 통일**을 위한 성실한 의무를 진다.
>
> ④ 행정권은 대통령을 수반으로 하는 정부에 속한다.

01 대통령의 지위

① '국가원수로서의 지위'에 따라 대법원장 · 헌법재판소장 · 감사원장 · 중앙선거관리위원회 위원 3인을 임명한다.

② '행정부의 수반의 지위'에 따라 국무총리 · 국무위원 등을 임명하고, 국무회의 주재권을 가진다.

국가원수로서의 지위	• 국가의 대표자 • 국가와 헌법의 수호자: 긴급명령권과 긴급재정경제처분 · 명령권, 계엄선포권 등 • 국정의 통합 · 조정자: 헌법개정안 제안, 국민투표부의권, 법률안 제출권 등 • 헌법기관 구성권자: 대법원장 · 헌법재판소장 · 감사원장 · 중앙선거관리위원회 3인 임명
행정부 수반으로서의 지위	• 행정부의 최고책임자 • 행정부의 조직권자: 국무총리 · 국무위원 임명 등 • 국무회의의장

> **제67조** ① 대통령은 국민의 보통 · 평등 · 직접 · 비밀선거에 의하여 선출한다.
>
> ② 제1항의 선거에 있어서 **최고득표자가 2인 이상인 때**에는 국회의 재적의원 **과반수가 출석한 공개회의**에서 **다수표**를 얻은 자를 당선자로 한다.
>
> ③ 대통령후보자가 1인일 때에는 그 득표수가 **선거권자 총수의 3분의 1 이상**이 아니면 대통령으로 당선될 수 없다.
>
> ④ 대통령으로 선거될 수 있는 자는 국회의원의 피선거권이 있고 **선거일 현재 40세**에 달하여야 한다.
>
> ⑤ 대통령의 선거에 관한 사항은 법률로 정한다.

01 대통령 선거

건국	1공	2공	3공	4공	5공	6공
간선 (국회)	직선	간선 (국회)	직선	간선 (통일주체국민회의)	간선 (대통령선거인단)	직선

02 대통령의 선출

① 최고득표자가 2인 이상인 경우, 국회의 재적의원 과반수가 출석한 공개회의에서 다수표를 얻은 자가 당선자가 된다.

[주의] 과반수득표(×)

② 대통령 후보자가 1인일 때에는 투표자총수나 유효투표총수가 아닌 선거권자 총수의 3분의 1 이상 득표수로 당선된다.

03 대통령의 피선거권 요건

선거일 현재 40세 이상(헌법에서 직접 규정)이며, 5년 이상 국내거주(「공직선거법」에서 규정)한 자에게 대통령 피선거권이 인정된다.

* 지방자치단체장의 피선거권 요건: 선거일 현재 18세 이상이며, 계속하여 60일 이상 관할구역에 거주(주민등록 또는 국내거소신고인명부 기준)한 자

> **제68조** ① 대통령의 임기가 만료되는 때에는 임기만료 70일 내지 40일 전에 후임자를 선거한다.
> ② 대통령이 궐위된 때 또는 대통령 당선자가 사망하거나 판결 기타의 사유로 그 자격을 상실한 때에는 60일 이내에 후임자를 선거한다.
> **제69조** 대통령은 취임에 즈음하여 다음의 선서를 한다.
> "나는 헌법을 준수하고 국가를 보위하며 조국의 평화적 통일과 국민의 자유와 복리의 증진 및 민족문화의 창달에 노력하여 대통령으로서의 직책을 성실히 수행할 것을 국민 앞에 엄숙히 선서합니다."
> **제70조** 대통령의 임기는 5년으로 하며, 중임할 수 없다.
> **제71조** 대통령이 궐위되거나 사고로 인하여 직무를 수행할 수 없을 때에는 국무총리, 법률이 정한 국무위원의 순서로 그 권한을 대행한다.

01 대통령의 임기만료로 인한 선거(『공직선거법』)

① 대통령선거: 임기만료일 전 70일 이후 첫 번째 수요일

② 국회의원선거: 임기만료일 전 50일 이후 첫 번째 수요일

③ 지방자치단체장 및 의원선거: 임기만료일 전 30일 이후 첫 번째 수요일

02 후임자 선거

① 궐위: 사망, 사임, 탄핵결정으로 파면된 경우로, 재직이 아닌 상태를 말한다.

② 대통령의 궐위가 있은 경우 60일 이내에 후임자를 선출하며, 새로 5년 임기가 개시한다.

　* 궐위로 인한 권한대행의 기간은 60일을 초과하지 못한다.

③ 대통령 당선자가 사망하면, 후임자를 선출하여야 한다.

　주의 차순위 득표자가 당선자가 되지 않는다.

④ 사고: 해외순방, 신병, 탄핵소추의결로 권한행사가 정지된 경우로, 재직은 하지만 직무수행이 불가능한 상태를 말한다.

03 대통령의 임기 및 중임

구분	건국헌법	제3차	제5차	제6차	제7차	제8차	제9차
임기	4년	5년	4년	4년	6년	7년	5년
중임	1차중임	1차중임	1차중임	대통령의 계속재임은 3기에 한함	삭제, 3선제한 철폐	중임×	중임×

04 대통령 권한 대행 순서

① 대통령 권한은 국무총리, 법률이 정한 국무위원의 순서대로 대행한다.

② 법률이 정한 국무위원의 순서대로 권한을 대행하므로, 법률개정만으로 순서를 바꿀 수 있다.

　* 기획재정부장관 → 교육부장관 → 과학기술정보통신부장관 → 외교부장관 → 통일부장관 → …

> **제72조** 대통령은 필요하다고 인정할 때에는 **외교·국방·통일** 기타 국가안위에 관한 중요정책을 국민투표에 붙일 수 있다.
>
> **제73조** 대통령은 조약을 체결·비준하고, 외교사절을 신임·접수 또는 파견하며, 선전포고와 강화를 한다.

01 국민투표

① 법률안이나 헌법개정안은 국민투표에 붙일 수 없다.

② 국민투표의 가능성은 국민주권주의나 민주주의원칙과 같은 일반적인 헌법원칙에 근거하여 인정될 수 없으며, 헌법에 명문으로 규정하지 않는 한 허용되지 않는다(헌재 2004.5.14. 2004헌나1).

③ '신임국민투표'와 '정책과 연계한 신임국민투표' 모두 허용되지 않는다(헌재 2004.5.14. 2004헌나1).

02 조약 및 외교

① 헌법 제60조 제1항에 열거된 조약의 경우에는 국회의 동의가 필요하다.

② 대통령이 외교사절의 신임·접수·파견을 하는 것은 국회의 동의가 필요하지 않다.

③ 대통령의 선전포고와 강화는 국회의 동의가 필요하다(헌법 제60조 제1항·제2항).

> **제74조** ① 대통령은 **헌법과 법률**이 정하는 바에 의하여 국군을 통수한다.
>
> ② 국군의 조직과 편성은 법률로 정한다.

01 대통령의 국군통수권

① 대통령은 헌법과 법률이 정하는 바에 의하여 국군통수권이 인정된다.

② 헌법에 명시된 관련 규정

ㄱ 침략전쟁부인(헌법 제5조 제1항)

ㄴ 국회의 동의(헌법 제60조): 강화조약, 선전포고, 국군의 외국파견, 외국군대의 국내주류

ㄷ 국무회의의 심의(헌법 제89조): 선전포고·강화, 합동참모의장 및 각군참모총장 임명

02 '헌법과 법률이 정하는 바에 의하여'가 있는 헌법조문

① '헌법과 법률이 정한' 법관에 의하여 법률에 의한 재판을 받을 권리를 가진다(제27조 제1항).

② 국회는 '헌법 또는 법률에 특별한 규정이 없는 한' 재적의원 과반수의 출석과 출석의원 과반수의 찬성으로 의결한다(제49조).

③ 대통령은 '헌법과 법률이 정하는 바에 의하여' 공무원을 임면한다(제78조).

④ 법관은 '헌법과 법률에 의하여' 그 양심에 따라 독립하여 심판한다(제103조).

> **제75조** 대통령은 법률에서 **구체적으로 범위를 정하여 위임받은 사항**과 법률을 집행하기 위하여 필요한 사항에 관하여 대통령령을 발할 수 있다.

01 대통령령

① 법률유보원칙 및 법률우위원칙에 따라 법률로써 위임받은 경우에 대통령령을 발할 수 있다.

② 법률을 집행하기 위하여 필요한 사항에 대해 대통령령을 발할 수 있다.

02 '구체적으로 범위를 정하여 위임받은 사항'의 의미

① 위임명령을 의미하며, 위임범위에서 새롭게 권리 · 의무를 창설할 수 있다.

② 포괄위임금지의 원칙을 명문으로 규정하고 있다.

03 '집행하기 위하여 필요한 사항'의 의미

집행하기 위하여 필요한 사항은 집행명령을 의미하며, 새롭게 권리 · 의무를 창설하지는 않는다.

> **제76조** ① 대통령은 내우 · 외환 · 천재 · 지변 또는 중대한 재정 · 경제상의 위기에 있어서 국가의 안전보장 또는 공공의 안녕질서를 유지하기 위하여 긴급한 조치가 필요하고 국회의 집회를 기다릴 여유가 없을 때에 한하여 최소한으로 필요한 재정 · 경제상의 처분을 하거나 이에 관하여 법률의 효력을 가지는 명령을 발할 수 있다.
>
> ② 대통령은 국가의 안위에 관계되는 **중대한 교전상태**에 있어서 국가를 보위하기 위하여 긴급한 조치가 필요하고 국회의 집회가 불가능한 때에 한하여 법률의 효력을 가지는 명령을 발할 수 있다.
>
> ③ 대통령은 제1항과 제2항의 처분 또는 명령을 한 때에는 지체 없이 국회에 보고하여 그 승인을 얻어야 한다.
>
> ④ 제3항의 승인을 얻지 못한 때에는 그 처분 또는 명령은 그때부터 효력을 상실한다. 이 경우 그 명령에 의하여 개정 또는 폐지되었던 법률은 그 명령이 승인을 얻지 못한 때부터 당연히 효력을 회복한다.
>
> ⑤ 대통령은 제3항과 제4항의 사유를 지체 없이 공포하여야 한다.

01 긴급재정경제처분 · 명령의 국회 승인

① 긴급재정경제처분 또는 명령을 한 때에는 지체 없이 국회에 보고하고 승인을 얻어야 한다.

② 승인의 의결정족수는 헌법에서 명문으로 규정하지 않으므로, 다수설에 따르면 일반의결정족수설을 따른다.

  *일반의결정족수: 재적 과반수 및 출석 과반수의 찬성

02 대통령의 공포

대통령은 국회의 승인을 얻었든 얻지 못했든, 그 사유를 지체 없이 공포하여야 한다.

> **제77조** ① 대통령은 **전시·사변** 또는 이에 준하는 국가비상사태에 있어서 **병력으로써** 군사상의 필요에 응하거나 **공공의 안녕질서를** 유지할 필요가 있을 때에는 **법률이 정하는 바에** 의하여 계엄을 선포할 수 있다.
>
> ② 계엄은 **비상계엄과 경비계엄으로** 한다.
>
> ③ **비상계엄이** 선포된 때에는 법률이 정하는 바에 의하여 **영장제도, 언론·출판·집회·결사의 자유,** 정부나 법원의 권한에 관하여 특별한 조치를 할 수 있다.
>
> ④ 계엄을 선포한 때에는 대통령은 지체 없이 **국회에 통고하여야** 한다.
>
> ⑤ 국회가 재적의원 **과반수의** 찬성으로 계엄의 해제를 요구한 때에는 대통령은 이를 **해제하여야** 한다.

01 계엄

① 계엄을 선포하기 위해서는 군사상의 필요 또는 공공의 안녕질서를 유지할 필요가 있어야 하며, 공공복리의 구현을 위하여는 해당하지 않는다.

② 제3항은 경비계엄이 아닌 비상계엄에 한한다.

③ 「계엄법」은 거주·이전, 단체행동권, 재산권에 대해서도 특별한 조치가 가능하다고 규정하고 있다(「계엄법」 제9조).

④ 정부나 법원의 권한에 대하여 특별한 조치를 할 수 있으며, 국회나 헌법재판소의 권한은 해당하지 않는다.

⑤ 계엄을 선포한 때에 국회가 폐회중이면 임시집회를 요구하여야 한다(「계엄법」 제4조 제2항).

⑥ 국회 재적의원 과반수의 찬성으로 계엄이 해제된다.

　　주의 재적과반수 및 다수결(×)

> **제78조** 대통령은 **헌법과 법률이** 정하는 바에 의하여 공무원을 임면한다.
>
> **제79조** ① 대통령은 법률이 정하는 바에 의하여 사면·감형 또는 복권을 명할 수 있다.
>
> ② **일반사면을** 명하려면 **국회의 동의를** 얻어야 한다.
>
> ③ 사면·감형 및 복권에 관한 사항은 법률로 정한다.
>
> **제80조** 대통령은 **법률이** 정하는 바에 의하여 훈장 기타의 **영전을** 수여한다.

01 사면

일반사면은 국회의 동의를 얻어야 하는 반면, 특별사면은 국회의 동의 대상에 해당하지 않는다.

02 영전수여권

① 영전수여를 함에 있어서는 국무회의의 심의를 거쳐야 한다(헌법 제89조 제8호).

② 부서를 받아야 한다.

> **제81조** 대통령은 국회에 출석하여 발언하거나 서한으로 의견을 표시할 수 있다.
>
> **제82조** 대통령의 국법상 행위는 문서로써 하며, 이 문서에는 **국무총리와 관계 국무위원**이 부서한다. 군사에 관한 것도 또한 같다.

01 대통령의 국회 출석·발언

대통령의 국회출석발언권은 권리일 뿐 의무는 아니므로, 국회가 대통령에 대하여 출석 및 답변을 요구할 수 없다.

02 대통령의 국정행위

통설에 따르면, 문서 없이 한 대통령의 국정행위는 위헌으로 무효라고 본다.

03 부서제

① 부서제는 의원내각제 요소에 해당한다.

② 국무총리는 대통령의 국법상 모든 문서에 대해 부서할 수 있다.

③ 국무위원은 소관 업무에 한해 부서할 수 있다.

④ 다수설에 따르면, 부서없이 한 대통령의 국정행위는 위헌으로 무효라고 본다.

　주의 군사에 관한 것은 해당하지 않는다.(×)

> **제83조** 대통령은 국무총리·국무위원·행정각부의 장 기타 법률이 정하는 공사의 직을 겸할 수 없다.

01 대통령의 겸직금지

① 대통령의 겸직금지는 헌법에서 직접 명시하고 있다.

② 국무총리, 국무위원, 행정각부의 장 기타 법률이 정하는 공사의 직을 겸할 수 없다.

　＊ 국회의원은 국무총리 또는 국무위원 직 외에 기타 법률이 정하는 직을 겸할 수 없다(「국회법」 제29조 제1항).

> **제84조** 대통령은 내란 또는 외환의 죄를 범한 경우를 제외하고는 재직중 형사상의 소추를 받지 아니한다.

01 대통령의 불소추특권

① 내란죄·외환죄를 범하면 재직중에도 형사소추가 가능하다.

② 내란죄·외환죄는 재직중에도 공소시효가 정지되지 않는다.

③ 취임 전에 범한 형사사건에 대해서도 '재직중'이 적용된다.

④ 재직중에는 내란 또한 외환의 죄가 아닌 범죄일 경우 법률상 소추장애사유에 해당하여 공소시효가 정지되며, 퇴직 후에는 소추할 수 있다.

⑤ 민사상 및 행정상 책임은 면제되지 않는다.

⑥ 탄핵소추도 면제되지 않는다.

⑦ 대통령은 증인으로도 구인되지 않으며, 체포·구금·압수·수색·검증도 받지 않는다.

02 대통령의 불소추특권과 국회의원의 면책특권 비교

구분	불소추특권	면책특권
목적	국가원수로서의 권위유지와 원활한 직무수행	국정통제기관으로서의 기능과 정상적 활동유지
적용대상	대통령	국회의원
적용기간	재직중	영구적
탄핵소추	가능	불가능
적용범위	형사상으로만 불소추 인정, 민사상·행정상 책임은 추궁가능	민·형사상 일체 법적책임 없음, 정치적 책임은 추궁가능

> **제85조** 전직대통령의 신분과 예우에 관하여는 법률로 정한다.

01 전직대통령에 대한 연금 지급

'지급당시'의 대통령보수연액의 100분의 95 상당액의 연금을 지급하도록 한다.

02 전직대통령 예우에 대한 예외(「전직대통령 예우에 관한 법률」 제7조 제2항)

① 재직중 탄핵결정을 받아 퇴임한 경우

② 금고 이상의 형이 확정된 경우

③ 형사처분을 회피할 목적으로 외국정부에 도피처 또는 보호를 요청한 경우

④ 대한민국의 국적을 상실한 경우

제2절 행정부

제1관 국무총리와 국무위원

> **제86조** ① 국무총리는 국회의 동의를 얻어 대통령이 임명한다.
>
> ② 국무총리는 대통령을 보좌하며, 행정에 관하여 대통령의 명을 받아 행정각부를 통할한다.
>
> ③ 군인은 현역을 면한 후가 아니면 국무총리로 임명될 수 없다.
>
> **제87조** ① 국무위원은 국무총리의 제청으로 대통령이 임명한다.
>
> ② 국무위원은 국정에 관하여 대통령을 보좌하며, 국무회의의 구성원으로서 국정을 심의한다.
>
> ③ 국무총리는 국무위원의 해임을 대통령에게 건의할 수 있다.
>
> ④ 군인은 현역을 면한 후가 아니면 국무위원으로 임명될 수 없다.

01 국무총리의 임명

① 국무총리 임명시 받아야 하는 국회의 동의는 사전동의를 의미한다.

② 다수설에 따르면, 과거에 국회의 동의없이 국무총리를 임명했던 이른바 '국무총리서리제'는 위헌이라고 본다.

02 국무총리의 헌법상 지위

① 대통령에 의한 직접적인 행정부처 통할에 대하여 다소의 견제적 기능을 할 수 있지만, 본질적으로 보좌기관에 해당한다(헌재 1994.4.28. 89헌마86).

② 국무총리는 행정에 관하여 독자적 권한을 가지지 못한다.

③ 국무총리는 행정각부의 장에 대하여 훈령 · 지시 · 통첩 등의 형식으로 통할 · 감독한다.

④ 중앙행정기관의 장의 명령이나 처분이 위법 또는 부당하다고 인정될 경우에는 대통령의 승인을 받아 이를 중지 또는 취소할 수 있다(「정부조직법」 제16조).

⑤ 모든 중앙행정기관이 국무총리의 통할을 받는 행정각부이어야 하는 것은 아니다(헌재 1994.4.28. 89헌마86).

> 주의 국가정보원은 국무총리 통할을 받지 않는 대통령 직속기관이다.

03 국무위원의 헌법상 지위

① 국무위원의 구성원에게 국무회의 소집요구권, 의안제출권, 의결참여권이 인정된다.

   * 국무회의의 심의에 있어서는 대통령이나 국무총리, 국무위원 모두가 법적으로 동등한 지위에 있다.

② 국무위원은 대통령의 보좌기관에 해당하며, 대통령의 국법상 행위에 부서할 수 있다.

   * '부서'는 대통령의 서명에 부가하여 보필자가 서명하는 것을 의미한다.

제2관 국무회의

> **제88조** ① 국무회의는 정부의 권한에 속하는 중요한 정책을 심의한다.
>
> ② 국무회의는 대통령 · 국무총리와 15인 이상 30인 이하의 국무위원으로 구성한다.
>
> ③ 대통령은 국무회의의 의장이 되고, 국무총리는 부의장이 된다.
>
> **제89조** 다음 사항은 국무회의의 심의를 거쳐야 한다.
>
> 1. 국정의 기본계획과 정부의 일반정책
> 2. 선전 · 강화 기타 중요한 대외정책
> 3. 헌법개정안 · 국민투표안 · 조약안 · 법률안 및 대통령령안
> 4. 예산안 · 결산 · 국유재산처분의 기본계획 · 국가의 부담이 될 계약 기타 재정에 관한 중요사항
> 5. 대통령의 긴급명령 · 긴급재정경제처분 및 명령 또는 계엄과 그 해제
> 6. 군사에 관한 중요사항
> 7. 국회의 임시회 집회의 요구
> 8. 영전수여
> 9. 사면 · 감형과 복권
> 10. 행정각부간의 권한의 획정
> 11. 정부안의 권한의 위임 또는 배정에 관한 기본계획
> 12. 국정처리상황의 평가 · 분석
> 13. 행정각부의 중요한 정책의 수립과 조정
> 14. 정당해산의 제소
> 15. 정부에 제출 또는 회부된 정부의 정책에 관계되는 청원의 심사
> 16. 검찰총장 · 합동참모의장 · 각군참모총장 · 국립대학교총장 · 대사 기타 법률이 정한 공무원과 국영기업체관리자의 임명
> 17. 기타 대통령 · 국무총리 또는 국무위원이 제출한 사항

01 국무회의의 헌법상 지위

① 독립된 합의제기관이며, 대통령의 소속기관에 해당하지 않는다.

② 심의기관에 해당하며, 의결기관이나 자문기관에 해당하지 않는다.

③ 국무회의의 의결은 국가기관의 내부적 의사결정행위에 불과하여 헌법소원의 대상인 공권력행사에 해당하지 아니한다(헌재 2003.12.18. 2003헌마225).

> 주의 국무회의는 심의기관이므로 국무회의의 심의는 대외적 구속력이 없다.

02 국무회의의 구성

① 대통령이나 국무총리는 15인 이상 30인 이하의 국무위원에 해당하지 않는다.

② 국무회의는 15인 이상 30인 이하의 국무위원, 그리고 대통령 및 국무총리로 구성한다.

> * 감사원은 원장을 포함한 5인 이상 11인 이하의 감사위원으로 구성하고(헌법 제98조 제1항), 대법관은 대법원장을 포함한 14인으로 구성한다(「법원조직법」 제4조 제2항).

03 국무회의의 심의

① 국무회의는 구성원 과반수의 출석으로 개의하고, 출석구성원 3분의 2 이상의 찬성으로 의결한다(「국무회의 규정」 제6조 제1항).

② 법률안 '제출'뿐만 아니라 법률안 '거부'도 필요적 심의사항에 해당한다.

③ 대통령령은 심의사항에 해당한다.

　주의　총리령이나 부령은 심의사항에 해당하지 않는다.

④ 계엄선포뿐만 아니라 계엄해제도 필요적 심의사항에 해당한다.

⑤ 국회의 임시회 집회 요구는 심의사항에 해당한다.

　주의　정기회는 심의사항에 해당하지 않는다.

⑥ 사면은 일반사면 및 특별사면 모두 심의사항에 해당한다.

⑦ 검찰총장 · 합동참모의장 · 각군참모총장 · 국립대학교총장 · 대사 기타 법률이 정한 공무원과 국영기업체 관리자의 임명은 심의사항에 해당한다.

　주의　대법원장 · 대법관 · 국무총리 · 헌법재판소의 장 · 감사원장 임명은 국무회의의 필요적 심의사항에 해당하지 않는다.

04 국무회의의 유형 비교

구분	미국의 각료회의	우리나라의 국무회의	의원내각제의 내각
기관의 성격	자문기관	심의기관	의결기관
헌법기관성	×	○	○
필수적 기관성	×	○	○
의결절차의 필수성	×	○	○
의결의 구속력	×	×	○
의회에 대한 정치적 책임	×	○ (국회의 해임건의권)	○ (의회의 내각불신임권)

05 관련 판례

대통령이 국회에 파병동의안을 제출하기 전에 대통령을 보좌하기 위하여 파병정책을 심의 · 의결한 국무회의의 의결은 국가기관의 내부적 의사결정행위에 불과하여 그 자체로 국민에 대하여 직접적인 법률효과를 발생시키는 행위가 아니므로 헌법재판소법 제68조 제1항에서 말하는 공권력의 행사에 해당하지 아니한다(헌재 2003.12.18. 2003헌마225).

＊국무회의의 의결은 헌법소원의 대상이 되지 않는다.

> **제90조** ① 국정의 중요한 사항에 관한 대통령의 자문에 응하기 위하여 국가원로로 구성되는 국가원로자문회의를 둘 수 있다.
>
> ② 국가원로자문회의의 의장은 **직전대통령**이 된다. 다만, **직전대통령**이 없을 때에는 대통령이 지명한다.
>
> ③ 국가원로자문회의의 조직·직무범위 기타 필요한 사항은 **법률**로 정한다.
>
> **제91조** ① 국가안전보장에 관련되는 대외정책·군사정책과 **국내정책**의 수립에 관하여 **국무회의**의 심의에 앞서 대통령의 자문에 응하기 위하여 국가안전보장회의를 **둔다**.
>
> ② 국가안전보장회의는 **대통령**이 주재한다.
>
> ③ 국가안전보장회의의 조직·직무범위 기타 필요한 사항은 **법률**로 정한다.
>
> **제92조** ① 평화통일정책의 수립에 관한 대통령의 자문에 응하기 위하여 **민주평화통일자문회의**를 둘 수 있다.
>
> ② 민주평화통일자문회의의 조직·직무범위 기타 필요한 사항은 **법률**로 정한다.
>
> **제93조** ① 국민경제의 발전을 위한 중요정책의 수립에 관하여 대통령의 자문에 응하기 위하여 **국민경제자문회의**를 둘 수 있다.
>
> ② 국민경제자문회의의 조직·직무범위 기타 필요한 사항은 **법률**로 정한다.

01 국가원로자문회의

① 제8차 개정헌법 때는 '국정자문회의'로 규정하였다.

② 국가원로자문회의는 임의기관에 해당한다.

③ 의장은 직전대통령이 되며, 직전대통령이 없는 경우에는 대통령이 지명한다.

④ 현재 「국가원로자문회의법」은 폐지되었다.

02 국가안전보장회의

① 국가안전보장회의에는 대외정책, 군사정책, 국내정책을 포함한다.

② 국무회의 '심의 후'가 아닌 국무회의 '심의 전'에 회의를 둔다.

③ 국가안전보장에 관한 정책수립은 국가안전보장회의의 자문을 거쳐 국무회의에서 심의한다.

④ '설치'가 필수이고 '자문'이 필수는 아니므로, 자문을 거치지 않아도 위헌이 아니다.

　[주의] 국가안전보장회의는 필수기관에 해당한다.

⑤ 국가안전보장회의의 구성원은 대통령, 국무총리, 외교부장관, 통일부장관, 국방부장관 및 국가정보원장과 대통령령으로 정하는 약간의 위원으로 한다.

⑥ 의장은 필요하다고 인정하는 경우에는 관계 부처의 장, 합동참모회의 의장 또는 그 밖의 관계자를 회의에 출석시켜 발언하게 할 수 있다(「국가안전보장회의법」 제2조, 제6조).

03 민주평화통일자문회의

① 민주평화통일자문회의는 임의기관에 해당한다.

② 대통령이 의장이 된다.

③ 민주평화통일자문회의는 조국의 민주적 평화통일을 지향하는 민족의 염원을 받들어 주민이 선출한 지역 대표와 정당·직능단체·주요사회단체 등의 직능 분야 대표급 인사로서 국민의 통일 의지를 성실히 대변하여 대통령에게 건의하고 대통령의 자문에 응할 수 있는 인사 중에서 대통령이 위촉하는 7천명 이상의 자문위원으로 구성한다(「민주평화통일자문회의법」 제3조).

04 국민경제자문회의

① 국민경제자문회의는 임의기관에 해당한다.

② 대통령이 의장이 된다.

05 대통령의 자문기관 비교

구분	성격	의장	연혁	관련 법률
국가원로자문회의 (헌법 제90조)	헌법기관, 임의기관	직전 대통령	제8차 개정헌법	「국가원로자문회의법」 (폐지)
국가안전보장회의 (헌법 제91조)	헌법기관, 필수기관	대통령	제5차 개정헌법	「국가안전보장회의법」
민주평화통일자문회의 (헌법 제92조)	헌법기관, 임의기관	대통령	제8차 개정헌법	「민주평화통일자문회의법」
국민경제자문회의 (헌법 제93조)	헌법기관, 임의기관	대통령	제9차 개정헌법	「국민경제자문회의법」
국가과학기술자문회의 (헌법 제127조)	법률기관, 임의기관	대통령	제8차 개정헌법	「국가과학기술자문회의법」

제3관 행정각부

> **제94조** 행정각부의 장은 **국무위원** 중에서 **국무총리의 제청**으로 대통령이 임명한다.
>
> **제95조** 국무총리 또는 **행정각부의 장**은 소관사무에 관하여 법률이나 **대통령령의 위임** 또는 **직권**으로 총리령 또는 부령을 발할 수 있다.

01 국무위원과 행정각부의 장 비교

국무위원	행정각부의 장
국무위원은 반드시 행정각부의 장 ×	행정각부의 장은 모두 국무위원
대통령보좌, 국무회의구성원으로서 심의	대통령의 지휘 · 감독을 받아 집행하는 기관
대통령과 법적으로 대등	대통령의 하급행정기관
사무에 한계 없음	사무에 한계 있음
국무회의 소집 요구권, 대통령의 권한대행, 부서	부령 발포권, 소속직원 지휘 · 감독권, 행정각부의 소관사무의 집행결정권

02 행정각부의 장의 지위

① '행정각부의 장'이면서 '국무위원'이라는 이중적 지위를 가진다.
② 국무위원 중에서 임명하므로 행정각부의 장은 모두 국무위원이다.

03 총리령 또는 부령의 발포

① 총리령을 발하는 국무총리는 상급행정관청이 아닌 독임제행정관청의 지위에서 총리령을 발포한다.
　* 부령과 동등한 지위에 있다.
② 국무위원은 행정각부의 장은 아니므로, 부령발포권이 없다.
③ 대통령령의 위임없이 법률의 위임만으로 부령을 제정할 수 있다.
　주의 법률이나 대통령령의 위임(○), 법률과 대통령령의 위임(×)
④ 대통령의 위임명령으로 총리령이나 부령을 발할 수 있으나, 총리령에서 부령으로 위임할 수는 없다.
⑤ 직권명령의 성질은 집행명령이라는 것이 다수설이다.

04 관련 법조문

중앙행정기관의 장은 법률에서 위임한 사항이나 법률을 집행하기 위하여 필요한 사항을 규정한 대통령령 · 총리령 · 부령 · 훈령 · 예규 · 고시 등이 제정 · 개정 또는 폐지된 때에는 10일 이내에 이를 국회 소관상임위원회에 제출하여야 한다. 다만, 대통령령의 경우에는 입법예고를 할 때(입법예고를 생략하는 경우에는 법제처장에게 심사를 요청할 때를 말한다)에도 그 입법예고안을 10일 이내에 제출하여야 한다(「국회법」 제98조의2 제1항).

> **제96조** 행정각부의 설치·조직과 직무범위는 법률로 정한다.

01 정부조직법상 행정각부(「정부조직법」 제26조)

① 대통령의 통할 하에 행정각부 19부를 둔다.

② 행정각부의 종류로 기획재정부, 교육부, 과학기술정보통신부, 외교부, 통일부, 법무부, 국방부, 행정안전부, 국가보훈부, 문화체육관광부, 농림축산식품부, 산업통상자원부, 보건복지부, 환경부, 고용노동부, 여성가족부, 국토교통부, 해양수산부, 중소벤처기업부가 있다.

02 관련 판례

① 기관이 관장하는 사무의 성질에 따라 국무총리가 대통령의 명을 받아 통할할 수 있는 기관으로 설치할 수도 있고 또는 대통령이 직접 통할하는 기관으로 설치할 수도 있다 할 것이다. ⋯ 헌법이 행정각부의 의미에 관하여 아무런 규정을 두지 아니하고, 그 '설치'에 관한 사항까지도 법률에 위임한 이상 헌법 제86조 제2항의 '행정각부'가 어떤 행정기관을 가리키는 것인지는 그 위임된 법률의 규정에 의하여 해석·판단할 수밖에 없다(헌재 1994.4.28. 89헌마86).

② 국가안전기획부(현 국가정보원)는 국무총리의 행정각부 통할권을 규정한 헌법 제86조 제2항 소정의 "행정각부"에 포함되지 아니한다. ⋯ 따라서 국가안전기획부를 대통령직속기관으로 규정한 정부조직법 제14조가 헌법 제86조 제2항에 위반된다고 할 수 없다(헌재 1994.4.28. 89헌마86).

제4관 감사원

> **제97조** 국가의 세입·세출의 결산, 국가 및 법률이 정한 단체의 회계검사와 행정기관 및 공무원의 직무에 관한 감찰을 하기 위하여 대통령 소속하에 감사원을 둔다.
>
> **제98조** ① 감사원은 원장을 포함한 5인 이상 11인 이하의 감사위원으로 구성한다.
>
> ② 원장은 국회의 동의를 얻어 대통령이 임명하고, 그 임기는 4년으로 하며, 제1차에 한하여 중임할 수 있다.
>
> ③ 감사위원은 원장의 제청으로 대통령이 임명하고, 그 임기는 4년으로 하며, 제1차에 한하여 중임할 수 있다.
>
> **제99조** 감사원은 세입·세출의 결산을 매년 검사하여 대통령과 차년도 국회에 그 결과를 보고하여야 한다.
>
> **제100조** 감사원의 조직·직무범위·감사위원의 자격·감사대상공무원의 범위 기타 필요한 사항은 법률로 정한다.

01 감사원

① 감사원은 조직상 대통령 소속일 뿐 직무상 독립기관에 해당한다. 따라서 직무에 관한 한 대통령이라도 지휘·감독할 수 없다고 본다.

② 원장을 포함하여 5인 이상 11인 이하의 감사위원을 구성한다.

> 주의 감사위원을 구성하는 인원 규정에는 원장을 제외하지 않는다.

③ 감사원장을 포함한 7인의 감사위원회의에서 재적과반수 찬성으로 의결한다(「감사원법」 제3조, 제11조).

④ 감사원의 규칙제정권은 헌법이 아닌 「감사원법」에서 규정하고 있다.

⑤ 감사원의 감사대상공무원의 범위는 법률로 정하며, 국회·법원·헌법재판소에 속한 공무원은 감찰대상에서 제외한다(「감사원법」 제24조 제3항).

> 주의 중앙선거관리위원회에 속한 공무원은 감사대상에서 제외하지 않는다.

02 감사위원

① 감사위원은 국회의 동의대상도 아니고 인사청문대상에도 해당하지 않는다.

② 감사위원의 신분보장, 정당가입·정치활동금지는 헌법이 아닌 「감사원법」에서 규정한다.

03 감사원의 세입·세출의 결산

① 감사원의 세입·세출의 결산의 보고는 대통령과 차년도 국회에 한다.

> 주의 차기국회가 아니라 '차년도 국회'에 보고한다.

② 국회는 결산에 대한 심의·의결을 정기회 개회 전까지 완료하여야 한다(「국회법」 제128조의2).

제5장 법원

제101조 ① 사법권은 법관으로 구성된 법원에 속한다.

② 법원은 최고법원인 대법원과 **각급법원**으로 조직된다.

③ **법관의 자격은 법률로 정한다.**

제102조 ① 대법원에 부를 둘 수 있다.

② 대법원에 대법관을 둔다. 다만, 법률이 정하는 바에 의하여 **대법관이 아닌 법관을 둘 수 있다.**

③ 대법원과 각급법원의 조직은 법률로 정한다.

01 법원

① 「법원조직법」상 법원의 종류(7종): 대법원, 고등법원, 특허법원, 지방법원, 가정법원, 행정법원, 회생법원

② 심급제에서 몇 개의 심급을 원칙으로 할 것인지는 입법재량의 문제이다.

③ '대법원의 부' 제도: 대법원장은 필요하다고 인정하는 경우에 특정한 부로 하여금 행정 · 조세 · 노동 · 군사 · 특허 등 사건을 전담하여 심판하게 할 수 있다(「법원조직법」 제7조).

④ 기타 법률로 정할 사항: 법관의 자격(헌법 제101조 제3항), 법원의 조직(헌법 제102조 제3항), 법관의 정년(헌법 제105조 제4항), 행정심판의 절차(헌법 제107조 제3항), 군사법원의 조직 · 권한(헌법 제110조 제3항), 법관의 징계(「법원조직법」 제48조), 법관의 보수(「법원조직법」 제46조 제2항)

주의 '법관의 임기'는 헌법(제105조)에서 직접 명시하고 있다.

02 대법관

① 대법관 수: 헌법에서 규정하지 않으며, 「법원조직법」에서 14인으로 규정하고 있다.

주의 법률개정만으로 대법관 수를 20인으로 늘리는 것도 가능하다.

② 재판연구관: 대법원장의 명을 받아 대법원에서 사건의 심리 및 재판에 관한 조사 · 연구업무를 담당한다.

주의 판사가 아닌 재판연구관도 둘 수 있다.

03 관련 판례

① 행정심판이 재판의 전심절차로만 기능해야 함에도 불구하고 사실확정에 관한 한 사실상 최종심으로 기능하게 하는 것은 헌법 제101조 제1항 및 제107조 제3항에 위반된다(헌재 2001.6.28. 2000헌바30).

② 재판을 받을 권리라는 것은 적어도 한번의 재판을 받을 권리, 적어도 하나의 심급을 요구할 권리인 것이며, … 심급제도가 몇 개의 심급으로 형성되어야 하는가에 관하여는 입법자의 광범위한 형성권에 맡겨져 있다(헌재 1995.1.20. 90헌바1).

③ 법률로 정할 '대법원과 각급법원의 조직'에는 그 관할에 관한 사항도 포함되며, 따라서 어떤 사건을 제1심으로서 또는 상고심으로서 관할할 것인지는 법률로 정할 수 있다(헌재 1997.10.30. 97헌바37).

제103조 법관은 헌법과 법률에 의하여 그 양심에 따라 독립하여 심판한다.

제104조 ① 대법원장은 국회의 동의를 얻어 대통령이 임명한다.

② 대법관은 대법원장의 제청으로 국회의 동의를 얻어 대통령이 임명한다.

③ 대법원장과 대법관이 아닌 법관은 대법관회의의 동의를 얻어 대법원장이 임명한다.

제105조 ① 대법원장의 임기는 6년으로 하며, 중임할 수 없다.

② 대법관의 임기는 6년으로 하며, 법률이 정하는 바에 의하여 연임할 수 있다.

③ 대법원장과 대법관이 아닌 법관의 임기는 10년으로 하며, 법률이 정하는 바에 의하여 연임할 수 있다.

④ 법관의 정년은 법률로 정한다.

제106조 ① 법관은 탄핵 또는 금고 이상의 형의 선고에 의하지 아니하고는 파면되지 아니하며, 징계처분에 의하지 아니하고는 정직 · 감봉 기타 불리한 처분을 받지 아니한다.

② 법관이 중대한 심신상의 장해로 직무를 수행할 수 없을 때에는 법률이 정하는 바에 의하여 퇴직하게 할 수 있다.

01 법관의 독립

① '법관'의 재판상 독립은 '헌법'에서 직접 명시하고 있다.

> [주의] '헌법재판관'의 재판상 독립은 「헌법재판소법」에서 명시한다.

② 법관 개인의 주관적 양심이 아닌 '객관적 양심' 또는 '직업적 양심'에 따라 심판한다.

02 법관의 정년

① 법관의 정년제 자체는 헌법에서 규정하고 있으며, 정년제의 차등은 법률에서 규정한다.

> * 법관의 정년제 자체를 헌법에서 규정하므로 위헌심사의 대상이 되지 않는다.

② 판례는 정년제의 차등이 평등원칙에 위배되지 않는다고 본다.

03 대법원장 · 대법관 · 일반법관 비교

구분	대법원장	대법관	일반법관
임기	6년	6년	10년
정년	70세	70세	65세
연임여부	중임 ×	연임 ○	연임 ○

04 대법원장의 임명

① 먼저 국회의 동의를 얻어 '대법원장'을 임명하고, 대법원장의 제청으로 국회의 동의를 얻어 '대법관'을 임명한다.

② 대법관은 모두 국회의 동의를 받아야 한다.

　　주의　헌법재판관은 모두 국회의 동의 대상이 아니며, 헌법재판소장만 국회의 동의 대상에 해당한다.

③ 대법원장과 대법관이 아닌 법관은 대법관회의의 동의를 얻어야 하며, '전체법관회의'가 아니다.

④ 판사의 '보직'은 대법원장이 단독행사한다(「법원조직법」 제44조 제1항).

⑤ 판사의 '연임'도 대법관회의의 동의를 얻어 대법원장이 결정한다(「법원조직법」 제45조의2).

05 대법관회의와 전원합의체 비교

구분	대법관회의	전원합의체
구성	대법관 전원	대법관 전원
의결방법	대법관 전원의 3분의 2 이상 출석 + 출석과반수	대법관 전원의 3분의 2 이상 출석 + 출석과반수
대법원장의 지위	의장	재판장
가부동수인 경우 결정권	의장에게 결정권 ○	재판장에게 결정권 ×
의결사항	판사의 임명 및 연임에 대한 동의, 대법원규칙 제·개정, 판례수집·간행, 예산요구·예비금지출과 결산에 관한 사항	명령 또는 규칙이 헌법이나 법률에 위반함을 인정하는 경우, 종전 대법원의 헌법·법률·명령 또는 규칙의 해석적용에 관한 의견을 변경할 때, 부에서 재판함이 적당하지 아니한 사건

> **제107조** ① 법률이 헌법에 위반되는 여부가 재판의 전제가 된 경우에는 법원은 헌법재판소에 제청하여 그 심판에 의하여 재판한다.
>
> ② 명령·규칙 또는 처분이 헌법이나 법률에 위반되는 여부가 재판의 전제가 된 경우에는 대법원은 이를 최종적으로 심사할 권한을 가진다.
>
> ③ 재판의 전심절차로서 행정심판을 할 수 있다. 행정심판의 절차는 법률로 정하되, 사법절차가 준용되어야 한다.

01 헌법재판소 심판의 성격

① '재판의 전제성'을 요건으로 하는 구체적 규범통제에 해당한다.

② 추상적 규범통제로 하기 위해서는 헌법 개정이 필요하다.

02 위헌제청권

① 위헌제청권을 가지는 법원에는 대법원을 비롯하여 군사법원을 포함한 모든 각급법원을 말한다.

② 제2항의 대법원이 최종적으로 심사할 권한을 가지는 명령·규칙은 법규명령과 대외적 구속력을 갖는 규칙을 의미한다.

> 주의 행정규칙은 해당하지 않는다.

③ 위헌 또는 위법의 결정은 대법관전원의 3분의 2 이상의 합의체에서 과반수로 결정한다.

03 행정심판과 재판청구권에 대한 관련 판례

이 헌법조항은 행정심판절차의 구체적 형성을 입법자에게 맡기고 있지만, 행정심판은 어디까지나 재판의 전심절차로서만 기능하여야 한다는 점과 행정심판절차에 사법절차가 준용되어야 한다는 점은 헌법이 직접 요구하고 있으므로 여기에 입법적 형성의 한계가 있다. … 어떤 행정심판절차에 사법절차가 준용되지 않는다 하더라도 임의적 전치제도로 규정함에 그치고 있다면 위 헌법조항에 위반된다 할 수 없다. 그러한 행정심판을 거치지 아니하고 곧바로 행정소송을 제기할 수 있는 선택권이 보장되어 있기 때문이다(헌재 2001.6.28. 2000헌바30).

> **제108조** 대법원은 법률에 저촉되지 아니하는 범위 안에서 소송에 관한 절차, 법원의 내부규율과 사무처리에 관한 규칙을 제정할 수 있다.
>
> **제109조** 재판의 심리와 판결은 공개한다. 다만, 심리는 국가의 안전보장 또는 안녕질서를 방해하거나 선량한 풍속을 해할 염려가 있을 때에는 법원의 결정으로 공개하지 아니할 수 있다.

01 대법원의 규칙제정권

① 대법원은 소송에 관한 절차에 관한 규칙을 규정할 수 있으며, 법규명령으로의 성격을 가진다.

② 법원의 내부규율과 사무처리에 관한 규칙을 규정할 수 있으며, 행정규칙으로의 성격을 가진다.

02 재판의 공개원칙

① '재판'에 해당되지 않는 '비송사건절차'에는 적용하지 않는다.

② '심리·판결'에 해당하지 않는 '결정·명령'에는 적용하지 않는다.

③ 심리는 예외적인 경우 공개하지 않을 수 있으나, '판결'만은 반드시 공개해야 한다.

> **제110조** ① 군사재판을 관할하기 위하여 **특별법원**으로서 군사법원을 둘 수 있다.
>
> ② 군사법원의 상고심은 대법원에서 관할한다.
>
> ③ 군사법원의 조직·권한 및 재판관의 자격은 법률로 정한다.
>
> ④ **비상계엄하의 군사재판**은 군인·군무원의 범죄나 군사에 관한 간첩죄의 경우와 초병·초소·유독음식물공급·포로에 관한 죄중 법률이 정한 경우에 한하여 **단심**으로 할 수 있다. 다만, 사형을 선고한 경우에는 그러하지 아니하다.

01 군사법원

① 특별법원의 의미는 예외법원설의 입장이 다수설이다.

② 군사법원은 '헌법과 법률이 정한 법관'이 아닌 자가 재판을 담당하지만, 상고심은 대법원에서 관할한다.

02 비상계엄하의 군사재판

① 단심제로 진행하는 비상계엄하의 군사재판: 군인·군무원의 범죄, 군사에 관한 간첩죄, 초병·초소·유독음식물공급·포로에 관한 죄중 법률이 정한 경우

　[주의] 일반인도 단심제 가능하다.

② 사형을 선고할 경우에 단심제가 허용되지 않는다.

③ 비상계엄이 아닌 경비계엄하에서는 단심제가 허용되지 않는다.

④ 헌법재판소는 사형제도의 간접적 근거로 인정하고 있다.

▌ 제6장 헌법재판소

> **제111조** ① 헌법재판소는 다음 사항을 관장한다.
>
> 1. 법원의 제청에 의한 법률의 위헌여부 심판
>
> 2. 탄핵의 심판
>
> 3. 정당의 해산 심판
>
> 4. 국가기관 상호간, 국가기관과 지방자치단체간 및 지방자치단체 상호간의 권한쟁의에 관한 심판
>
> 5. **법률이 정하는 헌법소원에 관한 심판**
>
> ② 헌법재판소는 **법관의 자격**을 가진 9인의 재판관으로 구성하며, 재판관은 대통령이 임명한다.
>
> ③ 제2항의 재판관중 3인은 **국회**에서 선출하는 자를, 3인은 **대법원장**이 지명하는 자를 임명한다.
>
> ④ **헌법재판소의 장**은 국회의 동의를 얻어 재판관중에서 대통령이 임명한다.

01 헌법재판소의 재판

① 권한쟁의심판에서 국가기관의 의미는 '헌법'해석의 문제로 본다(헌재 1997.7.16. 96헌라2).

② 「헌법재판소법」 제62조 제1항 제1호(국회, 정부, 법원, 중앙선거관리위원회)의 규정은 예시적인 조항이므로, 「헌법재판소법」에 규정되어 있지 않은 국회의원, 국회의장 등도 권한쟁의심판을 청구할 수 있는 국가기관에 해당한다.

③ '법률이 정하는 헌법소원에 관한 심판'이란, 「헌법재판소법」 제68조 제1항의 헌법소원심판과 제68조 제2항의 헌법소원심판을 의미한다.

④ 판례는 '법원의 재판'에 대한 헌법소원을 인정할 것인지 여부는 입법정책의 문제라고 본다.

⑤ 헌법은 헌법소원의 대상이나 헌법소원심판의 유형을 명시적으로 규정하고 있지 않다.

02 헌법재판소의 재판관

① 헌법재판소의 재판관은 법관의 자격을 가진 재판관 9인으로 구성한다.

② 법관의 자격이 없는 일반인 중에서 헌법재판관을 임명하기 위해서는 헌법개정이 필요하다.

③ 헌법재판소의 재판관은 대통령이 임명하며, 국회의 동의를 필요로 하지 않는다.

④ 헌법재판소의 장은 대통령이 임명하며, 국회의 동의를 얻어야 한다.

> **제112조** ① 헌법재판소 재판관의 임기는 6년으로 하며, 법률이 정하는 바에 의하여 **연임**할 수 있다.
> ② 헌법재판소 재판관은 정당에 가입하거나 정치에 관여할 수 없다.
> ③ 헌법재판소 재판관은 **탄핵** 또는 금고 이상의 형의 선고에 의하지 아니하고는 파면되지 아니한다.

01 헌법재판관의 임기

헌법재판관은 연임할 수 있으며, 임기는 6년으로 한다.

02 재판관 및 감사원장 비교

구분	헌법재판관	대법원장	대법관	감사원장	일반법관
임기	6년	6년	6년	4년	10년
정년	70세	70세	70세	70세	65세
연임여부	연임 ○	중임 ×	연임 ○	1차중임 ○	연임 ○

03 헌법재판관의 지위

① 헌법재판관의 정치적 중립성(제2항)과 신분보장(제3항)은 헌법에서 직접 명시하고 있다.

　＊'헌법재판관'의 직무상 독립은 「헌법재판소법」에서 규정하며, '법관'의 직무상 독립은 헌법에서 규정한다.

② 헌법재판관의 신분보장은 법관의 신분보장과 동일하다.

제113조 ① 헌법재판소에서 법률의 위헌결정, 탄핵의 결정, 정당해산의 결정 또는 헌법소원에 관한 인용결정을 할 때에는 재판관 6인 이상의 찬성이 있어야 한다.
② 헌법재판소는 법률에 저촉되지 아니하는 범위 안에서 심판에 관한 절차, 내부규율과 사무처리에 관한 규칙을 제정할 수 있다.
③ 헌법재판소의 조직과 운영 기타 필요한 사항은 법률로 정한다.

01 헌법재판소의 결정

① 법률의 위헌결정, 탄핵결정, 정당해산결정, 헌법소원에서의 인용결정은 재판관 6인 이상의 찬성이 필요하다.
② 권한쟁의심판에서 인용결정은 과반수로도 가능하다.
③ 「헌법재판소법」에 따라 헌법재판소의 종전판례를 변경할 때도 재판관 6인의 찬성이 필요하다.

02 헌법재판소의 규칙 제정

① '심판에 관한 절차'를 규정한 헌법재판소의 규칙은 법규명령의 성격을 가진다.
② 헌법재판소의 규칙이 재판의 전제가 되는 경우에는 대법원이 최종적으로 위헌·위법여부를 심사할 수 있다.
③ 내부규율과 사무처리에 관한 규칙은 행정규칙의 성격을 가진다.

03 의결정족수 비교

국무회의	감사위원회의	중앙선거관리 위원회 회의	대법관회의	헌법재판관회의
구성원 과반수 출석 + 출석 3분의 2	재적과반수	재적과반수 출석 + 출석과반수	전원의 3분의 2 출석 + 출석과반수	전원의 3분의 2를 초과하는 인원의 출석 + 출석과반수

04 헌법재판소의 연혁

구분	위헌법률심판	탄핵심판	정당해산심판	권한쟁의	헌법소원	기타
제1공화국	헌법위원회	탄핵재판소	×	×	×	–
제2공화국	헌법재판소 (추상적· 구체적 통제)	○	○	○	×	대통령·대법원장·대법관 선거소송
제3공화국	일반법원, 대법원	탄핵심판위원회	대법원	×	×	–
제4공화국	헌법위원회			×	×	대법원의 불송부 결정권
제5공화국	헌법위원회			×	×	대법원의 불송부 결정권
제6공화국	헌법재판소					대법원의 불송부 결정권 인정×

▌제7장 선거관리

> **제114조** ① 선거와 국민투표의 공정한 관리 및 정당에 관한 사무를 처리하기 위하여 선거관리위원회를 둔다.
>
> ② 중앙선거관리위원회는 대통령이 임명하는 3인, 국회에서 선출하는 3인과 대법원장이 지명하는 3인의 위원으로 구성한다. 위원장은 위원중에서 호선한다.
>
> ③ 위원의 임기는 6년으로 한다.
>
> ④ 위원은 정당에 가입하거나 정치에 관여할 수 없다.
>
> ⑤ 위원은 탄핵 또는 금고 이상의 형의 선고에 의하지 아니하고는 파면되지 아니한다.
>
> ⑥ 중앙선거관리위원회는 법령의 범위 안에서 선거관리·국민투표관리 또는 정당사무에 관한 규칙을 제정할 수 있으며, 법률에 저촉되지 아니하는 범위 안에서 내부규율에 관한 규칙을 제정할 수 있다.
>
> ⑦ 각급 선거관리위원회의 조직·직무범위 기타 필요한 사항은 법률로 정한다.
>
> **제115조** ① 각급 선거관리위원회는 선거인명부의 작성 등 선거사무와 국민투표사무에 관하여 관계 행정기관에 필요한 지시를 할 수 있다.
>
> ② 제1항의 지시를 받은 당해 행정기관은 이에 응하여야 한다.
>
> **제116조** ① 선거운동은 각급 선거관리위원회의 관리하에 법률이 정하는 범위 안에서 하되, 균등한 기회가 보장되어야 한다.
>
> ② 선거에 관한 경비는 법률이 정하는 경우를 제외하고는 정당 또는 후보자에게 부담시킬 수 없다.

01 중앙선거관리위원회

① 중앙선거관리위원회는 제3차 개정헌법 때 도입하였다.

② 대통령(3인 – 임명), 국회(3인 – 선출), 대법원장(3인 – 지명)으로 총 9명으로 구성한다.

> 주의 중앙선거관리위원회 위원 9인 모두를 대통령이 임명한다.(×)

③ 중앙선거관리위원회의 위원장은 위원 중에서 호선한다.

> 주의 위원장은 대통령이 임명하지 않는다.

④ 중앙선거관리위원회가 법령의 범위 안에서 제정할 수 있는 선거관리·국민투표관리·정당사무에 관한 규칙은 '법규명령'의 성격을 가진다.

⑤ 반면에, 내부규율에 관한 규칙은 '행정규칙'의 성격을 가진다.

02 각급 선거관리위원회

① 각급 선거관리위원회는 제5차 개정헌법 때 도입하였다.

② 선거사무와 국민투표사무에 대하여 관계 행정기관에 필요한 지시를 할 수 있다.

> 주의 '정당에 관한 사무'에 대하여 지시하지 않는다.

03 선거 경비(선거공영제)

① 선거비용은 국가가 부담하는 것이 원칙이다.

② 법률로써 선거비용을 정당 또는 후보자에게 부담시킬 수 있다.

제8장 지방자치

> **제117조** ① 지방자치단체는 주민의 복리에 관한 사무를 처리하고 재산을 관리하며, 법령의 범위 안에서 자치에 관한 규정을 제정할 수 있다.
> ② 지방자치단체의 종류는 법률로 정한다.
> **제118조** ① 지방자치단체에 의회를 둔다.
> ② 지방의회의 조직 · 권한 · 의원선거와 지방자치단체의 장의 선임방법 기타 지방자치단체의 조직과 운영에 관한 사항은 법률로 정한다.

01 지방자치단체의 구성

① 「지방자치법」상 지방자치단체는 2종으로 분류된다.
  ㉠ 특별시, 광역시, 특별자치시, 도, 특별자치도
  ㉡ 시, 군, 구
② 지방자치단체의 종류, 지방의회의 조직 · 권한 · 의원선거, 지방자치단체장의 선임방법 등은 법률로 정해야 하는 사항이다.
③ 지방자치단체의 장의 선임방법은 헌법규정상 선거제 및 임명제 모두 가능하다.
④ 헌법재판소는 지방자치단체의 장 선거권도 헌법상 권리로 본다(헌재 2016.10.27. 2014헌마797).

02 지방자치단체의 법률제정권

① 지방자치단체는 지방의회가 제정하는 '조례'와 지방자치단체장이 법령 또는 조례가 위임한 범위 안에서 제정하는 '규칙'을 제정할 수 있다.
② 법령의 범위 안에서 자치에 관한 규정을 제정할 수 있으며, '법령'에는 법률, 법규명령, 법규명령으로 기능하는 행정규칙이 포함된다.
③ 법률우위원칙 및 법률유보원칙에 따라 규정을 제정할 수 있다.
④ 주민의 권리제한, 의무부과, 벌칙제정의 경우에는 법령에 근거가 있어야 한다.
⑤ 포괄위임도 허용된다.
⑥ 자치사무(고유사무)와 단체위임사무에 대해서만 조례를 제정할 수 있다.
  주의 기관위임사무는 원칙적으로 제정할 수 없으나, 예외적으로 개별법령에서 위임한 경우에는 조례로 제정할 수 있다.

03 지방의회

① 지방의회의 설치는 헌법적 요구사항에 해당한다.
② 지방의회를 폐지하기 위해서는 헌법개정이 필요하다.
③ 지방의회의원은 반드시 선거를 실시하여 선출해야 한다.

제9장 경제

> **제119조** ① 대한민국의 경제질서는 개인과 기업의 경제상의 **자유와 창의**를 존중함을 기본으로 한다.
>
> ② 국가는 균형있는 국민경제의 **성장 및 안정**과 **적정한 소득의 분배**를 유지하고, 시장의 지배와 경제력의 남용을 방지하며, 경제주체간의 조화를 통한 **경제의 민주화**를 위하여 경제에 관한 **규제와 조정**을 할 수 있다.
>
> **제120조** ① **광물 기타 중요한 지하자원 · 수산자원 · 수력**과 경제상 이용할 수 있는 자연력은 법률이 정하는 바에 의하여 일정한 기간 그 채취 · 개발 또는 이용을 특허할 수 있다.
>
> ② 국토와 자원은 국가의 보호를 받으며, 국가는 그 **균형있는 개발**과 이용을 위하여 **필요한 계획**을 수립한다.

01 헌법상 경제질서의 성격

자유시장경제질서를 기본으로 하면서도 이에 수반되는 갖가지 모순들을 제거하고 사회복지 · 사회정의를 실현하기 위하여 국가적 규제와 조정을 용인하는 사회적 시장경제질서로서의 성격을 띤다.

02 국토와 자원의 보호 · 균형개발 · 이용

① '풍력'은 광물 기타 중요한 지하자원 · 수산자원 · 수력에 포함되지 않는다.

② 국가는 국토와 자원의 균형있는 개발 및 이용을 위하여 필요한 계획을 수립할 의무가 있다.

03 경제조항에 명문화되지 않은 내용

① 중앙은행(한국은행)의 자율성 보장

② 공정거래의 보장과 독과점에 대한 규제 및 조정

③ 환경보호운동의 보장

④ 토지생산성 제고

04 관련 판례

① 우리 헌법은 헌법 제119조 이하의 경제에 관한 장에서 '균형 있는 국민경제의 성장과 안정, 적정한 소득의 분배, 시장의 지배와 경제력 남용의 방지, 경제주체간의 조화를 통한 경제의 민주화, 균형 있는 지역경제의 육성, 중소기업의 보호육성, 소비자보호 등'의 경제영역에서의 국가목표를 명시적으로 언급함으로써 국가가 경제정책을 통하여 달성하여야 할 '공익'을 구체화하고, 동시에 헌법 제37조 제2항의 기본권제한을 위한 법률유보에서의 '공공복리'를 구체화하고 있다. 따라서 헌법 제119조 제2항에 규정된 '경제주체간의 조화를 통한 경제민주화'의 이념도 경제영역에서 정의로운 사회질서를 형성하기 위하여 추구할 수 있는 국가목표로서 개인의 기본권을 제한하는 국가행위를 정당화하는 헌법규범이다(헌재 2003.11.27. 2001헌바35).

② 강제저축 프로그램으로서의 국민연금제도는 상호부조의 원리에 입각한 사회연대성에 기초하여 고소득층에서 저소득층으로, 근로세대에서 노년세대로, 현재세대에서 다음세대로 국민간에 소득재분배의 기능을 함으로써 오히려 사회적 시장경제질서에 부합하는 제도라 할 것이다(헌재 2001.2.22. 99헌마365).

> **제121조** ① 국가는 농지에 관하여 **경자유전의 원칙**이 달성될 수 있도록 노력하여야 하며, 농지의 소작제도는 금지된다.
> ② 농업생산성의 제고와 농지의 합리적인 이용을 위하거나 불가피한 사정으로 발생하는 농지의 임대차와 위탁경영은 법률이 정하는 바에 의하여 인정된다.
> **제122조** 국가는 국민 모두의 생산 및 생활의 기반이 되는 **국토**의 효율적이고 균형있는 이용·개발과 보전을 위하여 법률이 정하는 바에 의하여 그에 관한 필요한 제한과 의무를 과할 수 있다.

01 경자유전의 원칙

소작제를 절대적으로 금지하는 것을 헌법에 명문하여 규정하였다.

02 경자유전의 원칙 완화

임대차와 위탁경영은 법률이 정하는 바에 의하여 예외적으로 허용된다.

주의 농지의 임대차는 금지된다.(×)

03 국토의 이용 및 개발

① 헌법 제122조는 토지공개념의 근거조항이 된다.

② 토지는 모든 국민이 생산 및 생활의 기반으로서 ··· 헌법은 제122조에서 토지재산권에 대한 광범위한 입법형성권을 부여하고 있다(헌재 1998.12.24. 89헌마214 등).

04 관련 판례

자경농지의 양도소득세 면제대상자를 '농지소재지에 거주하는 거주자'로 제한하는 규정의 입법목적이 외지인의 농지투기를 방지하고 조세부담을 덜어주어 농업·농촌을 활성화하는 데 있음을 고려하면 위 규정은 경자유전의 원칙을 실현하기 위한 것으로 볼 것이지 경자유전의 원칙에 위배된다고 볼 것은 아니라 할 것이다 (헌재 2003.11.27. 2003헌바2).

> **제123조** ① 국가는 농업 및 어업을 보호·육성하기 위하여 농·어촌종합개발과 그 지원 등 필요한 계획을 수립·시행하여야 한다.
> ② 국가는 지역간의 균형있는 발전을 위하여 지역경제를 육성할 의무를 진다.
> ③ 국가는 중소기업을 보호·육성하여야 한다.
> ④ 국가는 농수산물의 수급균형과 유통구조의 개선에 노력하여 가격안정을 도모함으로써 농·어민의 이익을 보호한다.
> ⑤ 국가는 농·어민과 중소기업의 자조조직을 육성하여야 하며, 그 자율적 활동과 발전을 보장한다.

01 국가의 경제 보호 및 육성 의무

① 농업과 어업을 대상으로 규정하고 있다.

주의 '임업'에 대해서는 헌법에 명시되지 않았다.

② 중소기업을 보호 및 육성할 의무가 있으며, 대기업은 해당하지 않는다.

02 자조조직의 육성 및 자율성 보장

자조조직이 제대로 활동하고 기능하는 시기에는 그 조직의 자율성을 침해하지 않도록 하고, 그 조직이 제대로 기능하지 못하는 시기에는 적극적으로 이를 육성해야 할 의무까지도 수행해야 한다(헌재 2000.6.1. 99헌마553).

> **제124조** 국가는 건전한 소비행위를 계도하고 생산품의 품질향상을 촉구하기 위한 소비자보호운동을 법률이 정하는 바에 의하여 보장한다.

01 소비자보호운동

① 제8차 개정헌법 때 처음 신설한 조항이다.
② 헌법에 소비자보호운동에 대한 규정은 있지만, 환경보호운동에 대한 규정은 없다.
③ 헌법에 소비자의 권리에 대한 명시적인 규정은 없다.

02 법률상 규정된 소비자의 기본적 권리

안전의 권리, 알 권리, 선택할 권리, 의견을 반영시킬 권리, 피해보상을 받을 권리, 교육을 받을 권리, 단체를 조직하고 활동할 권리, 안전하고 쾌적한 소비생활 환경에서 소비할 권리가 인정된다(「소비자기본법」 제4조).

> **제125조** 국가는 대외무역을 육성하며, 이를 규제 · 조정할 수 있다.
>
> **제126조** 국방상 또는 국민경제상 긴절한 필요로 인하여 법률이 정하는 경우를 제외하고는, **사영기업을 국유 또는 공유로 이전하거나 그 경영을 통제 또는 관리할 수 없다.**

01 대외무역

헌법은 국가가 대외무역을 육성하고 이를 규제 또는 조정할 수 있음을 명문으로 규정하고 있다.

02 사영기업의 국유화 또는 공유화

① 국방상 또는 국민경제상 긴절한 필요가 있으며, 법률로 정한 경우에 가능하다.

② 기본권인 재산권은 일정한 경우 법률로 정한 요건에 따라 제한될 수 있다(헌법 제23조 참조).

> 주의 헌법은 재산권보장과 사유재산제를 원칙으로 하기 때문에 어떠한 경우에도 사기업을 국유화할 수 없다.(×)

> **제127조** ① 국가는 **과학기술의 혁신과 정보 및 인력의 개발**을 통하여 국민경제의 발전에 노력하여야 한다.
>
> ② 국가는 **국가표준제도**를 확립한다.
>
> ③ 대통령은 제1항의 목적을 달성하기 위하여 필요한 **자문기구**를 둘 수 있다.

01 국민경제 발전의 노력 의무

국가는 과학기술의 혁신과 정보 및 인력의 개발을 통하여 국민경제를 발전시킬 수 있도록 노력해야 하는 의무가 있다.

02 자문기구

① 국가과학기술자문회의는 헌법기관에 해당하지 않는다.

② 헌법에 근거를 둔 법률상 기관에 해당한다.

  * 자문기구는 「국가과학기술자문회의법」에서 규정하고 있다.

③ 자문기구는 임의기구에 해당한다.

▌제10장 헌법개정

> **제128조** ① 헌법개정은 국회재적의원 과반수 또는 대통령의 발의로 제안된다.
>
> ② 대통령의 임기연장 또는 중임변경을 위한 헌법개정은 그 헌법개정 제안 당시의 대통령에 대하여는 효력이 없다.
>
> **제129조** 제안된 헌법개정안은 대통령이 20일 이상의 기간 이를 공고하여야 한다.
>
> **제130조** ① 국회는 헌법개정안이 공고된 날로부터 60일 이내에 의결하여야 하며, 국회의 의결은 재적의원 3분의 2 이상의 찬성을 얻어야 한다.
>
> ② 헌법개정안은 국회가 의결한 후 30일 이내에 국민투표에 붙여 국회의원선거권자 과반수의 투표와 투표자 과반수의 찬성을 얻어야 한다.
>
> ③ 헌법개정안이 제2항의 찬성을 얻은 때에는 헌법개정은 확정되며, 대통령은 즉시 이를 공포하여야 한다.

01 대통령의 임기연장 또는 중임변경을 위한 헌법개정

① 헌법개정 제안 당시의 대통령에 대하여는 효력이 없다.

② 제8차 개정헌법 때부터 규정한 내용이다.

③ 다수설에 따르면 인적효력범위제한설의 성격을 가진다.

02 헌법개정안의 공고

① 헌법개정안은 대통령이 공고한다.
  주의 국회의장이 공고(×)

② 20일 이상의 기간 동안 개정안을 공고한다.

③ 공고절차는 생략할 수 없다.

03 헌법개정안의 의결

① 의결 기간은 '공고된 날로부터' 기산한다.
  주의 공고기간 경과 후(×)

② 국회가 의결권을 가진다는 것은 국회가 헌법개정권력을 가지는 것을 의미하는 것은 아니라, 국민의 헌법개정권력이 국회의 의결이라는 제한을 받는다는 의미이다.

04 국민투표

① 국회의결을 한 후에 국민투표를 실시한다.

② '국회의원선거권자 과반수의 투표와 투표자 과반수의 찬성'을 얻어야 한다.
  주의 헌법개정안은 국회의원선거권자 과반수의 찬성을 얻어야 한다.(×)

③ 헌법개정은 국민투표로 확정되며, 대통령은 즉시 이를 공포하여야 한다.
  주의 대통령이 헌법개정을 공포하는 것으로 확정되는 것이 아니다.

Ⅱ 대한민국 헌정사

01 1948년 7월 17일 건국헌법 – 제1공화국

제정과정		대통령제, 단원제 국회, 위헌법률심사권은 헌법위원회에 부여하는 헌법안이 1948년 7월 12일 국회의 의결만으로 제정 [주의] 국민투표(×)
주요 내용	기본권	근로3권, 사기업 근로자의 이익분배균점권(제5차 개정헌법 때 삭제), 구속적부심제
	통치구조	• 정부와 대통령 – 대통령 · 부통령 국회간선제(임기 4년, 1차 중임) – 대통령의 법률안거부권과 법률안제출권 – 대통령령의 긴급명령권과 계엄선포권 – 국무원(의결기관) – 국무총리 – 국정감사제도 – 심계원 • 국회: 단원제 • 법원 – 10년 임기의 법관으로 구성 – 대법원장은 국회의 승인을 얻어 대통령이 임명
	경제질서	• 통제경제 • 사회화경향(자연자원의 국유화 및 공공필요에 의한 사기업의 국공유화, 경자 유전의 원칙 등)
	지방자치	지방자치단체의 사무범위와 지방자치단체의 조직과 운영규정
	헌법재판	• 헌법위원회(위원장은 부통령, 대법관 5인, 국회의원 5인): 위헌법률심판 • 탄핵재판소(재판장은 부통령, 대법관 5인, 국회의원 5인): 탄핵심판권
평가		기본권보장 · 정부형태 · 경제조항 등 미국헌법과 바이마르헌법의 영향을 많이 받음

02 1952년 7월 4일 제1차 개정헌법(발췌개헌)

개정과정		• 1950년 5월 총선에서 야당이 국회다수석을 차지하자, 이승만 대통령은 재집권하기 위하여 대통령 간선규정을 직선제로 바꾸려 함 • 정부개헌안(대통령 직선＋양원제)과 국회개헌안(의원내각제)은 모두 부결되고, 이후 국회는 양 개헌안이 절충된 발췌개헌안을 통과시킴

주요
내용
	통치구조	• 정부와 대통령
		  – 대통령 직선제(임기 4년, 1차 중임)
		  – 국무위원 임명에 있어서 국무총리의 제청권
		• 국회
		  – 양원제 국회(규정만 하고 실제로는 단원제로 운영)
		  – 국회의 국무원불신임제

	헌법개정	• 대통령 또는 민의원의 재적의원 3분의 1 이상 또는 참의원의 재적의원 3분의 2 이상 발의 • 양원에서 각각 의결(재적의원 3분의 2 이상)
평가		일사부재의원칙에 위배되고, 공고되지 아니한 개헌안을 의결하였으며, 토론의 자유가 보장되지 아니한 채 의결이 강제되었다는 점이 위헌적인 것이라 평가됨

03 1954년 11월 27일 제2차 개정헌법(사사오입개헌)

개정과정		• 이승만 대통령의 장기집권을 위한 대통령 중임규정 수정을 목적으로 함 • 헌법개정안은 부결되었으나, 사사오입(四捨五入)의 수학적 계산방법을 동원하여 부결선포를 번복하고 가결로 선포함

주요
내용
	통치구조	• 정부와 대통령
		  – 초대 대통령에 한하여 중임제한(3선 제한)을 철폐하고 무제한 입후보 허용
		  – 대통령 궐위시 부통령이 지위승계
		  – 국무총리제 폐지
		  – 국무원연대책임제 폐지(국무원에 대한 개별적 불신임제 채택)
		• 법원: 군사재판에 헌법상 지위 부여

	경제질서	경제체제를 자유시장경제체제로 전환
	헌법개정	• 대통령, 민의원 또는 참의원(재적의원 3분의 1 이상), 민의원선거권자(50만명 이상) 발의(국민발안제는 제7차에서 삭제) • 양원에서 각각 의결(재적의원 3분의 2 이상) • 헌법개정금지조항의 명문화(민주공화국, 국민주권, 중요사항에 대한 국민투표)
	기타	국민투표제 도입(주권의 제약, 영토변경 등 국가안위에 관한 중대사항은 국민투표에 필요적으로 부쳐야 함)
평가		초대 대통령에 한하여 중임제한을 철폐한 것은 평등의 원칙에 위배되고, 부결선언사항을 가결로 번복하여 정족수 미달로 위헌적인 것으로 평가됨

04 1960년 6월 15일 제3차 개정헌법(의원내각제개헌) - 제2공화국

개정과정		• 3·15부정선거와 4·19혁명으로 이승만 대통령 하야 • 허정 과도정부가 수립되어 개헌안이 국회를 통과
주요 내용	기본권	• 언론·출판·집회·결사에 대한 사전허가 검열금지 • 본질적 내용침해금지 신설

	통치구조	• 정부와 대통령
		  - 대통령 국회간선제(임기 5년, 1차 중임)
		  - 긴급명령 삭제, 대통령이 긴급재정처분권을, 국무총리가 긴급재정명령권을
		    보유
		  - 심계원, 감찰위원회
		• 국회
		  - 의원내각제(국무총리가 내각수반)
		  - 국회의 양원제
		• 법원: 대법원장·대법관선거(법관선거인단)
		• 헌법재판소 신설
		• 중앙선거관리위원회의 헌법기관화(각급 선거관리위원회는 5차에서 규정)

	지방자치	• 지방자치단체장의 선거제 • 지방자치 실시
	헌법재판	헌법재판소는 법률의 위헌심판, 헌법에 관한 최종적 해석, 국가기관 간의 권한쟁 송, 정당의 해산심판, 탄핵재판, 대통령·대법원장·대법관의 선거에 관한 소송 등을 관할
	기타	• 정당조항 신설(위헌정당강제해산제도) • 직업공무원제(공무원의 중립 및 신분보장) 주의 직업의 자유는 제5차 개정헌법에서 신설 • 경찰의 중립보장
평가		여야합의에 의한 최초의 개헌

05 1960년 11월 29일 제4차 개정헌법(부정선거관련자 처벌개헌)

개정과정	반민주행위자 처벌을 위하여 형벌불소급원칙 예외의 근거를 마련하는 헌법개정 안을 통과시킴
주요내용	부칙만 개정 • 3·15부정선거관련자 처벌을 위한 헌법적 근거조항을 둠 • 특별검찰부·특별재판소 설치
평가	소급입법에 의하여 참정권과 재산권 등을 제한하거나 처벌할 수 있게 한 점에서 위헌적인 것으로 평가됨

06 1962년 12월 26일 제5차 개정헌법(군정대통령제 개헌) - 제3공화국

개정과정		개헌안을 국가재건최고회의 의결을 거쳐 국민투표로써 확정 주의 국회의결(×)
주요 내용	**구성**	• 헌법전문을 최초로 개정 • 4·19의거와 5·16 혁명의 이념 신설 • 단기 4281년 7월 12일 표기를 1948년 7월 12일 표기로 변경
	기본권	• 인간의 존엄과 가치 신설 • 양심의 자유를 종교의 자유에서 분리 • 직업선택의 자유 신설 • 인간다운 생활권 신설 • 묵비권, 고문받지 않을 권리, 임의성 없는 자백의 증거능력제한 신설 • 언론·출판의 타인명예침해금지, 영화·연예에 대한 검열 허용
	통치구조	• 정부와 대통령 - 대통령 직선제(임기 4년, 1차 중임) - 국무회의 심의기관화 - 국무총리 임명에 국회동의제 폐지 - 감사원 신설 - 국가안전보장회의 신설 • 국회 - 국회 단원제: 비례대표제, 국회의원수의 제한 - 일사부재의 원칙, 회기계속의 원칙 - 국회의 국무원 해임건의제도 - 국회의원 면책특권에서 발언·표결의 직무관련성 신설 • 법원: 법관추천회의 설치(대법원장과 대법관 임명에 법관추천회의 제청) 주의 모든 법관(×) • 헌법재판소 폐지, 탄핵심판위원회 설치
	헌법재판	• 대법원: 위헌법률심사·정당해산심판·선거소송 관할 • 탄핵심판위원회: 탄핵심판 관할
	헌법개정	• 국회의원(재적의원 3분의 1 이상), 국회의원선거권자(50만인 이상, 국민발안 제)의 발의 • 국회의결(재적의원 3분의 2 이상) • 필수적 국민투표(국회의원선거권자 과반수 투표와 과반수 찬성)
	기타	극단적 정당국가화(무소속출마 불허, 국회의원의 당적이탈·변경 또는 정당해산 시 의원직상실)
평가		헌법상의 개정절차에 의하지 아니하고 국가비상조치법이 규정한 국민투표에 의 하여 개정되었다는 점에서 법리상의 문제가 있다고 평가됨

07 1969년 10월 21일 제6차 개정헌법(공화당 3선개헌)

개정과정	1969년 8월, 여당이 대통령의 연임 횟수연장을 주요 내용으로 하는 개헌안을 제출
주요내용	• 대통령 　– 대통령의 재임을 3기까지 인정 　– 대통령 탄핵소추요건 강화 • 국회 　– 국회의원정수 상한을 250명으로 증원 　– 국회의원 겸직규정
평가	국회의사당이 아닌 곳에서 기습적으로 여당의원만 모여 이루어진 반민주적인 개헌안으로, 장기집권을 가능하게 하는 수단이 됨(허영)

08 1972년 제7차 개정헌법(유신개헌) – 제4공화국

개정과정		국민투표로써 확정, 1972년 12월 27일에 공포
주요 내용	헌법전문	• 조국의 평화적 통일의 역사적 사명 추가 • 자유민주적 기본질서 추가
	기본권	기본권 약화 • 기본권의 제한요소로 국가안전보장 추가 • 본질적 내용침해금지 삭제 • 언론 · 출판에 대한 허가 · 검열금지 삭제
	통치구조	• 정부와 대통령[영도적 대통령제(대통령에게 국정조정자적 지위 부여)] 　– 대통령의 중임 · 연임조항 폐지 　– 통일주체국민회의 설치(대통령 간선과 국회의원 3분의 1 선출) 　– 대통령의 긴급조치권 신설 　– 대통령의 국회의원정수의 3분의 1 추천권, 대통령의 국회임시회 소집요구권 신설, 대통령의 국회해산권 　– 대통령의 법관 임명제 도입 • 국회(권한 축소): 대통령이 국회의원 3분의 1 추천, 국정감사권 폐지 • 헌법위원회 설치
	지방자치	지방자치 유보(조국의 통일시까지 유예)
	헌법재판	• 헌법위원회: 위헌법률심사 · 탄핵심판 · 정당해산심판 관할 • 법원: 위헌법률심사 제청만 할 수 있음
	헌법개정	• 헌법개정에 대한 국민발안제 폐지 • 헌법개정 이원화 　– 대통령 발의: 국민투표(국회의원선거권자 과반수 투표와 투표자 과반수 찬성) 　– 국회의원(재적의원 과반수 이상) 발의: 국회의결(재적의원 3분의 2 이상), 통일주체국민회의의 의결로 확정

09 1980년 제8차 개정헌법(국보위개헌) – 제5공화국

개정과정		헌법개정심의위원회가 개헌안을 작성하고 국민투표에 회부되어 확정
주요 내용	기본권	기본권의 상대적 강화 • 행복추구권 신설 • 구속적부심 부활 • 사생활의 비밀과 자유 신설 • 연좌제 폐지 • 형사피고인의 무죄추정 신설 • 환경권 • 적정임금조항

	통치구조	• 정부와 대통령(강력한 대통령제)
		  – 선거인단에 의한 대통령 간선제(임기 7년, 단임제)
		  – 통일주체국민회의 폐지
		  – 대통령의 비상조치권
		  – 국정자문회의, 평화통일자문회의 신설
		• 국회: 국회의 국정조사권 신설
		• 법원
		  – 일반 법관 임명권을 대법원장에게 부여
		  – 징계에 의한 법관파면 삭제

	경제질서	• 소비자보호운동의 보장 • 독과점의 규제와 조정 • 중소기업의 보호 · 육성 • 국가표준제도 확립

	헌법개정	• 헌법개정절차의 일원화(국민투표로만 확정시킬 수 있음)
		  – 대통령, 국회의원(재적의원 과반수 이상) 발의
		  – 국회의결(재적의원 3분의 2 이상)
		  – 국민투표
		• 임기연장이나 중임변경을 위한 헌법개정은 개정 당시의 대통령에게 적용금지

	기타	• 민족문화의 창달 • 재외국민보호조항 • 정당보조금 지급

10 1987년 제9차 개정헌법(현행헌법) - 제6공화국

개정과정		여야로 구성된 국회개헌특별위원회에서 개정안을 마련하고 1987년 10월 27일 국민투표에 의하여 확정
주요 내용	구성	전문, 10개 장, 130개 조, 부칙
	전문	전문개정 • 대한민국임시정부의 법통계승 • 불의에 항거한 4 · 19민주이념
	기본권	기본권 강화 • 적법절차제도 • 구속의 통지 · 고지제도 • 형사피해자의 재판절차진술권 • 범죄피해자의 국가구조 • 최저임금제 시행의무 • 대학의 자율성 • 쾌적한 주거 생활권 • 여자 · 모성 · 노인 · 청소년의 권익보호

	통치구조	• 정부와 대통령
		  - 대통령(임기 5년, 단임 직선제)
		  - 비상조치권 삭제, 긴급명령제 부활
		  - 국회해산권 삭제
		• 국회(국회의 지위와 권한 강화)
		  - 국무위원에 대한 해임건의권
		  - 국정감사권 부활
		• 법원: 대법관 임명에 국회의 동의
		• 헌법재판소: 부활

	헌법재판	• 헌법재판소: 위헌법률심사 · 탄핵심판 · 위헌정당심판 · 권한쟁의 · 헌법소원(신설) • 대법원: 선거소송
	헌법개정	• 대통령, 국회의원(재적의원 과반수 이상) 발의 • 국회의결(재적의원 3분의 2 이상) • 국민투표
	기타	• 재외국민보호의무 • 국군의 정치적 중립성 • 정당의 목적이 민주적일 것 • 통일조항(제4조)

III 정족수 모아보기

정족수	내용
10인 이상	① 회의의 비공개발의(「국회법」 제75조 제1항) ② 의회의안발의(「국회법」 제79조 제1항)
20인 이상	① 교섭단체의 성립(「국회법」 제33조 제1항) ② 의사일정의 변경발의(「국회법」 제77조) ③ 국무총리 · 국무위원 등에 대한 출석요구발의(「국회법」 제121조) ④ 긴급현안질문의 요구(「국회법」 제122조의3 제1항) ⑤ 의원의 징계요구(「국회법」 제156조 제3항)
30인 이상	① 위원회에서 폐기한 법률안 본회의 부의(「국회법」 제87조 제1항) ② 일반의안수정동의(「국회법」 제95조 제1항) ③ 위원회에서 폐기한 청원 본회의 부의(「국회법」 제125조 제8항) ④ 의원의 자격심사청구(「국회법」 제138조)
50인 이상	예산안에 대한 수정동의(「국회법」 제95조 제1항 단서)
재적 $\frac{1}{5}$ 이상	① 위원회 의사정족수(「국회법」 제54조) ② 전원위원회 의사정족수(「국회법」 제63조의2 제4항) ③ 국회 의사정족수(「국회법」 제73조 제1항) ④ 국회 표결시 기명 · 호명 또는 무기명투표의 요구(「국회법」 제112조 제2항) ⑤ 국회 투표권자 확인 요구(「국회법」 제112조 제8항)
재적 $\frac{1}{4}$ 이상	① 임시회소집요구(헌법 제47조 제1항) ② 휴회 중의 본회의 소집 요구(「국회법」 제8조 제2항) ③ 의원의 석방요구발의(「국회법」 제28조) ④ 위원회의 개회 요구(「국회법」 제52조 제3호) ⑤ 전원위원회의 개회 요구(「국회법」 제63조의2 제1항) ⑥ 국정조사발의(「국정감사법」 제3조 제1항)
재적 $\frac{1}{3}$ 이상	① 국무총리 · 국무위원에 대한 해임건의발의(헌법 제63조 제2항) ② 일반탄핵소추발의(헌법 제65조 제2항) ③ 위원회의 공청회 요구(「국회법」 제64조 제1항) ④ 위원회의 청문회 요구(「국회법」 제65조 제2항) ⑤ 무제한 토론요구(종결요구)(「국회법」 제106조의2 제5항) ⑥ 위원회의 청문회 · 국정감사 · 국정조사관련 서류제출 요구(「국회법」 제128조 제1항, 국정감사법 제10조 제1항)

재적 과반수	① 국무총리 · 국무위원에 대한 해임건의의결(헌법 제63조 제2항) ② 일반탄핵소추의결(헌법 제65조 제2항) ③ 대통령에 대한 탄핵소추발의(헌법 제65조 제2항) ④ 계엄해제요구(헌법 제77조 제5항) ⑤ 헌법개정안발의(헌법 제128조 제1항) ⑥ 의장 · 부의장 선거(「국회법」 제15조 제1항) ⑦ 신속처리안건지정동의(「국회법」 제85조의2 제1항) ⑧ 국무회의 의사정족수(「국무회의 규정」 제6조 제1항)
재적 $\frac{3}{5}$ 이상	① 신속처리안건지정동의의결(「국회법」 제85조의2 제1항) ② 법률안의 본회의 부의요구의결(「국회법」 제86조 제3항) ③ 무제한 토론종결의결(「국회법」 제106조의2 제6항)
재적 $\frac{2}{3}$ 이상	① 국회의원의 제명(헌법 제64조 제3항) ② 대통령에 대한 탄핵소추의결(헌법 제65조 제2항) ③ 헌법개정안의결(헌법 제130조 제1항) ④ 안건조정위원회의 조정안의결(「국회법」 제57조의2 제6항) ⑤ 국회의원의 무자격의결(「국회법」 제142조 제3항)
출석 과반수	국회 회의의 비공개의결(헌법 제50조)
재적 $\frac{1}{4}$ 이상, 출석 과반수	전원위원회의결(「국회법」 제63조의2 제4항)
재적 과반수, 출석 과반수	일반의결정족수(헌법 제49조, 「국회법」 제54조, 제109조)
재적 과반수, 출석 다수득표	① 국회에서 대통령 선출(헌법 제67조 제2항) ② 의장 · 부의장선거에 있어서 결선투표의 경우(「국회법」 제15조 제3항) ③ 임시의장의 선거(「국회법」 제17조) ④ 상임위원장의 선거(「국회법」 제41조) ⑤ 예산결산특별위원회위원장 선거(「국회법」 제45조 제4항)
재적 과반수, 출석 $\frac{2}{3}$ 이상	① 법률안재의결(헌법 제53조 제4항) ② 본회의 번안동의의결(「국회법」 제91조 제1항) ③ 위원회의 번안동의의결(「국회법」 제91조 제2항) ④ 국무회의 의결정족수(「국무회의 규정」 제6조 제1항)

PART
2

조문 암기

해커스공무원 **신동욱 헌법 조문해설집**

Ⅰ 대한민국헌법

[시행 1988.2.25.]
[헌법 제10호, 1987.10.29. 전부개정]

전문

유구한 역사와 전통에 빛나는 우리 대한국민은 3·1운동으로 건립된 대한민국임시정부의 법통과 불의에 항거한 4·19민주이념을 계승하고, 조국의 민주개혁과 평화적 통일의 사명에 입각하여 정의·인도와 동포애로써 민족의 단결을 공고히 하고, 모든 사회적 폐습과 불의를 타파하며, 자율과 조화를 바탕으로 자유민주적 기본질서를 더욱 확고히 하여 정치·경제·사회·문화의 모든 영역에 있어서 각인의 기회를 균등히 하고, 능력을 최고도로 발휘하게 하며, 자유와 권리에 따르는 책임과 의무를 완수하게 하여, 안으로는 국민생활의 균등한 향상을 기하고 밖으로는 항구적인 세계평화와 인류공영에 이바지함으로써 우리들과 우리들의 자손의 안전과 자유와 행복을 영원히 확보할 것을 다짐하면서 1948년 7월 12일에 제정되고 8차에 걸쳐 개정된 헌법을 이제 국회의 의결을 거쳐 국민투표에 의하여 개정한다.

1987년 10월 29일

제1장 총강

제1조	① 대한민국은 민주공화국이다. ② 대한민국의 주권은 국민에게 있고, 모든 권력은 국민으로부터 나온다.
제2조	① 대한민국의 국민이 되는 요건은 법률로 정한다. ② 국가는 법률이 정하는 바에 의하여 재외국민을 보호할 의무를 진다.
제3조	대한민국의 영토는 한반도와 그 부속도서로 한다.
제4조	대한민국은 통일을 지향하며, 자유민주적 기본질서에 입각한 평화적 통일정책을 수립하고 이를 추진한다.
제5조	① 대한민국은 국제평화의 유지에 노력하고 침략적 전쟁을 부인한다. ② 국군은 국가의 안전보장과 국토방위의 신성한 의무를 수행함을 사명으로 하며, 그 정치적 중립성은 준수된다.
제6조	① 헌법에 의하여 체결·공포된 조약과 일반적으로 승인된 국제법규는 국내법과 같은 효력을 가진다. ② 외국인은 국제법과 조약이 정하는 바에 의하여 그 지위가 보장된다.

제7조	① 공무원은 국민전체에 대한 봉사자이며, 국민에 대하여 책임을 진다. ② 공무원의 신분과 정치적 중립성은 법률이 정하는 바에 의하여 보장된다.
제8조	① 정당의 설립은 자유이며, 복수정당제는 보장된다. ② 정당은 그 목적·조직과 활동이 민주적이어야 하며, 국민의 정치적 의사형성에 참여하는 데 필요한 조직을 가져야 한다. ③ 정당은 법률이 정하는 바에 의하여 국가의 보호를 받으며, 국가는 법률이 정하는 바에 의하여 정당운영에 필요한 자금을 보조할 수 있다. ④ 정당의 목적이나 활동이 민주적 기본질서에 위배될 때에는 정부는 헌법재판소에 그 해산을 제소할 수 있고, 정당은 헌법재판소의 심판에 의하여 해산된다.
제9조	국가는 전통문화의 계승·발전과 민족문화의 창달에 노력하여야 한다.

제2장 국민의 권리와 의무

제10조	모든 국민은 인간으로서의 존엄과 가치를 가지며, 행복을 추구할 권리를 가진다. 국가는 개인이 가지는 불가침의 기본적 인권을 확인하고 이를 보장할 의무를 진다.
제11조	① 모든 국민은 법 앞에 평등하다. 누구든지 성별·종교 또는 사회적 신분에 의하여 정치적·경제적·사회적·문화적 생활의 모든 영역에 있어서 차별을 받지 아니한다. ② 사회적 특수계급의 제도는 인정되지 아니하며, 어떠한 형태로도 이를 창설할 수 없다. ③ 훈장 등의 영전은 이를 받은 자에게만 효력이 있고, 어떠한 특권도 이에 따르지 아니한다.
제12조	① 모든 국민은 신체의 자유를 가진다. 누구든지 법률에 의하지 아니하고는 체포·구속·압수·수색 또는 심문을 받지 아니하며, 법률과 적법한 절차에 의하지 아니하고는 처벌·보안처분 또는 강제노역을 받지 아니한다. ② 모든 국민은 고문을 받지 아니하며, 형사상 자기에게 불리한 진술을 강요당하지 아니한다. ③ 체포·구속·압수 또는 수색을 할 때에는 적법한 절차에 따라 검사의 신청에 의하여 법관이 발부한 영장을 제시하여야 한다. 다만, 현행범인인 경우와 장기 3년 이상의 형에 해당하는 죄를 범하고 도피 또는 증거인멸의 염려가 있을 때에는 사후에 영장을 청구할 수 있다. ④ 누구든지 체포 또는 구속을 당한 때에는 즉시 변호인의 조력을 받을 권리를 가진다. 다만, 형사피고인이 스스로 변호인을 구할 수 없을 때에는 법률이 정하는 바에 의하여 국가가 변호인을 붙인다. ⑤ 누구든지 체포 또는 구속의 이유와 변호인의 조력을 받을 권리가 있음을 고지받지 아니하고는 체포 또는 구속을 당하지 아니한다. 체포 또는 구속을 당한 자의 가족 등 법률이 정하는 자에게는 그 이유와 일시·장소가 지체 없이 통지되어야 한다. ⑥ 누구든지 체포 또는 구속을 당한 때에는 적부의 심사를 법원에 청구할 권리를 가진다.

	⑦ 피고인의 **자백**이 고문 · 폭행 · 협박 · 구속의 부당한 장기화 또는 기망 기타의 방법에 의하여 자의로 진술된 것이 아니라고 인정될 때 또는 **정식재판**에 있어서 피고인의 자백이 그에게 불리한 유일한 증거일 때에는 이를 유죄의 증거로 삼거나 이를 이유로 처벌할 수 없다.
제13조	① 모든 국민은 **행위시의 법률**에 의하여 범죄를 구성하지 아니하는 행위로 소추되지 아니하며, 동일한 범죄에 대하여 **거듭 처벌**받지 아니한다. ② 모든 국민은 **소급입법**에 의하여 **참정권**의 제한을 받거나 **재산권**을 박탈당하지 아니한다. ③ 모든 국민은 자기의 행위가 아닌 **친족의 행위**로 인하여 불이익한 처우를 받지 아니한다.
제14조	모든 국민은 **거주 · 이전의 자유**를 가진다.
제15조	모든 국민은 **직업선택**의 자유를 가진다.
제16조	모든 국민은 주거의 자유를 침해받지 아니한다. 주거에 대한 압수나 수색을 할 때에는 검사의 신청에 의하여 **법관이 발부한 영장**을 제시하여야 한다.
제17조	모든 국민은 **사생활의 비밀과 자유**를 침해받지 아니한다.
제18조	모든 국민은 **통신의 비밀**을 침해받지 아니한다.
제19조	모든 국민은 **양심의 자유**를 가진다.
제20조	① 모든 국민은 **종교의 자유**를 가진다. ② **국교**는 인정되지 아니하며, 종교와 정치는 분리된다.
제21조	① 모든 국민은 **언론 · 출판**의 자유와 **집회 · 결사**의 자유를 가진다. ② 언론 · 출판에 대한 **허가나 검열**과 집회 · 결사에 대한 **허가**는 인정되지 아니한다. ③ 통신 · 방송의 시설기준과 신문의 기능을 보장하기 위하여 필요한 사항은 **법률**로 정한다. ④ 언론 · 출판은 타인의 **명예**나 **권리** 또는 **공중도덕**이나 **사회윤리**를 침해하여서는 아니 된다. 언론 · 출판이 타인의 명예나 권리를 침해한 때에는 피해자는 이에 대한 **피해의 배상**을 청구할 수 있다.
제22조	① 모든 국민은 **학문과 예술**의 자유를 가진다. ② 저작자 · 발명가 · 과학기술자와 예술가의 권리는 **법률**로써 보호한다.

제23조	① 모든 국민의 재산권은 보장된다. 그 내용과 한계는 법률로 정한다. ② 재산권의 행사는 공공복리에 적합하도록 하여야 한다. ③ 공공필요에 의한 재산권의 수용ㆍ사용 또는 제한 및 그에 대한 보상은 법률로써 하되, 정당한 보상을 지급하여야 한다.
제24조	모든 국민은 법률이 정하는 바에 의하여 선거권을 가진다.
제25조	모든 국민은 법률이 정하는 바에 의하여 공무담임권을 가진다.
제26조	① 모든 국민은 법률이 정하는 바에 의하여 국가기관에 문서로 청원할 권리를 가진다. ② 국가는 청원에 대하여 심사할 의무를 진다.
제27조	① 모든 국민은 헌법과 법률이 정한 법관에 의하여 법률에 의한 재판을 받을 권리를 가진다. ② 군인 또는 군무원이 아닌 국민은 대한민국의 영역 안에서는 중대한 군사상 기밀ㆍ초병ㆍ초소ㆍ유독음식물공급ㆍ포로ㆍ군용물에 관한 죄중 법률이 정한 경우와 비상계엄이 선포된 경우를 제외하고는 군사법원의 재판을 받지 아니한다. ③ 모든 국민은 신속한 재판을 받을 권리를 가진다. 형사피고인은 상당한 이유가 없는 한 지체 없이 공개재판을 받을 권리를 가진다. ④ 형사피고인은 유죄의 판결이 확정될 때까지는 무죄로 추정된다. ⑤ 형사피해자는 법률이 정하는 바에 의하여 당해 사건의 재판절차에서 진술할 수 있다.
제28조	형사피의자 또는 형사피고인으로서 구금되었던 자가 법률이 정하는 불기소처분을 받거나 무죄판결을 받은 때에는 법률이 정하는 바에 의하여 국가에 정당한 보상을 청구할 수 있다.
제29조	① 공무원의 직무상 불법행위로 손해를 받은 국민은 법률이 정하는 바에 의하여 국가 또는 공공단체에 정당한 배상을 청구할 수 있다. 이 경우 공무원 자신의 책임은 면제되지 아니한다. ② 군인ㆍ군무원ㆍ경찰공무원 기타 법률이 정하는 자가 전투ㆍ훈련 등 직무집행과 관련하여 받은 손해에 대하여는 법률이 정하는 보상외에 국가 또는 공공단체에 공무원의 직무상 불법행위로 인한 배상은 청구할 수 없다.
제30조	타인의 범죄행위로 인하여 생명ㆍ신체에 대한 피해를 받은 국민은 법률이 정하는 바에 의하여 국가로부터 구조를 받을 수 있다.

제31조	① 모든 국민은 능력에 따라 균등하게 교육을 받을 권리를 가진다. ② 모든 국민은 그 보호하는 자녀에게 적어도 초등교육과 법률이 정하는 교육을 받게 할 의무를 진다. ③ 의무교육은 무상으로 한다. ④ 교육의 자주성 · 전문성 · 정치적 중립성 및 대학의 자율성은 법률이 정하는 바에 의하여 보장된다. ⑤ 국가는 평생교육을 진흥하여야 한다. ⑥ 학교교육 및 평생교육을 포함한 교육제도와 그 운영, 교육재정 및 교원의 지위에 관한 기본적인 사항은 법률로 정한다.
제32조	① 모든 국민은 근로의 권리를 가진다. 국가는 사회적 · 경제적 방법으로 근로자의 고용의 증진과 적정임금의 보장에 노력하여야 하며, 법률이 정하는 바에 의하여 최저임금제를 시행하여야 한다. ② 모든 국민은 근로의 의무를 진다. 국가는 근로의 의무의 내용과 조건을 민주주의원칙에 따라 법률로 정한다. ③ 근로조건의 기준은 인간의 존엄성을 보장하도록 법률로 정한다. ④ 여자의 근로는 특별한 보호를 받으며, 고용 · 임금 및 근로조건에 있어서 부당한 차별을 받지 아니한다. ⑤ 연소자의 근로는 특별한 보호를 받는다. ⑥ 국가유공자 · 상이군경 및 전몰군경의 유가족은 법률이 정하는 바에 의하여 우선적으로 근로의 기회를 부여받는다.
제33조	① 근로자는 근로조건의 향상을 위하여 자주적인 단결권 · 단체교섭권 및 단체행동권을 가진다. ② 공무원인 근로자는 법률이 정하는 자에 한하여 단결권 · 단체교섭권 및 단체행동권을 가진다. ③ 법률이 정하는 주요방위산업체에 종사하는 근로자의 단체행동권은 법률이 정하는 바에 의하여 이를 제한하거나 인정하지 아니할 수 있다.
제34조	① 모든 국민은 인간다운 생활을 할 권리를 가진다. ② 국가는 사회보장 · 사회복지의 증진에 노력할 의무를 진다. ③ 국가는 여자의 복지와 권익의 향상을 위하여 노력하여야 한다. ④ 국가는 노인과 청소년의 복지향상을 위한 정책을 실시할 의무를 진다. ⑤ 신체장애자 및 질병 · 노령 기타의 사유로 생활능력이 없는 국민은 법률이 정하는 바에 의하여 국가의 보호를 받는다. ⑥ 국가는 재해를 예방하고 그 위험으로부터 국민을 보호하기 위하여 노력하여야 한다.

제35조	① 모든 국민은 건강하고 쾌적한 환경에서 생활할 권리를 가지며, 국가와 국민은 환경보전을 위하여 노력하여야 한다. ② 환경권의 내용과 행사에 관하여는 법률로 정한다. ③ 국가는 주택개발정책 등을 통하여 모든 국민이 쾌적한 주거생활을 할 수 있도록 노력하여야 한다.
제36조	① 혼인과 가족생활은 개인의 존엄과 양성의 평등을 기초로 성립되고 유지되어야 하며, 국가는 이를 보장한다. ② 국가는 모성의 보호를 위하여 노력하여야 한다. ③ 모든 국민은 보건에 관하여 국가의 보호를 받는다.
제37조	① 국민의 자유와 권리는 헌법에 열거되지 아니한 이유로 경시되지 아니한다. ② 국민의 모든 자유와 권리는 국가안전보장 · 질서유지 또는 공공복리를 위하여 필요한 경우에 한하여 법률로써 제한할 수 있으며, 제한하는 경우에도 자유와 권리의 본질적인 내용을 침해할 수 없다.
제38조	모든 국민은 법률이 정하는 바에 의하여 납세의 의무를 진다.
제39조	① 모든 국민은 법률이 정하는 바에 의하여 국방의 의무를 진다. ② 누구든지 병역의무의 이행으로 인하여 불이익한 처우를 받지 아니한다.

▌제3장 국회

제40조	입법권은 국회에 속한다.
제41조	① 국회는 국민의 보통 · 평등 · 직접 · 비밀선거에 의하여 선출된 국회의원으로 구성한다. ② 국회의원의 수는 법률로 정하되, 200인 이상으로 한다. ③ 국회의원의 선거구와 비례대표제 기타 선거에 관한 사항은 법률로 정한다.
제42조	국회의원의 임기는 4년으로 한다.
제43조	국회의원은 법률이 정하는 직을 겸할 수 없다.

제44조	① 국회의원은 **현행범인인** 경우를 제외하고는 회기중 국회의 동의없이 체포 또는 구금되지 아니한다. ② 국회의원이 회기전에 체포 또는 구금된 때에는 **현행범인**이 아닌 한 국회의 요구가 있으면 **회기중 석방**된다.
제45조	국회의원은 국회에서 **직무상** 행한 발언과 표결에 관하여 **국회외에서** 책임을 지지 아니한다.
제46조	① 국회의원은 **청렴**의 의무가 있다. ② 국회의원은 **국가이익을** 우선하여 양심에 따라 직무를 행한다. ③ 국회의원은 그 **지위를 남용**하여 국가 · 공공단체 또는 기업체와의 계약이나 그 처분에 의하여 재산상의 권리 · 이익 또는 직위를 취득하거나 타인을 위하여 그 취득을 알선할 수 없다.
제47조	① 국회의 정기회는 법률이 정하는 바에 의하여 **매년 1회** 집회되며, 국회의 임시회는 대통령 또는 국회재적의원 **4분의 1 이상**의 요구에 의하여 집회된다. ② 정기회의 회기는 100일을, 임시회의 회기는 30일을 초과할 수 없다. ③ 대통령이 임시회의 집회를 요구할 때에는 **기간과 집회요구의 이유**를 명시하여야 한다.
제48조	국회는 의장 1인과 **부의장 2인**을 선출한다.
제49조	국회는 헌법 또는 법률에 특별한 규정이 없는 한 재적의원 과반수의 출석과 출석의원 과반수의 찬성으로 의결한다. 가부동수인 때에는 **부결**된 것으로 본다.
제50조	① 국회의 회의는 **공개**한다. 다만, **출석의원 과반수**의 찬성이 있거나 의장이 **국가의 안전보장**을 위하여 필요하다고 인정할 때에는 공개하지 아니할 수 있다. ② 공개하지 아니한 회의내용의 공표에 관하여는 법률이 정하는 바에 의한다.
제51조	국회에 제출된 법률안 기타의 의안은 회기중에 의결되지 못한 이유로 폐기되지 아니한다. 다만, **국회의원의 임기가 만료된** 때에는 그러하지 아니하다.
제52조	**국회의원과 정부**는 법률안을 제출할 수 있다.
제53조	① 국회에서 의결된 법률안은 정부에 이송되어 15일 이내에 대통령이 공포한다. ② 법률안에 이의가 있을 때에는 대통령은 제1항의 기간내에 이의서를 붙여 국회로 환부하고, 그 재의를 요구할 수 있다. 국회의 폐회중에도 또한 같다. ③ 대통령은 **법률안의 일부**에 대하여 또는 **법률안을 수정**하여 재의를 요구할 수 없다. ④ 재의의 요구가 있을 때에는 국회는 재의에 붙이고, **재적의원과반수의 출석**과 출석의원 **3분의 2 이상**의 찬성으로 전과 같은 의결을 하면 그 법률안은 법률로서 확정된다.

	⑤ 대통령이 제1항의 기간내에 **공포나 재의의 요구를** 하지 아니한 때에도 그 법률안은 법률로서 확정된다. ⑥ 대통령은 제4항과 제5항의 규정에 의하여 확정된 법률을 지체 없이 공포하여야 한다. 제5항에 의하여 법률이 확정된 후 또는 제4항에 의한 확정법률이 정부에 이송된 후 5일 이내에 대통령이 공포하지 아니할 때에는 **국회의장이** 이를 공포한다. ⑦ 법률은 특별한 규정이 없는 한 공포한 날로부터 20일을 경과함으로써 효력을 발생한다.
제54조	① 국회는 국가의 예산안을 심의 · 확정한다. ② 정부는 회계연도마다 예산안을 편성하여 **회계연도 개시 90일** 전까지 국회에 제출하고, 국회는 **회계연도 개시 30일** 전까지 이를 의결하여야 한다. ③ 새로운 회계연도가 개시될 때까지 예산안이 의결되지 못한 때에는 정부는 국회에서 예산안이 의결될 때까지 다음의 목적을 위한 경비는 **전년도 예산에** 준하여 집행할 수 있다. 1. 헌법이나 법률에 의하여 설치된 기관 또는 시설의 유지 · 운영 2. 법률상 지출의무의 이행 3. 이미 예산으로 승인된 사업의 계속
제55조	① 한 회계연도를 넘어 계속하여 지출할 필요가 있을 때에는 정부는 연한을 정하여 **계속비로서** 국회의 의결을 얻어야 한다. ② 예비비는 **총액으로** 국회의 의결을 얻어야 한다. 예비비의 지출은 **차기국회의 승인을** 얻어야 한다.
제56조	정부는 예산에 변경을 가할 필요가 있을 때에는 **추가경정예산안을** 편성하여 국회에 제출할 수 있다.
제57조	국회는 **정부의 동의없이** 정부가 제출한 지출예산 각항의 금액을 증가하거나 새 비목을 설치할 수 없다.
제58조	**국채를** 모집하거나 예산외에 **국가의 부담이 될 계약을** 체결하려 할 때에는 정부는 미리 국회의 의결을 얻어야 한다.
제59조	조세의 종목과 세율은 법률로 정한다.
제60조	① 국회는 **상호원조** 또는 안전보장에 관한 조약, **중요한 국제조직에** 관한 조약, **우호통상항해조약, 주권의 제약에** 관한 조약, **강화조약,** 국가나 국민에게 중대한 **재정적 부담을** 지우는 조약 또는 **입법사항에** 관한 조약의 체결 · 비준에 대한 **동의권을** 가진다. ② 국회는 **선전포고,** 국군의 외국에의 파견 또는 외국군대의 **대한민국 영역** 안에서의 주류에 대한 동의권을 가진다.

제61조	① 국회는 **국정을 감사**하거나 특정한 국정사안에 대하여 **조사**할 수 있으며, 이에 필요한 서류의 제출 또는 증인의 출석과 증언이나 의견의 진술을 요구할 수 있다. ② 국정감사 및 조사에 관한 절차 기타 필요한 사항은 법률로 정한다.
제62조	① **국무총리·국무위원** 또는 **정부위원**은 국회나 그 위원회에 출석하여 국정처리상황을 보고하거나 **의견을 진술**하고 질문에 응답할 수 있다. ② 국회나 그 위원회의 요구가 있을 때에는 국무총리·국무위원 또는 정부위원은 **출석·답변하여야** 하며, 국무총리 또는 국무위원이 출석요구를 받은 때에는 **국무위원** 또는 **정부위원**으로 하여금 출석·답변하게 할 수 있다.
제63조	① 국회는 **국무총리** 또는 **국무위원**의 해임을 대통령에게 건의할 수 있다. ② 제1항의 해임건의는 국회재적의원 3분의 1 이상의 발의에 의하여 국회재적의원 **과반수**의 찬성이 있어야 한다.
제64조	① 국회는 **법률**에 저촉되지 아니하는 범위 안에서 의사와 내부규율에 관한 규칙을 제정할 수 있다. ② 국회는 의원의 자격을 심사하며, 의원을 징계할 수 있다. ③ 의원을 **제명**하려면 국회재적의원 3분의 2 이상의 찬성이 있어야 한다. ④ 제2항과 제3항의 처분에 대하여는 **법원**에 제소할 수 없다.
제65조	① 대통령·국무총리·국무위원·행정각부의 장·**헌법재판소 재판관·법관**·중앙선거관리위원회 위원·감사원장·감사위원 기타 **법률**이 정한 공무원이 그 **직무집행**에 있어서 헌법이나 법률을 위배한 때에는 국회는 탄핵의 소추를 의결할 수 있다. ② 제1항의 탄핵소추는 국회재적의원 3분의 1 이상의 발의가 있어야 하며, 그 의결은 국회재적의원 **과반수**의 찬성이 있어야 한다. 다만, 대통령에 대한 탄핵소추는 국회재적의원 과반수의 발의와 국회재적의원 3분의 2 이상의 찬성이 있어야 한다. ③ 탄핵소추의 의결을 받은 자는 탄핵심판이 있을 때까지 그 **권한행사가 정지**된다. ④ 탄핵결정은 공직으로부터 **파면**함에 그친다. 그러나, 이에 의하여 **민사상**이나 **형사상**의 책임이 면제되지는 아니한다.

▌제4장 정부

제1절 대통령

제66조	① 대통령은 국가의 원수이며, 외국에 대하여 국가를 대표한다. ② 대통령은 국가의 독립·영토의 보전·국가의 계속성과 헌법을 수호할 책무를 진다. ③ 대통령은 조국의 평화적 통일을 위한 성실한 의무를 진다. ④ 행정권은 대통령을 수반으로 하는 정부에 속한다.
제67조	① 대통령은 국민의 보통·평등·직접·비밀선거에 의하여 선출한다. ② 제1항의 선거에 있어서 최고득표자가 2인 이상인 때에는 국회의 재적의원 과반수가 출석한 공개회의에서 다수표를 얻은 자를 당선자로 한다. ③ 대통령후보자가 1인일 때에는 그 득표수가 선거권자 총수의 3분의 1 이상이 아니면 대통령으로 당선될 수 없다. ④ 대통령으로 선거될 수 있는 자는 국회의원의 피선거권이 있고 선거일 현재 40세에 달하여야 한다. ⑤ 대통령의 선거에 관한 사항은 법률로 정한다.
제68조	① 대통령의 임기가 만료되는 때에는 임기만료 70일 내지 40일 전에 후임자를 선거한다. ② 대통령이 궐위된 때 또는 대통령 당선자가 사망하거나 판결 기타의 사유로 그 자격을 상실한 때에는 60일 이내에 후임자를 선거한다.
제69조	대통령은 취임에 즈음하여 다음의 선서를 한다. "나는 헌법을 준수하고 국가를 보위하며 조국의 평화적 통일과 국민의 자유와 복리의 증진 및 민족문화의 창달에 노력하여 대통령으로서의 직책을 성실히 수행할 것을 국민 앞에 엄숙히 선서합니다."
제70조	대통령의 임기는 5년으로 하며, 중임할 수 없다.
제71조	대통령이 궐위되거나 사고로 인하여 직무를 수행할 수 없을 때에는 국무총리, 법률이 정한 국무위원의 순서로 그 권한을 대행한다.
제72조	대통령은 필요하다고 인정할 때에는 외교·국방·통일 기타 국가안위에 관한 중요정책을 국민투표에 붙일 수 있다.
제73조	대통령은 조약을 체결·비준하고, 외교사절을 신임·접수 또는 파견하며, 선전포고와 강화를 한다.

제74조	① 대통령은 **헌법과 법률**이 정하는 바에 의하여 국군을 통수한다. ② 국군의 조직과 편성은 법률로 정한다.
제75조	대통령은 법률에서 **구체적으로** 범위를 정하여 위임받은 사항과 법률을 **집행하기 위하여 필요한 사항**에 관하여 대통령령을 발할 수 있다.
제76조	① 대통령은 내우 · 외환 · 천재 · 지변 또는 **중대한 재정 · 경제상의 위기**에 있어서 **국가의 안전보장** 또는 **공공의 안녕질서를** 유지하기 위하여 긴급한 조치가 필요하고 **국회의 집회를** 기다릴 여유가 **없을** 때에 한하여 최소한으로 필요한 재정 · 경제상의 처분을 하거나 이에 관하여 **법률의 효력을** 가지는 명령을 발할 수 있다. ② 대통령은 국가의 안위에 관계되는 **중대한 교전상태에** 있어서 국가를 보위하기 위하여 긴급한 조치가 필요하고 **국회의 집회가 불가능한 때에** 한하여 **법률의 효력을** 가지는 명령을 발할 수 있다. ③ 대통령은 제1항과 제2항의 처분 또는 명령을 한 때에는 지체 없이 국회에 보고하여 **그 승인을** 얻어야 한다. ④ 제3항의 **승인을 얻지 못한 때에는** 그 처분 또는 명령은 **그때부터 효력을** 상실한다. 이 경우 그 명령에 의하여 개정 또는 폐지되었던 법률은 그 명령이 **승인을 얻지 못한 때부터** 당연히 효력을 회복한다. ⑤ 대통령은 제3항과 제4항의 사유를 지체 없이 공포하여야 한다.
제77조	① 대통령은 **전시 · 사변** 또는 이에 준하는 국가비상사태에 있어서 **병력으로써** 군사상의 필요에 응하거나 **공공의 안녕질서를** 유지할 필요가 있을 때에는 **법률이 정하는 바에** 의하여 계엄을 선포할 수 있다. ② 계엄은 **비상계엄과 경비계엄으로** 한다. ③ **비상계엄이** 선포된 때에는 법률이 정하는 바에 의하여 **영장제도, 언론 · 출판 · 집회 · 결사의 자유, 정부나 법원의 권한에** 관하여 특별한 조치를 할 수 있다. ④ 계엄을 선포한 때에는 대통령은 지체 없이 **국회에 통고하여야** 한다. ⑤ 국회가 재적의원 **과반수의** 찬성으로 계엄의 해제를 요구한 때에는 대통령은 이를 **해제하여야 한다.**
제78조	대통령은 **헌법과 법률**이 정하는 바에 의하여 공무원을 임면한다.
제79조	① 대통령은 법률이 정하는 바에 의하여 사면 · 감형 또는 복권을 명할 수 있다. ② **일반사면을** 명하려면 **국회의 동의를** 얻어야 한다. ③ 사면 · 감형 및 복권에 관한 사항은 법률로 정한다.

제80조	대통령은 **법률**이 정하는 바에 의하여 훈장 기타의 **영전**을 수여한다.
제81조	대통령은 **국회**에 **출석**하여 **발언**하거나 서한으로 의견을 표시할 수 있다.
제82조	대통령의 국법상 행위는 문서로써 하며, 이 문서에는 **국무총리와 관계 국무위원**이 부서한다. 군사에 관한 것도 또한 같다.
제83조	대통령은 국무총리 · 국무위원 · 행정각부의 장 기타 법률이 정하는 **공사의 직**을 겸할 수 없다.
제84조	대통령은 내란 또는 외환의 죄를 범한 경우를 제외하고는 **재직중 형사상의 소추**를 받지 아니한다.
제85조	전직대통령의 신분과 예우에 관하여는 **법률**로 정한다.

제2절 행정부

제1관 국무총리와 국무위원

제86조	① 국무총리는 **국회의 동의**를 얻어 대통령이 임명한다. ② 국무총리는 **대통령을 보좌**하며, 행정에 관하여 **대통령의 명을 받아** 행정각부를 통할한다. ③ 군인은 **현역을 면한 후**가 아니면 국무총리로 임명될 수 없다.
제87조	① 국무위원은 **국무총리의 제청**으로 대통령이 임명한다. ② 국무위원은 국정에 관하여 **대통령을 보좌**하며, **국무회의**의 구성원으로서 국정을 **심의**한다. ③ **국무총리**는 국무위원의 해임을 대통령에게 **건의**할 수 있다. ④ 군인은 **현역을 면한 후**가 아니면 국무위원으로 임명될 수 없다.

제2관 국무회의

제88조	① 국무회의는 **정부의 권한**에 속하는 중요한 정책을 **심의**한다. ② 국무회의는 **대통령 · 국무총리와 15인 이상 30인 이하**의 국무위원으로 구성한다. ③ **대통령**은 국무회의의 의장이 되고, **국무총리**는 부의장이 된다.

제89조	다음 사항은 국무회의의 **심의를 거쳐야** 한다. 1. 국정의 기본계획과 정부의 일반정책 2. 선전·강화 기타 중요한 대외정책 3. 헌법개정안·국민투표안·조약안·법률안 및 대통령령안 4. 예산안·결산·국유재산처분의 기본계획·**국가의 부담이 될 계약** 기타 재정에 관한 중요사항 5. 대통령의 **긴급명령**·긴급재정경제처분 및 명령 또는 계엄과 그 해제 6. 군사에 관한 중요사항 7. 국회의 **임시회** 집회의 요구 8. **영전수여** 9. **사면·감형과 복권** 10. 행정각부간의 권한의 획정 11. 정부안의 권한의 위임 또는 배정에 관한 기본계획 12. **국정처리상황의 평가·분석** 13. 행정각부의 중요한 정책의 수립과 조정 14. **정당해산의 제소** 15. 정부에 제출 또는 회부된 정부의 정책에 관계되는 **청원의 심사** 16. **검찰총장·합동참모의장·각군참모총장·국립대학교총장·대사** 기타 법률이 정한 공무원과 **국영기업체관리자의 임명** 17. 기타 대통령·국무총리 또는 국무위원이 제출한 사항
제90조	① 국정의 중요한 사항에 관한 대통령의 자문에 응하기 위하여 국가원로로 구성되는 **국가원로자문회의**를 둘 수 있다. ② 국가원로자문회의의 의장은 **직전대통령**이 된다. 다만, **직전대통령**이 없을 때에는 대통령이 **지명**한다. ③ 국가원로자문회의의 조직·직무범위 기타 필요한 사항은 **법률**로 정한다.
제91조	① 국가안전보장에 관련되는 대외정책·군사정책과 **국내정책**의 수립에 관하여 **국무회의의 심의**에 앞서 대통령의 자문에 응하기 위하여 국가안전보장회의를 **둔다**. ② 국가안전보장회의는 **대통령**이 주재한다. ③ 국가안전보장회의의 조직·직무범위 기타 필요한 사항은 **법률**로 정한다.
제92조	① 평화통일정책의 수립에 관한 대통령의 자문에 응하기 위하여 **민주평화통일자문회의**를 둘 수 있다. ② 민주평화통일자문회의의 조직·직무범위 기타 필요한 사항은 **법률**로 정한다.

제93조	① 국민경제의 발전을 위한 중요정책의 수립에 관하여 대통령의 자문에 응하기 위하여 국민경제자문회의를 둘 수 있다. ② 국민경제자문회의의 조직·직무범위 기타 필요한 사항은 법률로 정한다.

제3관 행정각부

제94조	행정각부의 장은 국무위원 중에서 국무총리의 제청으로 대통령이 임명한다.

제95조	국무총리 또는 행정각부의 장은 소관사무에 관하여 법률이나 대통령령의 위임 또는 직권으로 총리령 또는 부령을 발할 수 있다.

제96조	행정각부의 설치·조직과 직무범위는 법률로 정한다.

제4관 감사원

제97조	국가의 세입·세출의 결산, 국가 및 법률이 정한 단체의 회계검사와 행정기관 및 공무원의 직무에 관한 감찰을 하기 위하여 대통령 소속하에 감사원을 둔다.

제98조	① 감사원은 원장을 포함한 5인 이상 11인 이하의 감사위원으로 구성한다. ② 원장은 국회의 동의를 얻어 대통령이 임명하고, 그 임기는 4년으로 하며, 1차에 한하여 중임할 수 있다. ③ 감사위원은 원장의 제청으로 대통령이 임명하고, 그 임기는 4년으로 하며, 1차에 한하여 중임할 수 있다.

제99조	감사원은 세입·세출의 결산을 매년 검사하여 대통령과 차년도 국회에 그 결과를 보고하여야 한다.

제100조	감사원의 조직·직무범위·감사위원의 자격·감사대상공무원의 범위 기타 필요한 사항은 법률로 정한다.

제5장 법원

제101조	① 사법권은 법관으로 구성된 법원에 속한다. ② 법원은 최고법원인 대법원과 각급법원으로 조직된다. ③ 법관의 자격은 법률로 정한다.
제102조	① 대법원에 부를 둘 수 있다. ② 대법원에 대법관을 둔다. 다만, 법률이 정하는 바에 의하여 대법관이 아닌 법관을 둘 수 있다. ③ 대법원과 각급법원의 조직은 법률로 정한다.
제103조	법관은 헌법과 법률에 의하여 그 양심에 따라 독립하여 심판한다.
제104조	① 대법원장은 국회의 동의를 얻어 대통령이 임명한다. ② 대법관은 대법원장의 제청으로 국회의 동의를 얻어 대통령이 임명한다. ③ 대법원장과 대법관이 아닌 법관은 대법관회의의 동의를 얻어 대법원장이 임명한다.
제105조	① 대법원장의 임기는 6년으로 하며, 중임할 수 없다. ② 대법관의 임기는 6년으로 하며, 법률이 정하는 바에 의하여 연임할 수 있다. ③ 대법원장과 대법관이 아닌 법관의 임기는 10년으로 하며, 법률이 정하는 바에 의하여 연임할 수 있다. ④ 법관의 정년은 법률로 정한다.
제106조	① 법관은 탄핵 또는 금고 이상의 형의 선고에 의하지 아니하고는 파면되지 아니하며, 징계처분에 의하지 아니하고는 정직·감봉 기타 불리한 처분을 받지 아니한다. ② 법관이 중대한 심신상의 장해로 직무를 수행할 수 없을 때에는 법률이 정하는 바에 의하여 퇴직하게 할 수 있다.
제107조	① 법률이 헌법에 위반되는 여부가 재판의 전제가 된 경우에는 법원은 헌법재판소에 제청하여 그 심판에 의하여 재판한다. ② 명령·규칙 또는 처분이 헌법이나 법률에 위반되는 여부가 재판의 전제가 된 경우에는 대법원은 이를 최종적으로 심사할 권한을 가진다. ③ 재판의 전심절차로서 행정심판을 할 수 있다. 행정심판의 절차는 법률로 정하되, 사법절차가 준용되어야 한다.
제108조	대법원은 법률에 저촉되지 아니하는 범위 안에서 소송에 관한 절차, 법원의 내부규율과 사무처리에 관한 규칙을 제정할 수 있다.

제109조	재판의 **심리와 판결**은 공개한다. 다만, 심리는 **국가의 안전보장** 또는 안녕질서를 방해하거나 **선량한 풍속**을 해할 염려가 있을 때에는 법원의 결정으로 공개하지 아니할 수 있다.
제110조	① 군사재판을 관할하기 위하여 **특별법원**으로서 군사법원을 둘 수 있다. ② 군사법원의 상고심은 **대법원**에서 관할한다. ③ 군사법원의 조직·권한 및 재판관의 자격은 법률로 정한다. ④ **비상계엄하의 군사재판**은 군인·군무원의 범죄나 군사에 관한 간첩죄의 경우와 초병·초소·유독음식물공급·포로에 관한 죄중 법률이 정한 경우에 한하여 단심으로 할 수 있다. 다만, **사형을 선고한 경우**에는 그러하지 아니하다.

▌제6장 헌법재판소

제111조	① 헌법재판소는 다음 사항을 관장한다.
	  1. 법원의 제청에 의한 법률의 위헌여부 심판
	  2. 탄핵의 심판
	  3. 정당의 해산 심판
	  4. 국가기관 상호간, 국가기관과 지방자치단체간 및 지방자치단체 상호간의 권한쟁의에 관한 심판
	  5. **법률이 정하는 헌법소원**에 관한 심판
	② 헌법재판소는 **법관의 자격**을 가진 9인의 재판관으로 구성하며, 재판관은 대통령이 임명한다.
	③ 제2항의 재판관중 3인은 국회에서 선출하는 자를, 3인은 **대법원장**이 지명하는 자를 임명한다.
	④ **헌법재판소의 장**은 국회의 동의를 얻어 재판관중에서 대통령이 임명한다.

제112조	① 헌법재판소 재판관의 임기는 6년으로 하며, 법률이 정하는 바에 의하여 연임할 수 있다. ② 헌법재판소 재판관은 정당에 가입하거나 정치에 관여할 수 없다. ③ 헌법재판소 재판관은 **탄핵** 또는 **금고 이상의 형의 선고**에 의하지 아니하고는 **파면되지** 아니한다.
제113조	① 헌법재판소에서 법률의 위헌결정, 탄핵의 결정, 정당해산의 결정 또는 헌법소원에 관한 **인용결정**을 할 때에는 **재판관 6인 이상의 찬성**이 있어야 한다. ② 헌법재판소는 법률에 저촉되지 아니하는 범위 안에서 심판에 관한 절차, 내부규율과 사무처리에 관한 **규칙**을 제정할 수 있다. ③ 헌법재판소의 조직과 운영 기타 필요한 사항은 법률로 정한다.

제7장 선거관리

제114조	① 선거와 국민투표의 공정한 관리 및 정당에 관한 사무를 처리하기 위하여 선거관리위원회를 둔다. ② 중앙선거관리위원회는 **대통령이 임명하는** 3인, **국회에서 선출하는** 3인과 **대법원장이 지명하는** 3인의 위원으로 구성한다. **위원장은 위원중에서 호선한다.** ③ 위원의 임기는 **6년**으로 한다. ④ 위원은 **정당에 가입**하거나 **정치에 관여**할 수 없다. ⑤ 위원은 **탄핵** 또는 **금고 이상의 형의 선고**에 의하지 아니하고는 **파면되지 아니한다.** ⑥ 중앙선거관리위원회는 **법령의 범위 안에서** 선거관리 · 국민투표관리 또는 **정당사무에 관한 규칙**을 제정할 수 있으며, **법률에 저촉되지 아니하는 범위 안에서** 내부규율에 관한 규칙을 제정할 수 있다. ⑦ 각급 선거관리위원회의 조직 · 직무범위 기타 필요한 사항은 법률로 정한다.
제115조	① 각급 선거관리위원회는 선거인명부의 작성 등 **선거사무**와 **국민투표사무**에 관하여 관계 행정기관에 필요한 지시를 할 수 있다. ② 제1항의 지시를 받은 당해 행정기관은 이에 **응하여야 한다.**
제116조	① 선거운동은 각급 선거관리위원회의 관리하에 **법률**이 정하는 범위 안에서 하되, **균등한 기회**가 보장되어야 한다. ② 선거에 관한 경비는 **법률**이 정하는 경우를 제외하고는 정당 또는 후보자에게 부담시킬 수 없다.

제8장 지방자치

제117조	① 지방자치단체는 **주민의 복리에 관한 사무를 처리**하고 **재산을 관리**하며, **법령의 범위 안에서** 자치에 관한 규정을 제정할 수 있다. ② 지방자치단체의 **종류**는 법률로 정한다.
제118조	① 지방자치단체에 **의회**를 둔다. ② 지방의회의 조직 · 권한 · 의원선거와 **지방자치단체의 장의 선임방법** 기타 지방자치단체의 조직과 운영에 관한 사항은 법률로 정한다.

제9장 경제

제119조	① 대한민국의 경제질서는 개인과 기업의 경제상의 자유와 창의를 존중함을 기본으로 한다. ② 국가는 균형있는 국민경제의 성장 및 안정과 적정한 소득의 분배를 유지하고, 시장의 지배와 경제력의 남용을 방지하며, 경제주체간의 조화를 통한 경제의 민주화를 위하여 경제에 관한 규제와 조정을 할 수 있다.
제120조	① 광물 기타 중요한 지하자원·수산자원·수력과 경제상 이용할 수 있는 자연력은 법률이 정하는 바에 의하여 일정한 기간 그 채취·개발 또는 이용을 특허할 수 있다. ② 국토와 자원은 국가의 보호를 받으며, 국가는 그 균형있는 개발과 이용을 위하여 필요한 계획을 수립한다.
제121조	① 국가는 농지에 관하여 경자유전의 원칙이 달성될 수 있도록 노력하여야 하며, 농지의 소작제도는 금지된다. ② 농업생산성의 제고와 농지의 합리적인 이용을 위하거나 불가피한 사정으로 발생하는 농지의 임대차와 위탁경영은 법률이 정하는 바에 의하여 인정된다.
제122조	국가는 국민 모두의 생산 및 생활의 기반이 되는 국토의 효율적이고 균형있는 이용·개발과 보전을 위하여 법률이 정하는 바에 의하여 그에 관한 필요한 제한과 의무를 과할 수 있다.
제123조	① 국가는 농업 및 어업을 보호·육성하기 위하여 농·어촌종합개발과 그 지원 등 필요한 계획을 수립·시행하여야 한다. ② 국가는 지역간의 균형있는 발전을 위하여 지역경제를 육성할 의무를 진다. ③ 국가는 중소기업을 보호·육성하여야 한다. ④ 국가는 농수산물의 수급균형과 유통구조의 개선에 노력하여 가격안정을 도모함으로써 농·어민의 이익을 보호한다. ⑤ 국가는 농·어민과 중소기업의 자조조직을 육성하여야 하며, 그 자율적 활동과 발전을 보장한다.
제124조	국가는 건전한 소비행위를 계도하고 생산품의 품질향상을 촉구하기 위한 소비자보호운동을 법률이 정하는 바에 의하여 보장한다.
제125조	국가는 대외무역을 육성하며, 이를 규제·조정할 수 있다.

제126조	국방상 또는 국민경제상 긴절한 필요로 인하여 법률이 정하는 경우를 제외하고는, 사영기업을 국유 또는 공유로 이전하거나 그 경영을 통제 또는 관리할 수 없다.
제127조	① 국가는 과학기술의 혁신과 정보 및 인력의 개발을 통하여 국민경제의 발전에 노력하여야 한다. ② 국가는 국가표준제도를 확립한다. ③ 대통령은 제1항의 목적을 달성하기 위하여 필요한 자문기구를 둘 수 있다.

▌제10장 헌법개정

제128조	① 헌법개정은 국회재적의원 과반수 또는 대통령의 발의로 제안된다. ② 대통령의 임기연장 또는 중임변경을 위한 헌법개정은 그 헌법개정 제안 당시의 대통령에 대하여는 효력이 없다.
제129조	제안된 헌법개정안은 대통령이 20일 이상의 기간 이를 공고하여야 한다.
제130조	① 국회는 헌법개정안이 공고된 날로부터 60일 이내에 의결하여야 하며, 국회의 의결은 재적의원 3분의 2 이상의 찬성을 얻어야 한다. ② 헌법개정안은 국회가 의결한 후 30일 이내에 국민투표에 붙여 국회의원선거권자 과반수의 투표와 투표자 과반수의 찬성을 얻어야 한다. ③ 헌법개정안이 제2항의 찬성을 얻은 때에는 헌법개정은 확정되며, 대통령은 즉시 이를 공포하여야 한다.

Ⅱ 헌법재판소법

[시행 2022.2.3.]
[법률 제18836호, 2022.2.3, 일부개정]

제1조	**[목적]** 이 법은 헌법재판소의 조직 및 운영과 그 심판절차에 관하여 필요한 사항을 정함을 목적으로 한다.
제2조	**[관장사항]** 헌법재판소는 다음 각 호의 사항을 관장한다. 1. 법원의 제청에 의한 **법률의 위헌 여부 심판** 2. **탄핵의 심판** 3. **정당의 해산심판** 4. 국가기관 상호간, 국가기관과 지방자치단체 간 및 지방자치단체 상호간의 권한쟁의에 관한 심판 5. **헌법소원에 관한 심판**
제3조	**[구성]** 헌법재판소는 **9명의 재판관**으로 구성한다.
제5조	**[재판관의 자격]** ① 재판관은 다음 각 호의 어느 하나에 해당하는 직에 **15년 이상** 있던 **40세 이상**인 사람 중에서 임명한다. 다만, 다음 각 호 중 둘 이상의 직에 있던 사람의 재직기간은 합산한다. 1. 판사, 검사, 변호사 2. 변호사 자격이 있는 사람으로서 국가기관, 「국영·공영 기업체, 공공기관의 운영에 관한 법률」 제4조에 따른 공공기관 또는 그 밖의 법인에서 법률에 관한 사무에 종사한 사람 3. 변호사 자격이 있는 사람으로서 공인된 대학의 법률학 조교수 이상의 직에 있던 사람
제6조	**[재판관의 임명]** ① 재판관은 **대통령이 임명**한다. 이 경우 재판관 중 3명은 **국회에서 선출**하는 사람을, 3명은 **대법원장이 지명**하는 사람을 임명한다. ② 재판관은 국회의 **인사청문**을 거쳐 임명·선출 또는 지명하여야 한다. 이 경우 대통령은 재판관(국회에서 선출하거나 대법원장이 지명하는 사람은 제외한다)을 임명하기 전에, 대법원장은 재판관을 지명하기 전에 인사청문을 요청한다. ③ 재판관의 임기가 만료되거나 정년이 도래하는 경우에는 **임기만료일 또는 정년도래일까지** 후임자를 임명하여야 한다. ④ 임기 중 재판관이 결원된 경우에는 결원된 날부터 **30일 이내**에 후임자를 임명하여야 한다.

제7조	**[재판관의 임기]** ① 재판관의 임기는 6년으로 하며, 연임할 수 있다. ② 재판관의 정년은 70세로 한다.
제10조	**[규칙 제정권]** ① 헌법재판소는 이 법과 다른 법률에 저촉되지 아니하는 범위에서 심판에 관한 절차, 내부 규율과 사무처리에 관한 규칙을 제정할 수 있다.
제10조의2	**[입법 의견의 제출]** 헌법재판소장은 헌법재판소의 조직, 인사, 운영, 심판절차와 그 밖에 헌법재판소의 업무와 관련된 법률의 제정 또는 개정이 필요하다고 인정하는 경우에는 국회에 서면으로 그 의견을 제출할 수 있다.
제12조	**[헌법재판소장]** ② 헌법재판소장은 국회의 동의를 받아 재판관 중에서 대통령이 임명한다. ④ 헌법재판소장이 궐위되거나 부득이한 사유로 직무를 수행할 수 없을 때에는 다른 재판관이 **헌법재판소규칙**으로 정하는 순서에 따라 그 권한을 대행한다.
제16조	**[재판관회의]** ① 재판관회의는 **재판관 전원**으로 구성하며, 헌법재판소장이 의장이 된다. ② 재판관회의는 **재판관 전원의 3분의 2를 초과하는 인원의 출석**과 출석인원 과반수의 찬성으로 의결한다. ③ 의장은 의결에서 **표결권**을 가진다.
제17조	**[사무처]** ⑤ 헌법재판소장이 한 처분에 대한 행정소송의 피고는 **헌법재판소 사무처장**으로 한다.

제19조	**[헌법연구관]**
	④ 헌법연구관은 다음 각 호의 어느 하나에 해당하는 사람 중에서 **헌법재판소장**이 **재판관회의의 의결**을 거쳐 임용한다.
	  1. 판사·검사 또는 변호사의 자격이 있는 사람
	  2. 공인된 대학의 법률학 조교수 이상의 직에 있던 사람
	  3. 국회, 정부 또는 법원 등 국가기관에서 4급 이상의 공무원으로서 5년 이상 법률에 관한 사무에 종사한 사람
	  4. 법률학에 관한 박사학위 소지자로서 국회, 정부, 법원 또는 헌법재판소 등 국가기관에서 5년 이상 법률에 관한 사무에 종사한 사람
	  5. 법률학에 관한 박사학위 소지자로서 헌법재판소규칙으로 정하는 대학 등 공인된 연구기관에서 5년 이상 법률에 관한 사무에 종사한 사람
	⑦ 헌법연구관의 임기는 10년으로 하되, 연임할 수 있고, 정년은 60세로 한다.

제22조	**[재판부]** ① 이 법에 특별한 규정이 있는 경우를 제외하고는 헌법재판소의 심판은 **재판관 전원으로 구성되는 재판부**에서 관장한다. ② 재판부의 재판장은 **헌법재판소장**이 된다.

제23조	**[심판정족수]** ① 재판부는 재판관 **7명 이상의 출석**으로 사건을 심리한다. ② 재판부는 종국심리에 관여한 재판관 **과반수의 찬성**으로 사건에 관한 결정을 한다. 다만, 다음 각 호의 어느 하나에 해당하는 경우에는 재판관 **6명 이상의 찬성**이 있어야 한다. 　1. 법률의 **위헌결정**, **탄핵의 결정**, **정당해산의 결정** 또는 **헌법소원에 관한 인용결정**을 하는 경우 　2. 종전에 헌법재판소가 판시한 헌법 또는 법률의 해석 적용에 관한 의견을 **변경**하는 경우

제24조	**[제척 · 기피 및 회피]** ① 재판관이 다음 각 호의 어느 하나에 해당하는 경우에는 그 **직무집행**에서 **제척**된다. 　1. 재판관이 당사자이거나 당사자의 배우자 또는 배우자였던 경우 　2. 재판관과 당사자가 친족관계이거나 친족관계였던 경우 　3. 재판관이 사건에 관하여 증언이나 감정을 하는 경우 　4. 재판관이 사건에 관하여 당사자의 대리인이 되거나 되었던 경우 　5. 그 밖에 재판관이 헌법재판소 외에서 직무상 또는 직업상의 이유로 사건에 관여한 경우 ② 재판부는 **직권** 또는 **당사자의 신청**에 의하여 제척의 결정을 한다. ③ 재판관에게 공정한 심판을 기대하기 어려운 사정이 있는 경우 당사자는 **기피신청**을 할 수 있다. 다만, 변론기일에 출석하여 본안에 관한 진술을 한 때에는 그러하지 아니하다. ④ 당사자는 **동일한 사건**에 대하여 **2명 이상**의 재판관을 **기피**할 수 없다. ⑤ **재판관**은 제1항 또는 제3항의 사유가 있는 경우에는 **재판장의 허가**를 받아 **회피**할 수 있다.

제25조	**[대표자 · 대리인]** ① 각종 심판절차에서 **정부가 당사자**(참가인을 포함한다. 이하 같다)인 경우에는 **법무부장관**이 이를 대표한다. ② 각종 심판절차에서 당사자인 **국가기관** 또는 **지방자치단체**는 변호사 또는 변호사의 자격이 있는 소속 직원을 대리인으로 선임하여 심판을 수행하게 할 수 있다. ③ 각종 심판절차에서 **당사자인 사인**은 변호사를 대리인으로 선임하지 아니하면 심판청구를 하거나 심판 수행을 하지 못한다. 다만, 그가 변호사의 자격이 있는 경우에는 그러하지 아니하다.

제26조	**[심판청구의 방식]** ① 헌법재판소에의 심판청구는 심판절차별로 정하여진 청구서를 헌법재판소에 제출함으로써 한다. 다만, 위헌법률심판에서는 **법원의 제청서**, 탄핵심판에서는 **국회의 소추의결서의 정본**으로 **청구서를 갈음**한다. ② 청구서에는 필요한 증거서류 또는 참고자료를 첨부할 수 있다.
제28조	**[심판청구의 보정]** ① 재판장은 심판청구가 부적법하나 보정할 수 있다고 인정되는 경우에는 **상당한 기간**을 정하여 보정을 요구하여야 한다. ③ 제1항에 따른 보정이 있는 경우에는 **처음부터 적법한 심판청구**가 있은 것으로 본다.
제29조	**[답변서의 제출]** ① 청구서 또는 보정 서면을 송달받은 피청구인은 헌법재판소에 **답변서**를 제출할 수 있다.
제30조	**[심리의 방식]** ① **탄핵의 심판**, **정당해산의 심판** 및 **권한쟁의의 심판**은 **구두변론**에 의한다. ② **위헌법률의 심판**과 **헌법소원에 관한 심판**은 **서면심리**에 의한다. 다만, 재판부는 필요하다고 인정하는 경우에는 변론을 열어 당사자, 이해관계인, 그 밖의 참고인의 진술을 들을 수 있다.
제31조	**[증거조사]** ① 재판부는 사건의 **심리**를 위하여 필요하다고 인정하는 경우에는 **직권 또는 당사자의 신청**에 의하여 다음 각 호의 **증거조사**를 할 수 있다. 1. 당사자 또는 증인을 신문하는 일 2. 당사자 또는 관계인이 소지하는 문서·장부·물건 또는 그 밖의 증거자료의 **제출을 요구하고 영치**하는 일 3. 특별한 학식과 경험을 가진 자에게 **감정**을 명하는 일 4. 필요한 물건·사람·장소 또는 그 밖의 사물의 성상이나 상황을 **검증**하는 일 ② 재판장은 필요하다고 인정하는 경우에는 재판관 중 **1명**을 지정하여 제1항의 **증거조사**를 하게 할 수 있다.
제32조	**[자료제출 요구 등]** 재판부는 결정으로 다른 국가기관 또는 공공단체의 기관에 심판에 필요한 **사실을 조회**하거나, 기록의 송부나 자료의 제출을 요구할 수 있다. 다만, **재판·소추 또는 범죄수사**가 진행 중인 사건의 기록에 대하여는 송부를 요구할 수 **없다**.
제33조	**[심판의 장소]** 심판의 변론과 종국결정의 선고는 **심판정**에서 한다. 다만, **헌법재판소장**이 필요하다고 인정하는 경우에는 **심판정 외의 장소**에서 변론 또는 종국결정의 선고를 할 수 있다.

제34조	**[심판의 공개]** ① 심판의 변론과 결정의 선고는 공개한다. 다만, 서면심리와 평의는 공개하지 아니한다.
제36조	**[종국결정]** ① 재판부가 **심리를 마쳤을 때**에는 종국결정을 한다. ② 종국결정을 할 때에는 다음 각 호의 사항을 적은 결정서를 작성하고 **심판에 관여한 재판관 전원이 이에 서명날인**하여야 한다. 　1. 사건번호와 사건명 　2. 당사자와 심판수행자 또는 대리인의 표시 　3. 주문 　4. 이유 　5. 결정일 ③ 심판에 관여한 재판관은 **결정서에 의견을 표시하여야** 한다.
제37조	**[심판비용 등]** ① 헌법재판소의 심판비용은 **국가부담**으로 한다. 다만, 당사자의 신청에 의한 증거조사의 비용은 헌법재판소규칙으로 정하는 바에 따라 그 신청인에게 **부담시킬 수 있다.** ② 헌법재판소는 **헌법소원심판의 청구인**에 대하여 헌법재판소규칙으로 정하는 **공탁금의 납부**를 명할 수 있다. ③ 헌법재판소는 다음 각 호의 어느 하나에 해당하는 경우에는 헌법재판소규칙으로 정하는 바에 따라 공탁금의 전부 또는 일부의 국고 귀속을 명할 수 있다. 　1. 헌법소원의 심판청구를 각하하는 경우 　2. 헌법소원의 **심판청구를 기각하는 경우**에 그 심판청구가 **권리의 남용**이라고 인정되는 경우
제38조	**[심판기간]** 헌법재판소는 심판사건을 접수한 날부터 180일 이내에 종국결정의 선고를 하여야 한다. 다만, 재판관의 궐위로 7명의 출석이 불가능한 경우에는 그 궐위된 기간은 심판기간에 산입하지 아니한다.
제39조	**[일사부재리]** 헌법재판소는 이미 심판을 거친 **동일한 사건**에 대하여는 다시 심판할 수 없다.
제39조의2	**[심판확정기록의 열람 · 복사]** ① 누구든지 권리구제, 학술연구 또는 공익 목적으로 심판이 확정된 사건기록의 열람 또는 복사를 신청할 수 있다. 다만, 헌법재판소장은 다음 각 호의 어느 하나에 해당하는 경우에는 사건기록을 열람하거나 복사하는 것을 제한할 수 있다.

	1. 변론이 **비공개**로 진행된 경우 2. 사건기록의 공개로 인하여 **국가의 안전보장, 선량한 풍속, 공공의 질서유지**나 **공공복리**를 현저히 침해할 우려가 있는 경우 3. 사건기록의 공개로 인하여 **관계인의 명예, 사생활의 비밀, 영업비밀**(「부정경쟁방지 및 영업비밀보호에 관한 법률」 제2조 제2호에 규정된 영업비밀을 말한다) 또는 **생명·신체의 안전이나 생활의 평온**을 현저히 침해할 우려가 있는 경우
제40조	**[준용규정]** ① 헌법재판소의 심판절차에 관하여는 이 법에 특별한 규정이 있는 경우를 제외하고는 헌법재판의 성질에 반하지 아니하는 한도에서 **민사소송에 관한 법령**을 준용한다. 이 경우 **탄핵심판**의 경우에는 **형사소송에 관한 법령**을 준용하고, **권한쟁의심판** 및 **헌법소원심판**의 경우에는 「**행정소송법」**을 함께 준용한다. ② 제1항 후단의 경우에 형사소송에 관한 법령 또는 「행정소송법」이 민사소송에 관한 법령에 저촉될 때에는 민사소송에 관한 법령은 준용하지 아니한다.
제41조	**[위헌 여부 심판의 제청]** ① 법률이 헌법에 위반되는지 여부가 **재판의 전제**가 된 경우에는 당해 사건을 담당하는 **법원**(**군사법원을 포함한다.** 이하 같다)은 **직권** 또는 **당사자의 신청**에 의한 결정으로 헌법재판소에 위헌 여부 심판을 제청한다. ② 제1항의 당사자의 신청은 제43조 제2호부터 제4호까지의 사항을 적은 **서면**으로 한다. ④ **위헌 여부 심판의 제청**에 관한 결정에 대하여는 **항고할 수 없다.** ⑤ 대법원 외의 법원이 제1항의 제청을 할 때에는 **대법원**을 거쳐야 한다.
제42조	**[재판의 정지 등]** ① 법원이 법률의 위헌 여부 심판을 헌법재판소에 제청한 때에는 당해 소송사건의 재판은 헌법재판소의 위헌 여부의 결정이 있을 때까지 **정지**된다. 다만, 법원이 긴급하다고 인정하는 경우에는 **종국재판 외의 소송절차**를 진행할 수 있다.
제43조	**[제청서의 기재사항]** 법원이 법률의 위헌 여부 심판을 헌법재판소에 제청할 때에는 제청서에 다음 각 호의 사항을 적어야 한다. 1. 제청법원의 표시 2. 사건 및 당사자의 표시 3. 위헌이라고 해석되는 법률 또는 법률의 조항 4. **위헌이라고 해석되는 이유** 5. 그 밖에 필요한 사항

제44조	**[소송사건 당사자 등의 의견]** 당해 소송사건의 **당사자 및 법무부장관**은 헌법재판소에 법률의 위헌 여부에 대한 의견서를 제출할 수 있다.
제45조	**[위헌결정]** 헌법재판소는 제청된 법률 또는 법률 조항의 **위헌 여부만**을 결정한다. 다만, 법률 조항의 위헌결정으로 인하여 해당 **법률 전부**를 시행할 수 없다고 인정될 때에는 그 **전부**에 대하여 위헌결정을 할 수 있다.
제46조	**[결정서의 송달]** 헌법재판소는 **결정일부터 14일** 이내에 결정서 정본을 제청한 법원에 송달한다. 이 경우 제청한 법원이 **대법원**이 아닌 경우에는 **대법원**을 거쳐야 한다.
제47조	**[위헌결정의 효력]** ① 법률의 위헌결정은 법원과 그 밖의 국가기관 및 지방자치단체를 **기속한다.** ② 위헌으로 결정된 법률 또는 법률의 조항은 그 **결정이 있는 날부터** 효력을 상실한다. ③ 제2항에도 불구하고 형벌에 관한 법률 또는 법률의 조항은 **소급하여** 그 효력을 상실한다. 다만, 해당 법률 또는 법률의 조항에 대하여 종전에 **합헌으로 결정한 사건이 있는 경우**에는 그 결정이 있는 날의 다음 날로 소급하여 효력을 상실한다. ④ 제3항의 경우에 위헌으로 결정된 법률 또는 법률의 조항에 근거한 **유죄의 확정판결**에 대하여는 **재심**을 청구할 수 있다. ⑤ 제4항의 재심에 대하여는 「**형사소송법**」을 준용한다.
제48조	**[탄핵소추]** 다음 각 호의 어느 하나에 해당하는 공무원이 그 **직무집행**에서 **헌법**이나 **법률**을 위반한 경우에는 국회는 헌법 및 「국회법」에 따라 탄핵의 소추를 의결할 수 있다. 1. 대통령, 국무총리, 국무위원 및 행정각부의 장 2. 헌법재판소 재판관, 법관 및 중앙선거관리위원회 위원 3. 감사원장 및 감사위원 4. 그 밖에 법률에서 정한 공무원
제49조	**[소추위원]** ① 탄핵심판에서는 **국회 법제사법위원회의 위원장**이 소추위원이 된다.
제50조	**[권한 행사의 정지]** 탄핵소추의 **의결**을 받은 사람은 헌법재판소의 심판이 있을 때까지 그 권한 행사가 정지된다.

제51조	**[심판절차의 정지]** 피청구인에 대한 **탄핵심판** 청구와 동일한 사유로 **형사소송**이 진행되고 있는 경우에는 재판부는 심판절차를 정지할 수 있다.
제52조	**[당사자의 불출석]** ① 당사자가 **변론기일에 출석하지 아니하면** 다시 기일을 정하여야 한다. ② 다시 정한 기일에도 당사자가 출석하지 아니하면 그의 출석 없이 심리할 수 있다.
제53조	**[결정의 내용]** ① 탄핵심판 청구가 **이유 있는** 경우에는 헌법재판소는 피청구인을 해당 공직에서 **파면하는** 결정을 선고한다. ② 피청구인이 결정 선고 전에 해당 공직에서 **파면되었을** 때에는 헌법재판소는 심판청구를 **기각하여야** 한다.
제54조	**[결정의 효력]** ① 탄핵결정은 피청구인의 **민사상** 또는 **형사상**의 책임을 면제하지 아니한다. ② 탄핵결정에 의하여 파면된 사람은 결정 선고가 있은 날부터 5년이 지나지 아니하면 공무원이 될 수 없다.
제55조	**[정당해산심판의 청구]** 정당의 목적이나 활동이 민주적 기본질서에 위배될 때에는 정부는 국무회의의 심의를 거쳐 헌법재판소에 정당해산심판을 청구할 수 있다.
제57조	**[가처분]** 헌법재판소는 정당해산심판의 청구를 받은 때에는 **직권** 또는 **청구인의 신청**에 의하여 종국 결정의 선고 시까지 피청구인의 활동을 정지하는 결정을 할 수 있다.
제58조	**[청구 등의 통지]** ① 헌법재판소장은 정당해산심판의 청구가 있는 때, 가처분결정을 한 때 및 그 심판이 종료한 때에는 그 사실을 **국회**와 **중앙선거관리위원회**에 통지하여야 한다. ② 정당해산을 명하는 결정서는 피청구인 외에 **국회, 정부** 및 **중앙선거관리위원회**에도 송달하여야 한다.
제59조	**[결정의 효력]** 정당의 해산을 명하는 결정이 선고된 때에는 그 정당은 해산된다.

제60조	**[결정의 집행]** 정당의 해산을 명하는 헌법재판소의 결정은 중앙선거관리위원회가 「정당법」에 따라 집행한다.
제61조	**[청구 사유]** ① 국가기관 상호간, 국가기관과 지방자치단체 간 및 지방자치단체 상호간에 권한의 유무 또는 범위에 관하여 다툼이 있을 때에는 해당 국가기관 또는 지방자치단체는 헌법재판소에 권한쟁의심판을 청구할 수 있다. ② 제1항의 심판청구는 피청구인의 처분 또는 부작위가 **헌법** 또는 **법률**에 의하여 부여받은 청구인의 권한을 **침해**하였거나 **침해할 현저한 위험**이 있는 경우에만 할 수 있다.
제62조	**[권한쟁의심판의 종류]** ① 권한쟁의심판의 종류는 다음 각 호와 같다. 　1. **국가기관 상호간**의 권한쟁의심판 　　국회, 정부, 법원 및 중앙선거관리위원회 상호간의 권한쟁의심판 　2. **국가기관과 지방자치단체간**의 권한쟁의심판 　　가. 정부와 특별시 · 광역시 · 특별자치시 · 도 또는 특별자치도 간의 권한쟁의심판 　　나. 정부와 시 · 군 또는 지방자치단체인 구(이하 "자치구"라 한다)간의 권한쟁의심판 　3. **지방자치단체 상호간**의 권한쟁의심판 　　가. 특별시 · 광역시 · 특별자치시 · 도 또는 특별자치도 상호간의 권한쟁의심판 　　나. 시 · 군 또는 자치구 상호간의 권한쟁의심판 　　다. 특별시 · 광역시 · 특별자치시 · 도 또는 특별자치도와 시 · 군 또는 자치구 간의 권한쟁의심판 ② 권한쟁의가 「지방교육자치에 관한 법률」 제2조에 따른 **교육 · 학예**에 관한 지방자치단체의 사무에 관한 것인 경우에는 **교육감**이 제1항 제2호 및 제3호의 당사자가 된다.
제63조	**[청구기간]** ① 권한쟁의의 심판은 그 사유가 있음을 안 날부터 60일 이내에, 그 사유가 있은 날부터 180일 이내에 청구하여야 한다.
제65조	**[가처분]** 헌법재판소가 권한쟁의심판의 청구를 받았을 때에는 **직권 또는 청구인의 신청**에 의하여 종국결정의 선고시까지 심판 대상이 된 피청구인의 **처분의 효력**을 정지하는 결정을 할 수 있다.
제66조	**[결정의 내용]** ② 제1항의 경우에 헌법재판소는 권한침해의 원인이 된 피청구인의 처분을 **취소**하거나 그 **무효**를 확인할 수 있고, 헌법재판소가 부작위에 대한 심판청구를 인용하는 결정을 한 때에는 피청구인은 결정 취지에 따른 처분을 하여야 한다.

제67조	**[결정의 효력]** ① 헌법재판소의 권한쟁의심판의 결정은 모든 국가기관과 지방자치단체를 기속한다. ② 국가기관 또는 지방자치단체의 처분을 취소하는 결정은 그 처분의 상대방에 대하여 이미 생긴 효력에 영향을 미치지 아니한다.
제68조	**[청구 사유]** ① 공권력의 행사 또는 불행사로 인하여 헌법상 보장된 기본권을 침해받은 자는 법원의 재판을 제외하고는 헌법재판소에 헌법소원심판을 청구할 수 있다. 다만, 다른 법률에 구제절차가 있는 경우에는 그 절차를 모두 거친 후에 청구할 수 있다. ② 제41조 제1항에 따른 법률의 위헌 여부 심판의 제청신청이 기각된 때에는 그 신청을 한 당사자는 헌법재판소에 헌법소원심판을 청구할 수 있다. 이 경우 그 당사자는 당해 사건의 소송절차에서 동일한 사유를 이유로 다시 위헌 여부 심판의 제청을 신청할 수 없다.
제69조	**[청구기간]** ① 제68조 제1항에 따른 헌법소원의 심판은 그 사유가 있음을 안 날부터 90일 이내에, 그 사유가 있는 날부터 1년 이내에 청구하여야 한다. 다만, 다른 법률에 따른 구제절차를 거친 헌법소원의 심판은 그 최종결정을 통지받은 날부터 30일 이내에 청구하여야 한다. ② 제68조 제2항에 따른 헌법소원심판은 위헌 여부 심판의 제청신청을 기각하는 결정을 통지받은 날부터 30일 이내에 청구하여야 한다.
제70조	**[국선대리인]** ① 헌법소원심판을 청구하려는 자가 변호사를 대리인으로 선임할 자력이 없는 경우에는 헌법재판소에 국선대리인을 선임하여 줄 것을 신청할 수 있다. 이 경우 제69조에 따른 청구기간은 국선대리인의 선임신청이 있는 날을 기준으로 정한다. ② 제1항에도 불구하고 헌법재판소가 공익상 필요하다고 인정할 때에는 국선대리인을 선임할 수 있다. ③ 헌법재판소는 제1항의 신청이 있는 경우 또는 제2항의 경우에는 헌법재판소규칙으로 정하는 바에 따라 변호사 중에서 국선대리인을 선정한다. 다만, 그 심판청구가 명백히 부적법하거나 이유 없는 경우 또는 권리의 남용이라고 인정되는 경우에는 국선대리인을 선정하지 아니할 수 있다. ④ 헌법재판소가 국선대리인을 선정하지 아니한다는 결정을 한 때에는 지체 없이 그 사실을 신청인에게 통지하여야 한다. 이 경우 신청인이 선임신청을 한 날부터 그 통지를 받은 날까지의 기간은 제69조의 청구기간에 산입하지 아니한다. ⑤ 제3항에 따라 선정된 국선대리인은 선정된 날부터 60일 이내에 제71조에 규정된 사항을 적은 심판청구서를 헌법재판소에 제출하여야 한다.

제72조	**[사전심사]** ① 헌법재판소장은 헌법재판소에 **재판관 3명으로 구성되는 지정재판부**를 두어 헌법소원심판의 사전심사를 담당하게 할 수 있다. ③ 지정재판부는 다음 각 호의 어느 하나에 해당되는 경우에는 지정재판부 재판관 전원의 **일치된 의견에 의한 결정으로 헌법소원의 심판청구를 각하**한다. 　1. 다른 법률에 따른 구제절차가 있는 경우 그 절차를 모두 거치지 아니하거나 또는 법원의 재판에 대하여 헌법소원의 심판이 청구된 경우 　2. 제69조의 청구기간이 지난 후 헌법소원심판이 청구된 경우 　3. 제25조에 따른 대리인의 선임 없이 청구된 경우 　4. 그 밖에 헌법소원심판의 청구가 부적법하고 그 흠결을 보정할 수 없는 경우 ④ 지정재판부는 **전원의 일치된 의견으로 제3항의 각하결정**을 하지 아니하는 경우에는 결정으로 헌법소원을 **재판부의 심판에 회부**하여야 한다. 헌법소원심판의 청구 후 30일이 지날 때까지 각하결정이 없는 때에는 심판에 회부하는 결정(이하 "**심판회부결정**"이라 한다)이 있는 것으로 본다.
제73조	**[각하 및 심판회부 결정의 통지]** ① 지정재판부는 헌법소원을 각하하거나 심판회부결정을 한 때에는 그 결정일부터 14일 이내에 청구인 또는 그 대리인 및 피청구인에게 그 사실을 **통지**하여야 한다. 제72조 제4항 후단의 경우에도 또한 같다.
제75조	**[인용결정]** ① 헌법소원의 인용결정은 모든 **국가기관과 지방자치단체를 기속**한다. ② 제68조 제1항에 따른 헌법소원을 인용할 때에는 인용결정서의 주문에 침해된 기본권과 침해의 원인이 된 공권력의 행사 또는 불행사를 특정하여야 한다. ③ 제2항의 경우에 헌법재판소는 기본권 침해의 원인이 된 공권력의 행사를 취소하거나 그 불행사가 위헌임을 확인할 수 있다. ④ 헌법재판소가 **공권력의 불행사**에 대한 헌법소원을 인용하는 결정을 한 때에는 피청구인은 결정 취지에 따라 **새로운 처분**을 하여야 한다. ⑤ 제2항의 경우에 헌법재판소는 공권력의 행사 또는 불행사가 위헌인 법률 또는 법률의 조항에 기인한 것이라고 인정될 때에는 **인용결정**에서 해당 법률 또는 법률의 조항이 위헌임을 선고할 수 있다. ⑦ 제68조 제2항에 따른 헌법소원이 인용된 경우에 해당 헌법소원과 관련된 소송사건이 이미 확정된 때에는 **당사자는 재심을 청구**할 수 있다. ⑧ 제7항에 따른 재심에서 형사사건에 대하여는 「**형사소송법**」을 준용하고, 그 외의 사건에 대하여는 「**민사소송법**」을 준용한다.

제76조	**[전자문서의 접수]** ① 각종 심판절차의 당사자나 관계인은 청구서 또는 이 법에 따라 제출할 그 밖의 서면을 전자문서(컴퓨터 등 정보처리능력을 갖춘 장치에 의하여 전자적인 형태로 작성되어 송수신되거나 저장된 정보를 말한다. 이하 같다)화하고 이를 정보통신망을 이용하여 헌법재판소에서 지정·운영하는 전자정보처리조직(심판절차에 필요한 전자문서를 작성·제출·송달하는 데에 필요한 정보처리능력을 갖춘 전자적 장치를 말한다. 이하 같다)을 통하여 제출할 수 있다. ② 제1항에 따라 제출된 전자문서는 이 법에 따라 **제출된 서면과 같은 효력**을 가진다.
제78조	**[전자적 송달 등]** ① 헌법재판소는 당사자나 관계인에게 전자정보처리조직과 그와 연계된 정보통신망을 이용하여 결정서나 이 법에 따른 각종 서류를 송달할 수 있다. 다만, 당사자나 관계인이 동의하지 아니하는 경우에는 그러하지 아니하다. ② 헌법재판소는 당사자나 관계인에게 송달하여야 할 결정서 등의 서류를 전자정보처리조직에 입력하여 등재한 다음 그 등재 사실을 헌법재판소규칙으로 정하는 바에 따라 전자적 방식으로 알려야 한다. ③ 제1항에 따른 전자정보처리조직을 이용한 서류 송달은 서면으로 한 것과 같은 효력을 가진다. ④ 제2항의 경우 송달받을 자가 등재된 전자문서를 헌법재판소규칙으로 정하는 바에 따라 확인한 때에 송달된 것으로 본다. 다만, 그 등재 사실을 통지한 날부터 1주 이내에 확인하지 아니하였을 때에는 등재 사실을 통지한 날부터 1주가 지난 날에 송달된 것으로 본다.

Ⅲ 공직선거법

[시행 2024.3.8.]
[법률 제20370호, 2024.3.8, 일부개정]

제1조	**[목적]** 이 법은 「대한민국헌법」과 「지방자치법」에 의한 선거가 국민의 자유로운 의사와 민주적인 절차에 의하여 공정히 행하여지도록 하고, 선거와 관련한 부정을 방지함으로써 민주정치의 발전에 기여함을 목적으로 한다.
제2조	**[적용범위]** 이 법은 대통령선거 · 국회의원선거 · 지방의회의원 및 지방자치단체의 장의 선거에 적용한다.
제3조	**[선거인의 정의]** 이 법에서 "선거인"이란 선거권이 있는 사람으로서 선거인명부 또는 재외선거인명부에 올라 있는 사람을 말한다.
제6조	**[선거권행사의 보장]** ① 국가는 선거권자가 선거권을 행사할 수 있도록 필요한 조치를 취하여야 한다. ② 각급선거관리위원회(읍 · 면 · 동선거관리위원회는 제외한다)는 선거인의 투표참여를 촉진하기 위하여 교통이 불편한 지역에 거주하는 선거인 또는 노약자 · 장애인 등 거동이 불편한 선거인에 대한 교통편의 제공에 필요한 대책을 수립 · 시행하여야 하고, 투표를 마친 선거인에게 국공립 유료시설의 이용요금을 면제 · 할인하는 등의 필요한 대책을 수립 · 시행할 수 있다. 이 경우 공정한 실시방법 등을 정당 · 후보자와 미리 협의하여야 한다. ③ 공무원 · 학생 또는 다른 사람에게 고용된 자가 선거인명부를 열람하거나 투표하기 위하여 필요한 시간은 보장되어야 하며, 이를 휴무 또는 휴업으로 보지 아니한다. ④ 선거권자는 성실하게 선거에 참여하여 선거권을 행사하여야 한다. ⑤ 선거의 중요성과 의미를 되새기고 주권의식을 높이기 위하여 매년 5월 10일을 유권자의 날로, 유권자의 날부터 1주간을 유권자 주간으로 하고, 각급선거관리위원회(읍 · 면 · 동선거관리위원회는 제외한다)는 공명선거 추진활동을 하는 기관 또는 단체 등과 함께 유권자의 날 의식과 그에 부수되는 행사를 개최할 수 있다.
제6조의2	**[다른 자에게 고용된 사람의 투표시간 보장]** ① 다른 자에게 고용된 사람이 사전투표기간 및 선거일에 모두 근무를 하는 경우에는 투표하기 위하여 필요한 시간을 고용주에게 청구할 수 있다. ② 고용주는 제1항에 따른 청구가 있으면 고용된 사람이 투표하기 위하여 필요한 시간을 보장하여 주어야 한다. ③ 고용주는 고용된 사람이 투표하기 위하여 필요한 시간을 청구할 수 있다는 사실을 선거일 전 7일부터 선거일 전 3일까지 인터넷 홈페이지, 사보, 사내게시판 등을 통하여 알려야 한다.

제6조의3	**[감염병환자 등의 선거권 보장]** ① 「감염병의 예방 및 관리에 관한 법률」 제41조 제1항 또는 제2항에 따라 입원치료, 자가(自家)치료 또는 시설치료 중이거나 같은 법 제42조 제2항 제1호에 따라 자가 또는 시설에 격리 중인 사람(이하 "격리자등"이라 한다)은 선거권 행사를 위하여 활동할 수 있다. ② 국가와 지방자치단체는 격리자등의 선거권 행사가 원활하게 이루어질 수 있도록 **교통편의 제공** 및 그 밖에 필요한 방안을 마련하여야 한다.
제8조의4	**[선거보도에 대한 반론보도청구]** ① 선거방송심의위원회 또는 선거기사심의위원회가 설치된 때부터 선거일까지 방송 또는 정기간행물 등에 공표된 인신공격, 정책의 왜곡선전 등으로 피해를 받은 정당(중앙당에 한한다. 이하 이 조에서 같다)또는 후보자(후보자가 되고자 하는 자를 포함한다. 이하 이 조에서 같다)는 그 방송 또는 기사게재가 있음을 안 날부터 **10일** 이내에 서면으로 당해 방송을 한 방송사에 **반론보도**의 방송을, 당해 기사를 게재한 언론사에 **반론보도문**의 게재를 각각 청구할 수 있다. 다만, 그 방송 또는 기사게재가 있은 날부터 **30일이 경과한** 때에는 그러하지 아니하다. ② 방송사 또는 언론사는 제1항의 청구를 받은 때에는 지체 없이 당해 정당, 후보자 또는 그 대리인과 반론보도의 내용·크기·횟수 등에 관하여 협의한 후, 방송에 있어서는 이를 청구받은 때부터 **48시간** 이내에 무료로 **반론보도**의 방송을 하여야 하며, 정기간행물 등에 있어서는 편집이 완료되지 아니한 같은 정기간행물 등의 **다음 발행호**에 **무료**로 **반론보도문**의 게재를 하여야 한다. 이 경우 정기간행물 등에 있어서 다음 발행호가 선거일후에 발행·배부되는 경우에는 반론보도의 청구를 받은 때부터 48시간 이내에 당해 정기간행물 등이 배부된 지역에 배부되는 「신문 등의 진흥에 관한 법률」 제2조(정의) 제1호 가목에 따른 일반일간신문에 이를 게재하여야 하며, 그 비용은 당해 **언론사의 부담**으로 한다. ③ 제2항의 규정에 의한 협의가 이루어지지 아니한 때에는 당해 정당, 후보자, 방송사 또는 언론사는 선거방송심의위원회 또는 선거기사심의위원회에 지체 없이 이를 회부하고, 선거방송심의위원회 또는 선거기사심의위원회는 회부받은 때부터 48시간 이내에 심의하여 각하·기각 또는 인용결정을 한 후 지체 없이 이를 당해 정당 또는 후보자와 방송사 또는 언론사에 통지하여야 한다. 이 경우 **반론보도의 인용결정**을 하는 때에는 반론방송 또는 반론보도문의 내용·크기·횟수 기타 반론보도에 **필요한 사항을 함께 결정**하여야 한다.
제9조	**[공무원의 중립의무 등]** ① 공무원 기타 **정치적 중립을 지켜야 하는 자**(기관·단체를 포함한다)는 선거에 대한 부당한 영향력의 행사 기타 **선거결과에 영향을 미치는 행위**를 하여서는 아니된다.

제11조	**[후보자 등의 신분보장]** ① 대통령선거의 후보자는 후보자의 등록이 끝난 때부터 **개표종료시까지** 사형·무기 또는 장기 **7년 이상**의 징역이나 금고에 해당하는 죄를 범한 경우를 제외하고는 **현행범인**이 아니면 체포 또는 구속되지 아니하며, **병역소집**의 유예를 받는다.
제12조	**[선거관리]** ① 중앙선거관리위원회는 **이 법에 특별한 규정이 있는 경우**를 제외하고는 선거사무를 통할·관리하며, 하급선거관리위원회(투표관리관 및 사전투표관리관을 포함한다. 이하 이 조에서 같다) 및 제218조에 따른 재외선거관리위원회와 제218조의2에 따른 재외투표관리관의 위법·부당한 처분에 대하여 이를 취소하거나 변경할 수 있다.
제14조	**[임기개시]** ① 대통령의 임기는 전임대통령의 임기만료일의 **다음날 0시**부터 개시된다. 다만, 전임자의 임기가 **만료된** 후에 실시하는 선거와 궐위로 인한 선거에 의한 대통령의 임기는 당선이 **결정된 때**부터 개시된다.
제15조	**[선거권]** ① 18세 이상의 국민은 대통령 및 국회의원의 선거권이 있다. 다만, **지역구국회의원**의 선거권은 18세 이상의 국민으로서 제37조 제1항에 따른 선거인명부작성기준일 현재 다음 각 호의 어느 하나에 해당하는 사람에 한하여 인정된다. 　1. 「주민등록법」 제6조 제1항 제1호 또는 제2호에 해당하는 사람으로서 해당 국회의원지역선거구 안에 **주민등록이 되어 있는 사람** 　2. 「주민등록법」 제6조 제1항 제3호에 해당하는 사람으로서 **주민등록표에 3개월 이상 계속**하여 올라 있고 해당 국회의원지역선거구 안에 **주민등록이 되어 있는 사람** ② 18세 이상으로서 제37조 제1항에 따른 **선거인명부작성기준일** 현재 다음 각 호의 어느 하나에 해당하는 사람은 그 구역에서 선거하는 **지방자치단체의 의회의원 및 장의** 선거권이 있다. 　1. 「주민등록법」 제6조 제1항 제1호 또는 제2호에 해당하는 사람으로서 해당 지방자치단체의 관할 구역에 **주민등록이 되어 있는 사람** 　2. 「주민등록법」 제6조 제1항 제3호에 해당하는 사람으로서 주민등록표에 **3개월 이상 계속**하여 올라 있고 해당 지방자치단체의 관할구역에 **주민등록이 되어 있는 사람** 　3. 「출입국관리법」 제10조에 따른 **영주의 체류자격 취득일 후 3년**이 경과한 **외국인**으로서 같은 법 제34조에 따라 해당 **지방자치단체의 외국인등록대장에 올라 있는 사람**

제16조	**[피선거권]** ① 선거일 현재 5년 이상 국내에 거주하고 있는 **40세 이상의** 국민은 대통령의 피선거권이 있다. 이 경우 공무로 **외국에 파견된 기간과 국내에 주소를 두고 일정기간 외국에 체류한 기간은 국내거주기간으로 본다.** ② **18세 이상의 국민은** 국회의원의 피선거권이 있다. ③ 선거일 현재 계속하여 **60일 이상**(공무로 외국에 파견되어 선거일 전 60일후에 귀국한 자는 선거인명부작성기준일부터 계속하여 선거일까지)해당 지방자치단체의 관할구역에 주민등록이 되어 있는 주민으로서 18세 이상의 국민은 그 **지방의회의원 및 지방자치단체의 장**의 피선거권이 있다. 이 경우 60일의 기간은 그 지방자치단체의 설치·폐지·분할·합병 또는 구역변경(제28조 각 호의 어느 하나에 따른 구역변경을 포함한다)에 의하여 중단되지 아니한다.

제18조	**[선거권이 없는 자]**
	① 선거일 현재 다음 각 호의 어느 하나에 해당하는 사람은 선거권이 없다.
	  1. 금치산선고를 받은 자
	  2. 1년 이상의 징역 또는 금고의 형의 선고를 받고 그 집행이 종료되지 아니하거나 그 집행을 받지 아니하기로 확정되지 아니한 사람. 다만, 그 형의 **집행유예**를 선고받고 유예기간 중에 있는 사람은 제외한다.
	  3. 선거범, 「정치자금법」 제45조(정치자금부정수수죄) 및 제49조(선거비용관련 위반행위에 관한 벌칙)에 규정된 죄를 범한 자 또는 대통령·국회의원·지방의회의원·지방자치단체의 장으로서 그 재임중의 직무와 관련하여 「형법」(「특정범죄가중처벌 등에 관한 법률」 제2조에 의하여 가중처벌되는 경우를 포함한다) 제129조(수뢰, 사전수뢰) 내지 제132조(알선수뢰)·「특정범죄가중처벌 등에 관한 법률」 제3조(알선수재)에 규정된 죄를 범한 자로서, 100만원 이상의 벌금형의 선고를 받고 그 형이 확정된 후 5년 또는 형의 집행유예의 선고를 받고 그 형이 확정된 후 10년을 경과하지 아니하거나 징역형의 선고를 받고 그 집행을 받지 아니하기로 확정된 후 또는 그 형의 집행이 종료되거나 면제된 후 10년을 경과하지 아니한 자(형이 실효된 자도 포함한다)
	  4. 법원의 판결 또는 다른 법률에 의하여 선거권이 정지 또는 상실된 자

제19조	**[피선거권이 없는 자]**
	선거일 현재 다음 각 호의 어느 하나에 해당하는 자는 **피선거권이 없다.**
	1. 제18조(선거권이 없는 자) 제1항 제1호·제3호 또는 제4호에 해당하는 자
	2. **금고 이상의 형의 선고를 받고 그 형이 실효되지** 아니한 자
	3. 법원의 판결 또는 다른 법률에 의하여 피선거권이 정지되거나 상실된 자
	4. 「국회법」 제166조(국회 회의 방해죄)의 죄를 범한 자로서 다음 각 목의 어느 하나에 해당하는 자(형이 실효된 자를 포함한다)
	  가. 500만원 이상의 벌금형의 선고를 받고 그 형이 확정된 후 5년이 경과되지 아니한 자
	  나. 형의 집행유예의 선고를 받고 그 형이 확정된 후 10년이 경과되지 아니한 자

	다. **징역형**의 선고를 받고 그 집행을 받지 아니하기로 확정된 후 또는 그 형의 집행이 **종료되거나 면제된 후 10년**이 경과되지 아니한 자 5. 제230조 제6항의 죄를 범한 자로서 벌금형의 선고를 받고 그 형이 확정된 후 10년을 경과하지 아니한 자(형이 실효된 자도 포함한다)
제20조	**[선거구]** ① 대통령 및 **비례대표국회의원**은 전국을 단위로 하여 선거한다.
제21조	**[국회의 의원정수]** ① 국회의 **의원정수**는 지역구국회의원 254명과 비례대표국회의원 46명을 합하여 300명으로 한다.
제24조	**[국회의원선거구획정위원회]** ① 국회의원지역구의 공정한 획정을 위하여 임기만료에 따른 국회의원선거의 선거일 전 18개월부터 해당 국회의원선거에 적용되는 국회의원지역구의 명칭과 그 구역이 확정되어 효력을 발생하는 날까지 국회의원선거구획정위원회를 설치·운영한다. ② 국회의원선거구획정위원회는 **중앙선거관리위원회**에 두되, 직무에 관하여 독립의 지위를 가진다. ③ 국회의원선거구획정위원회는 중앙선거관리위원회위원장이 위촉하는 9명의 위원으로 구성하되, 위원장은 위원 중에서 **호선**한다. ⑦ 국회의원 및 정당의 당원(제1항에 따른 국회의원선거구획정위원회의 설치일부터 과거 1년 동안 정당의 당원이었던 사람을 포함한다)은 위원이 될 수 없다. ⑫ **국회의원선거구획정위원회**에 그 사무를 지원하기 위한 조직(이하 "지원 조직"이라 한다)을 국회의원선거구획정위원회 설치일 전 **30일**부터 둘 수 있다. 이 경우 지원 조직은 중앙선거관리위원회 소속 공무원으로 구성하되, 국회의원선거구획정위원회가 설치된 후 필요하다고 판단되면 국회의원선거구획정위원회위원장은 관계 국가기관에 그 소속 공무원의 파견을 요청할 수 있다.
제24조의2	**[국회의원지역구 확정]** ① 국회는 국회의원지역구를 선거일 전 1년까지 확정하여야 한다. ⑤ 선거구법률안 중 국회의원지역구의 명칭과 그 구역에 한해서는 「국회법」 제86조에 따른 **법제사법위원회**의 체계와 자구에 대한 심사 대상에서 제외한다.

제30조	**[지방자치단체의 폐치 · 분합시의 선거 등]** ① 지방자치단체의 설치 · 폐지 · 분할 또는 합병이 있는 때에는 다음 각 호에 의하여 당해 지방자치단체의 장을 선거한다. 　1. 시 · 자치구 또는 광역시가 새로 설치된 때에는 당해 지방자치단체의 장은 새로 선거를 실시한다. 　2. 하나의 지방자치단체가 분할되어 2 이상의 같은 종류의 지방자치단체로 된 때에는 종전의 지방자치단체의 장은 새로 설치된 지방자치단체중 종전의 지방자치단체의 사무소가 위치한 지역을 관할하는 지방자치단체의 장으로 되며, 그 다른 지방자치단체의 장은 새로 선거를 실시한다. 이 경우 종전의 지방자치단체의 사무소가 다른 지방자치단체의 관할구역안에 있는 때에는 지방자치단체의 분할에 관한 법률제정시 새로 선거를 실시할 지방자치단체를 정하여야 한다. 　3. 2 이상의 같은 종류의 지방자치단체가 합하여 새로운 지방자치단체가 설치된 때에는 종전의 지방자치단체의 장은 그 직을 상실하고, 새로운 지방자치단체의 장에 대해서는 새로 선거를 실시한다. 　4. 지방자치단체가 다른 지방자치단체에 편입됨으로 인하여 폐지된 때에는 그 폐지된 지방자치단체의 장은 그 직을 상실한다.
제33조	**[선거기간]** ① 선거별 선거기간은 다음 각 호와 같다. 　1. 대통령선거는 23일 　2. 국회의원선거와 지방자치단체의 의회의원 및 장의 선거는 14일 　3. 삭제 ③ "선거기간"이란 다음 각 호의 기간을 말한다. 　1. 대통령선거: 후보자등록마감일의 다음 날부터 선거일까지 　2. 국회의원선거와 지방자치단체의 의회의원 및 장의 선거: 후보자등록마감일 후 6일부터 선거일까지
제34조	**[선거일]** ① 임기만료에 의한 선거의 선거일은 다음 각 호와 같다. 　1. 대통령선거는 그 임기만료일 전 70일 이후 첫번째 수요일 　2. 국회의원선거는 그 임기만료일 전 50일 이후 첫번째 수요일 　3. 지방의회의원 및 지방자치단체의 장의 선거는 그 임기만료일 전 30일 이후 첫번째 수요일

제35조	**[보궐선거 등의 선거일]** ① 대통령의 궐위로 인한 선거 또는 재선거(제3항의 규정에 의한 재선거를 제외한다. 이하 제2항에서 같다)는 그 선거의 실시사유가 확정된 때부터 **60일 이내에 실시**하되, 선거일은 늦어도 선거일 전 **50일**까지 **대통령** 또는 **대통령권한대행자**가 공고하여야 한다. ② 보궐선거 · 재선거 · 증원선거와 지방자치단체의 설치 · 폐지 · 분할 또는 합병에 의한 지방자치단체의 장 선거의 선거일은 다음 각 호와 같다. 　1. 국회의원 · 지방의회의원의 보궐선거 · 재선거 및 지방의회의원의 증원선거는 **매년 1회** 실시하고, **지방자치단체의 장**의 보궐선거 · 재선거는 **매년 2회** 실시하되, 다음 각 목에 따라 실시한다. 이 경우 각 목에 따른 선거일에 관하여는 제34조 제2항을 준용한다. 　　가. 국회의원 · 지방의회의원의 보궐선거 · 재선거 및 지방의회의원의 증원선거는 4월 첫 번째 수요일에 실시한다. 다만, 3월 1일 이후 실시사유가 확정된 선거는 그 다음 연도의 4월 첫 번째 수요일에 실시한다. 　　나. 지방자치단체의 장의 보궐선거 · 재선거 중 전년도 9월 1일부터 2월 말일까지 실시사유가 확정된 선거는 4월 첫 번째 수요일에 실시한다. 　　다. 지방자치단체의 장의 보궐선거 · 재선거 중 3월 1일부터 8월 31일까지 실시사유가 확정된 선거는 10월 첫 번째 수요일에 실시한다. 　2. 지방자치단체의 설치 · 폐지 · 분할 또는 합병에 따른 지방자치단체의 장 선거는 그 선거의 실시사유가 확정된 때부터 60일 이내의 기간 중 관할선거구선거관리위원회 위원장이 해당 지방자치단체의 장(직무대행자를 포함한다)과 협의하여 정하는 날. 이 경우 관할선거구선거관리위원회 위원장은 선거일 전 30일까지 그 선거일을 공고하여야 한다.
제37조	**[명부작성]** ① 선거를 실시하는 때마다 구(자치구가 아닌 구를 포함한다) · 시(구가 설치되지 아니한 시를 말한다) · 군(이하 "구 · 시 · 군"이라 한다)의 장은 대통령선거에서는 선거일 전 **28일**, 국회의원선거와 지방자치단체의 의회의원 및 장의 선거에서는 선거일 전 **22일**(이하 "선거인명부작성기준일"이라 한다) 현재 제15조에 따라 그 관할 구역에 주민등록이 되어 있는 선거권자(지방자치단체의 의회의원 및 장의 선거의 경우 제15조 제2항 제3호에 따른 외국인을 포함하고, 제218조의13에 따라 확정된 재외선거인명부 또는 다른 구 · 시 · 군의 국외부재자신고인명부에 올라 있는 사람은 제외한다)를 투표구별로 조사하여 선거인명부작성기준일부터 5일 이내(이하 "선거인명부작성기간"이라 한다)에 선거인명부를 작성하여야 한다. 이 경우 제218조의13에 따라 확정된 **국외부재자신고인명부**에 올라 있는 사람은 **선거인명부의 비고란**에 그 사실을 표시하여야 한다.

제47조	**[정당의 후보자추천]** ① 정당은 선거에 있어 선거구별로 **선거할 정수 범위 안에서** 그 소속당원을 후보자(이하 "정당추천후보자"라 한다)로 추천할 수 있다. 다만, **비례대표자치구·시·군의원**의 경우에는 그 정수 범위를 초과하여 추천할 수 있다. ② 정당이 제1항에 따라 후보자를 추천하는 때에는 **민주적인 절차에** 따라야 한다. ③ 정당이 비례대표국회의원선거 및 비례대표지방의회의원선거에 후보자를 추천하는 때에는 그 후보자 중 100분의 50 이상을 **여성으로** 추천하되, 그 후보자명부의 순위의 매 **홀수**에는 여성을 추천하여야 한다. ④ 정당이 임기만료에 따른 지역구국회의원선거 및 지역구지방의회의원선거에 후보자를 추천하는 때에는 각각 전국지역구총수의 100분의 30 이상을 **여성으로** 추천하도록 **노력하여야 한다.** ⑤ 정당이 임기만료에 따른 지역구지방의회의원선거에 후보자를 추천하는 때에는 지역구 시·도의원선거 또는 지역구자치구·시·군의원선거 중 어느 하나의 선거에 국회의원지역구(군지역을 제외하며, 자치구의 일부지역이 다른 자치구 또는 군지역과 합하여 하나의 국회의원지역구로 된 경우에는 그 자치구의 일부지역도 제외한다)마다 1명 이상을 여성으로 추천하여야 한다.
제49조	**[후보자등록 등]** ① 후보자의 등록은 대통령선거에서는 선거일 전 **24일**, 국회의원선거와 지방자치단체의 의회의원 및 장의 선거에서는 선거일 전 **20일**(이하 "후보자등록신청개시일"이라 한다)부터 2일간(이하 "후보자등록기간"이라 한다) 관할선거구선거관리위원회에 서면으로 신청하여야 한다. ② 정당추천후보자의 등록은 대통령선거와 비례대표국회의원선거 및 비례대표지방의회의원선거에 있어서는 그 추천정당이, 지역구국회의원선거와 지역구지방의회의원 및 지방자치단체의 장의 선거에 있어서는 정당추천후보자가 되고자 하는 자가 신청하되, 추천정당의 당인 및 그 대표자의 직인이 날인된 추천서와 본인승낙서(대통령선거와 비례대표국회의원선거 및 비례대표지방의회의원선거에 한한다)를 등록신청서에 첨부하여야 한다. 이 경우 비례대표국회의원후보자와 비례대표지방의회의원후보자의 등록은 추천정당이 그 순위를 정한 후보자명부를 함께 첨부하여야 한다. ③ 무소속후보자가 되고자 하는 자는 제48조에 따라 선거권자가 기명하고 날인(무인을 허용하지 아니한다)하거나 서명한 추천장[단기 또는 연기로 하며 간인을 요하지 아니한다]을 등록신청서에 첨부하여야 한다. ④ 제1항부터 제3항까지의 규정에 따라 후보자등록을 신청하는 자는 다음 각 호의 서류를 제출하여야 하며, 제56조 제1항에 따른 기탁금을 납부하여야 한다. 1. 중앙선거관리위원회규칙이 정하는 피선거권에 관한 증명서류 2. 「공직자윤리법」 제10조의2(공직선거후보자 등의 재산공개) 제1항의 규정에 의한 등록대상재산에 관한 신고서 3. 「공직자 등의 병역사항신고 및 공개에 관한 법률」 제9조(공직선거후보자의 병역사항신고 및 공개) 제1항의 규정에 의한 병역사항에 관한 신고서

	4. 최근 5년간의 후보자, 그의 배우자와 직계존비속(혼인한 딸과 외조부모 및 외손자녀를 제외한다)의 소득세(「소득세법」 제127조 제1항에 따라 원천징수하는 소득세는 제출하려는 경우에 한정한다)ㆍ재산세ㆍ종합부동산세의 납부 및 체납(10만원 이하 또는 3월 이내의 체납은 제외한다)에 관한 신고서. 이 경우 후보자의 직계존속은 자신의 세금납부 및 체납에 관한 신고를 거부할 수 있다.
	5. 벌금 100만원 이상의 형의 범죄경력(실효된 형을 포함하며, 이하 "전과기록"이라 한다)에 관한 증명서류
	6. 「초ㆍ중등교육법」 및 「고등교육법」에서 인정하는 정규학력(이하 "정규학력"이라 한다)에 관한 최종학력 증명서와 국내 정규학력에 준하는 외국의 교육기관에서 이수한 학력에 관한 각 증명서(한글번역문을 첨부한다). 이 경우 증명서의 제출이 요구되는 학력은 제60조의3 제1항 제4호의 예비후보자홍보물, 제60조의4의 예비후보자공약집, 제64조의 선거벽보, 제65조의 선거공보(같은 조 제9항의 후보자정보공개자료를 포함한다), 제66조의 선거공약서 및 후보자가 운영하는 인터넷 홈페이지에 게재하였거나 게재하고자 하는 학력에 한한다.
	7. 대통령선거ㆍ국회의원선거ㆍ지방의회의원 및 지방자치단체의 장의 선거와 교육의원선거 및 교육감선거에 후보자로 등록한 경력[선거가 실시된 연도, 선거명, 선거구명, 소속 정당명(정당의 후보자추천이 허용된 선거에 한정한다), 당선 또는 낙선 여부를 말한다]에 관한 신고서
제51조	**[추가등록]** 대통령선거에 있어서 정당추천후보자가 후보자등록기간중 또는 후보자등록기간이 지난 후에 사망한 때에는 후보자등록마감일후 5일까지 제47조(정당의 후보자추천) 및 제49조(후보자등록 등)의 규정에 의하여 후보자등록을 신청할 수 있다.
제53조	**[공무원 등의 입후보]** ① 다음 각 호의 어느 하나에 해당하는 사람으로서 후보자가 되려는 사람은 선거일 전 90일까지 그 직을 그만두어야 한다. 다만, **대통령선거**와 **국회의원선거**에 있어서 **국회의원**이 그 직을 가지고 입후보하는 경우와 지방의회의원선거와 지방자치단체의 장의 선거에 있어서 당해 지방자치단체의 의회의원이나 장이 그 직을 가지고 입후보하는 경우에는 그러하지 아니하다. 1. 「국가공무원법」 제2조(공무원의 구분)에 규정된 국가공무원과 「지방공무원법」 제2조(공무원의 구분)에 규정된 지방공무원. 다만, 「정당법」 제22조(발기인 및 당원의 자격) 제1항 제1호 단서의 규정에 의하여 정당의 당원이 될 수 있는 공무원(정무직공무원을 제외한다)은 그러하지 아니하다. 2. 각급선거관리위원회위원 또는 교육위원회의 교육위원 3. 다른 법령의 규정에 의하여 공무원의 신분을 가진 자 4. 「공공기관의 운영에 관한 법률」 제4조 제1항 제3호에 해당하는 기관 중 정부가 100분의 50 이상의 지분을 가지고 있는 기관(한국은행을 포함한다)의 상근 임원 5. 「농업협동조합법」ㆍ「수산업협동조합법」ㆍ「산림조합법」ㆍ「엽연초생산협동조합법」에 의하여 설립된 조합의 상근 임원과 이들 조합의 중앙회장 6. 「지방공기업법」 제2조(적용범위)에 규정된 지방공사와 지방공단의 상근 임원

7. 「정당법」 제22조 제1항 제2호의 규정에 의하여 정당의 당원이 될 수 없는 사립학교교원

8. 「신문 등의 진흥에 관한 법률」 제2조에 따른 신문 및 인터넷신문, 「잡지 등 정기간행물의 진흥에 관한 법률」 제2조에 따른 정기간행물, 「방송법」 제2조에 따른 방송사업을 발행·경영하는 자와 이에 상시 고용되어 편집·제작·취재·집필·보도의 업무에 종사하는 자로서 **중앙선거관리위원회규칙으로 정하는 언론인**

9. 특별법에 의하여 설립된 국민운동단체로서 국가 또는 지방자치단체의 출연 또는 보조를 받는 단체(바르게살기운동협의회·새마을운동협의회·한국자유총연맹을 말하며, 시·도조직 및 구·시·군조직을 포함한다)의 대표자

② 제1항 본문에도 불구하고 다음 각 호의 어느 하나에 해당하는 경우에는 **선거일 전 30일까지** 그 직을 그만두어야 한다.

1. 비례대표국회의원선거나 비례대표지방의회의원선거에 입후보하는 경우

2. 보궐선거 등에 입후보하는 경우

3. **국회의원이 지방자치단체의 장의 선거에 입후보하는 경우**

4. 지방의회의원이 다른 지방자치단체의 의회의원이나 장의 선거에 입후보하는 경우

③ 제1항 단서에도 불구하고 비례대표국회의원이 지역구국회의원 보궐선거 등에 입후보하는 경우 및 비례대표지방의회의원이 해당 지방자치단체의 지역구지방의회의원 보궐선거 등에 입후보하는 경우에는 **후보자등록신청** 전까지 그 직을 그만두어야 한다.

⑤ 제1항 및 제2항에도 불구하고, 지방자치단체의 장은 선거구역이 당해 지방자치단체의 관할구역과 같거나 겹치는 지역구국회의원선거에 입후보하고자 하는 때에는 당해 선거의 선거일 전 **120일까지** 그 직을 그만두어야 한다. 다만, 그 지방자치단체의 장이 임기가 만료된 후에 그 임기만료일부터 **90일** 후에 실시되는 지역구국회의원선거에 입후보하려는 경우에는 그러하지 아니하다.

제56조

[기탁금]

① 후보자등록을 신청하는 자는 등록신청 시에 후보자 1명마다 다음 각 호의 기탁금(후보자등록을 신청하는 사람이 「장애인복지법」 제32조에 따라 등록한 장애인이거나 선거일 현재 29세 이하인 경우에는 다음 각 호에 따른 기탁금의 100분의 50에 해당하는 금액을 말하고, 30세 이상 39세 이하인 경우에는 다음 각 호에 따른 기탁금의 100분의 70에 해당하는 금액을 말한다)을 중앙선거관리위원회규칙으로 정하는 바에 따라 관할선거구선거관리위원회에 납부하여야 한다. 이 경우 예비후보자가 해당 선거의 같은 선거구에 후보자등록을 신청하는 때에는 제60조의2 제2항에 따라 납부한 기탁금을 제외한 나머지 금액을 납부하여야 한다.

1. 대통령선거는 **3억원**

2. 지역구국회의원선거는 **1천500만원**

2의2. **비례대표국회의원선거는 500만원**

3. 시·도의회의원선거는 **300만원**

4. 시·도지사선거는 **5천만원**

5. 자치구·시·군의 장 선거는 1천만원

6. 자치구·시·군의원선거는 200만원

② 제1항의 기탁금은 체납처분이나 강제집행의 대상이 되지 아니한다.

	③ 제261조에 따른 과태료 및 제271조에 따른 불법시설물 등에 대한 대집행비용은 제1항의 기탁금(제60조의2 제2항의 기탁금을 포함한다)에서 부담한다. ④ 제1항에 따라 장애인 또는 39세 이하의 사람이 납부하는 기탁금의 감액비율은 중복하여 적용하지 아니한다.
제57조	**[기탁금의 반환 등]** ① 관할선거구선거관리위원회는 다음 각 호의 구분에 따른 금액을 선거일 후 30일 이내에 기탁자에게 반환한다. 이 경우 반환하지 아니하는 기탁금은 국가 또는 지방자치단체에 귀속한다. 　1. 대통령선거, 지역구국회의원선거, 지역구지방의회의원선거 및 지방자치단체의 장선거 　　가. 후보자가 **당선되거나 사망한 경우**와 유효투표총수의 100분의 15 이상(후보자가 「장애인복지법」 제32조에 따라 등록한 장애인이거나 선거일 현재 39세 이하인 경우에는 유효투표총수의 100분의 10 이상을 말한다)을 득표한 경우에는 **기탁금 전액** 　　나. 후보자가 유효투표총수의 100분의 10 이상 100분의 15 미만(후보자가 「장애인복지법」 제32조에 따라 등록한 장애인이거나 선거일 현재 39세 이하인 경우에는 유효투표총수의 100분의 5 이상 100분의 10 미만을 말한다)을 득표한 경우에는 기탁금의 **100분의 50**에 해당하는 금액 　　다. 예비후보자가 사망하거나, 당헌·당규에 따라 소속 정당에 후보자로 추천하여 줄 것을 신청하였으나 해당 정당의 추천을 받지 못하여 후보자로 등록하지 않은 경우에는 제60조의2 제2항에 따라 납부한 기탁금 전액 　2. 비례대표국회의원선거 및 비례대표지방의회의원선거 　　당해 후보자명부에 올라 있는 후보자중 당선인이 있는 때에는 기탁금 전액. 다만, 제189조 및 제190조의2에 따른 당선인의 결정 전에 **사퇴하거나 등록이 무효로 된** 후보자의 기탁금은 제외한다.
제57조의4	**[당내경선사무의 위탁]** ① 「정치자금법」 제27조(보조금의 배분)의 규정에 따라 보조금의 배분대상이 되는 정당은 당내경선사무 중 경선운동, 투표 및 개표에 관한 사무의 관리를 당해 선거의 **관할선거구선거관리위원회에 위탁**할 수 있다. ② 관할선거구선거관리위원회가 제1항에 따라 당내경선의 **투표 및 개표에 관한 사무**를 수탁관리하는 경우에는 그 비용은 **국가가 부담**한다. 다만, 투표 및 개표참관인의 **수당**은 당해 **정당이 부담**한다. ③ 제1항의 규정에 따라 정당이 당내경선사무를 위탁하는 경우 그 구체적인 절차 및 필요한 사항은 **중앙선거관리위원회규칙**으로 정한다.
제57조의6	**[공무원 등의 당내경선운동 금지]** ① 제60조 제1항에 따라 **선거운동을 할 수 없는 사람**(제60조 제1항 제5호의 경우에는 「지방공기업법」 제2조에 규정된 지방공사와 지방공단의 상근직원은 제외한다)은 당내경선에서 경선운동을 할 수 없다. 다만, 소속 당원만을 대상으로 하는 당내경선에서 **당원이 될 수 있는 사람**이 경선운동을 하는 경우에는 그러하지 아니하다. ② 공무원은 그 **지위를 이용**하여 당내경선에서 **경선운동을 할 수 없다.**

제58조	**[정의 등]** ① 이 법에서 "선거운동"이라 함은 당선되거나 되게 하거나 되지 못하게 하기 위한 행위를 말한다. 다만, 다음 각 호의 어느 하나에 해당하는 행위는 선거운동으로 보지 아니한다. 1. 선거에 관한 단순한 의견개진 및 의사표시 2. 입후보와 선거운동을 위한 준비행위 3. 정당의 후보자 추천에 관한 단순한 지지ㆍ반대의 의견개진 및 의사표시 4. 통상적인 정당활동 5. 삭제 6. 설날ㆍ추석 등 명절 및 석가탄신일ㆍ기독탄신일 등에 하는 의례적인 인사말을 문자메시지(그림말ㆍ음성ㆍ화상ㆍ동영상 등을 포함한다. 이하 같다)로 전송하는 행위
제58조의2	**[투표참여 권유활동]** 누구든지 투표참여를 권유하는 행위를 할 수 있다. 다만, 다음 각 호의 어느 하나에 해당하는 행위의 경우에는 그러하지 아니하다. 1. 호별로 방문하여 하는 경우 2. 사전투표소 또는 투표소로부터 100미터 안에서 하는 경우 3. 특정 정당 또는 후보자(후보자가 되려는 사람을 포함한다. 이하 이 조에서 같다)를 지지ㆍ추천하거나 반대하는 내용을 포함하여 하는 경우 4. 현수막 등 시설물, 인쇄물, 확성장치ㆍ녹음기ㆍ녹화기(비디오 및 오디오 기기를 포함한다), 어깨띠, 표찰, 그 밖의 표시물을 사용하여 하는 경우(정당의 명칭이나 후보자의 성명ㆍ사진 또는 그 명칭ㆍ성명을 유추할 수 있는 내용을 나타내어 하는 경우에 한정한다)
제60조	**[선거운동을 할 수 없는 자]** ① 다음 각 호의 어느 하나에 해당하는 사람은 선거운동을 할 수 없다. 다만, 제1호에 해당하는 사람이 예비후보자ㆍ후보자의 배우자인 경우와 제4호부터 제8호까지의 규정에 해당하는 사람이 예비후보자ㆍ후보자의 배우자이거나 후보자의 직계존비속인 경우에는 그러하지 아니하다. 1. 대한민국 국민이 아닌 자. 다만, 제15조 제2항 제3호에 따른 외국인이 해당 선거에서 선거운동을 하는 경우에는 그러하지 아니하다. 2. 미성년자(18세 미만의 자를 말한다. 이하 같다) 3. 제18조(선거권이 없는 자) 제1항의 규정에 의하여 선거권이 없는 자 4. 「국가공무원법」 제2조(공무원의 구분)에 규정된 국가공무원과 「지방공무원법」 제2조(공무원의 구분)에 규정된 지방공무원. 다만, 「정당법」 제22조(발기인 및 당원의 자격) 제1항 제1호 단서의 규정에 의하여 정당의 당원이 될 수 있는 공무원(국회의원과 지방의회 의원외의 정무직공무원을 제외한다)은 그러하지 아니하다. 5. 제53조(공무원 등의 입후보) 제1항 제2호 내지 제7호에 해당하는 자(제5호 및 제6호의 경우에는 그 상근직원을 포함한다) 6. 예비군 중대장급 이상의 간부

	7. 통 · 리 · 반의 장 및 읍 · 면 · 동주민자치센터(그 명칭에 관계없이 읍 · 면 · 동사무소 기능전환의 일환으로 조례에 의하여 설치된 각종 문화 · 복지 · 편익시설을 총칭한다. 이하 같다)에 설치된 주민자치위원회(주민자치센터의 운영을 위하여 조례에 의하여 읍 · 면 · 동사무소의 관할구역별로 두는 위원회를 말한다. 이하 같다)위원 8. 특별법에 의하여 설립된 국민운동단체로서 국가 또는 지방자치단체의 출연 또는 보조를 받는 단체(바르게살기운동협의회 · 새마을운동협의회 · 한국자유총연맹을 말한다)의 상근 임 · 직원 및 이들 단체 등(시 · 도조직 및 도 · 시 · 군조직을 포함한다)의 대표자 9. **선상투표신고를 한 선원이 승선하고 있는 선박의 선장**
제60조의2	**[예비후보자등록]** ① 예비후보자가 되려는 사람(비례대표국회의원선거 및 비례대표지방의회의원선거는 제외한다)은 다음 각 호에서 정하는 날(그 날 후에 실시사유가 확정된 보궐선거 등에 있어서는 그 선거의 실시사유가 확정된 때)부터 **관할선거구선거관리위원회**에 예비후보자등록을 서면으로 신청하여야 한다. 　1. 대통령선거 　　선거일 전 **240일** 　2. 지역구국회의원선거 및 시 · 도지사선거 　　선거일 전 **120일** 　3. 지역구시 · 도의회의원선거, 자치구 · 시의 지역구의회의원 및 장의 선거 　　선거기간개시일 전 **90일** 　4. 군의 지역구의회의원 및 장의 선거 　　선거기간개시일 전 **60일** ② 제1항에 따라 예비후보자등록을 신청하는 사람은 다음 각 호의 서류를 제출하여야 하며, 제56조 제1항 각 호에 따른 해당 선거 기탁금의 **100분의 20**에 해당하는 금액을 중앙선거관리위원회규칙으로 정하는 바에 따라 **관할선거구선거관리위원회**에 기탁금으로 납부하여야 한다. 　1. 중앙선거관리위원회규칙으로 정하는 피선거권에 관한 증명서류 　2. **전과기록에 관한 증명서류** 　3. 제49조 제4항 제6호에 따른 **학력에 관한 증명서**(한글번역문을 첨부한다)
제60조의3	**[예비후보자 등의 선거운동]** ① 예비후보자는 다음 각 호의 어느 하나에 해당하는 방법으로 선거운동을 할 수 있다. 　1. 제61조(선거운동기구의 설치) 제1항 및 제6항 단서의 규정에 의하여 선거사무소를 설치하거나 그 선거사무소에 간판 · 현판 또는 현수막을 설치 · 게시하는 행위 　2. 자신의 성명 · 사진 · 전화번호 · 학력(정규학력과 이에 준하는 외국의 교육과정을 이수한 학력을 말한다. 이하 제4호에서 같다) · 경력, 그 밖에 홍보에 필요한 사항을 게재한 길이 9센티미터 너비 5센티미터 이내의 명함을 직접 주거나 지지를 호소하는 행위. 다만, 선박 · 정기여객자동차 · 열차 · 전동차 · 항공기의 안과 그 터미널 · 역 · 공항의

개찰구 안, 병원·종교시설·극장의 옥내(대관 등으로 해당 시설이 본래의 용도 외의 용도로 이용되는 경우는 제외한다)에서 주거나 지지를 호소하는 행위는 그러하지 아니하다.

3. 삭제

4. 선거구안에 있는 세대수의 100분의 10에 해당하는 수 이내에서 자신의 사진·성명·전화번호·학력·경력, 그 밖에 홍보에 필요한 사항을 게재한 인쇄물(이하 "예비후보자홍보물"이라 한다)을 작성하여 관할 선거관리위원회로부터 발송대상·매수 등을 확인받은 후 선거기간개시일 전 3일까지 중앙선거관리위원회규칙이 정하는 바에 따라 우편발송하는 행위. 이 경우 대통령선거 및 지방자치단체의 장선거의 예비후보자는 표지를 포함한 전체면수의 100분의 50 이상의 면수에 선거공약 및 이에 대한 추진계획으로 각 사업의 목표·우선순위·이행절차·이행기한·재원조달방안을 게재하여야 하며, 이를 게재한 면에는 다른 정당이나 후보자가 되려는 자에 관한 사항을 게재할 수 없다.

5. 선거운동을 위하여 어깨띠 또는 예비후보자임을 나타내는 표지물을 착용하거나 소지하여 내보이는 행위

6. 삭제

7. 삭제

② 다음 각 호의 어느 하나에 해당하는 사람은 예비후보자의 선거운동을 위하여 제1항 제2호에 따른 예비후보자의 명함을 직접 주거나 예비후보자에 대한 지지를 호소할 수 있다.

1. 예비후보자의 배우자(배우자가 없는 경우 예비후보자가 지정한 1명)와 직계존비속

2. 예비후보자와 함께 다니는 선거사무장·선거사무원 및 제62조 제4항에 따른 활동보조인

3. 예비후보자가 그와 함께 다니는 사람 중에서 지정한 1명

제80조

[연설금지장소]

다음 각 호의 1에 해당하는 시설이나 장소에서는 제79조(공개장소에서의 연설·대담)의 연설·대담을 할 수 없다.

1. 국가 또는 지방자치단체가 소유하거나 관리하는 건물·시설. 다만, 공원·문화원·시장·운동장·주민회관·체육관·도로변·광장 또는 학교 기타 **다수인이 왕래하는 공개된 장소**는 그러하지 아니하다.

2. 선박·정기여객자동차·열차·전동차·항공기의 안과 그 터미널구내 및 지하철역구내

3. 병원·진료소·도서관·연구소 또는 시험소 기타 의료·연구시설

제82조의2

[선거방송토론위원회 주관 대담·토론회]

① 중앙선거방송토론위원회는 대통령선거 및 비례대표국회의원선거에 있어서 선거운동기간 중 다음 각 호에서 정하는 바에 따라 대담·토론회를 개최하여야 한다.

1. 대통령선거

   후보자 중에서 1인 또는 수인을 초청하여 3회 이상

	2. 비례대표국회의원선거 해당 정당의 대표자가 비례대표국회의원후보자 또는 선거운동을 할 수 있는 사람(지역 구국회의원후보자는 제외한다)중에서 지정하는 **1명 또는 여러 명**을 초청하여 2회 이상 ② 시·도선거방송토론위원회는 시·도지사선거 및 비례대표시·도의원선거에 있어서 선거 운동기간 중 다음 각 호에서 정하는 바에 따라 대담·토론회를 개최하여야 한다. 1. 시·도지사선거 후보자 중에서 1인 또는 수인을 초청하여 1회 이상 2. 비례대표시·도의원선거 해당 정당의 대표자가 비례대표시·도의원후보자 또는 선거운동을 할 수 있는 사람(지 역구시·도의원후보자는 제외한다)중에서 지정하는 **1명 또는 여러 명**을 초청하여 1회 이상
제82조의8	**[딥페이크영상등을 이용한 선거운동]** ① 누구든지 선거일 전 90일부터 선거일까지 선거운동을 위하여 인공지능 기술 등을 이용하 여 만든 실제와 구분하기 어려운 가상의 음향, 이미지 또는 영상 등(이하 "딥페이크영상 등"이라 한다)을 제작·편집·유포·상영 또는 게시하는 행위를 하여서는 아니 된다. ② 누구든지 제1항의 기간이 아닌 때에 선거운동을 위하여 딥페이크영상등을 제작·편집· 유포·상영 또는 게시하는 경우에는 해당 정보가 인공지능 기술 등을 이용하여 만든 가 상의 정보라는 사실을 명확하게 인식할 수 있도록 중앙선거관리위원회규칙으로 정하는 바에 따라 해당 사항을 딥페이크영상등에 표시하여야 한다.
제84조	**[무소속후보자의 정당표방제한]** 무소속후보자는 **특정 정당**으로부터의 **지지 또는 추천받음**을 표방할 수 없다. 다만, 다음 각 호의 어느 하나에 해당하는 행위는 그러하지 아니하다. 1. **정당의 당원경력**을 표시하는 행위 2. 해당 선거구에 **후보자를 추천하지 아니한 정당**이 무소속후보자를 지지하거나 지원하는 경우 그 사실을 표방하는 행위
제85조	**[공무원 등의 선거관여 등 금지]** ① 공무원 등 법령에 따라 **정치적 중립을 지켜야 하는 자**는 직무와 관련하여 또는 지위를 이 용하여 선거에 부당한 영향력을 행사하는 등 선거에 영향을 미치는 행위를 할 수 없다.
제87조	**[단체의 선거운동금지]** ① 다음 각 호의 어느 하나에 해당하는 기관·단체(그 대표자와 임직원 또는 구성원을 포함 한다)는 그 기관·단체의 명의 또는 그 대표의 명의로 선거운동을 할 수 없다. 1. **국가·지방자치단체** 2. 제53조(공무원 등의 입후보) 제1항 제4호 내지 제6호에 규정된 기관·단체 3. 향우회·종친회·동창회, 산악회 등 동호인회, 계모임 등 개인간의 사적모임

	4. 특별법에 의하여 설립된 국민운동단체로서 국가 또는 지방자치단체의 출연 또는 보조를 받는 단체(바르게살기운동협의회 · 새마을운동협의회 · 한국자유총연맹을 말한다) 5. 법령에 의하여 정치활동이나 공직선거에의 관여가 금지된 단체 6. **후보자 또는 후보자의 가족**(이하 이 항에서 "후보자 등"이라 한다)이 임원으로 있거나, 후보자 등의 **재산을 출연**하여 설립하거나, 후보자 등이 **운영경비를** 부담하거나 관계법규나 규약에 의하여 **의사결정에** 실질적으로 영향력을 행사하는 기관 · 단체 7. 삭제 8. 구성원의 과반수가 선거운동을 할 수 없는 자로 이루어진 기관 · 단체
제90조	**[시설물설치 등의 금지]** ① 누구든지 선거일 전 120일(보궐선거등에서는 그 선거의 실시사유가 확정된 때)부터 선거일까지 선거에 영향을 미치게 하기 위하여 이 법의 규정에 의한 것을 제외하고는 다음 각 호의 어느 하나에 해당하는 행위를 할 수 없다. 이 경우 정당(창당준비위원회를 포함한다)의 명칭이나 후보자(후보자가 되려는 사람을 포함한다. 이하 이 조에서 같다)의 성명 · 사진 또는 그 명칭 · 성명을 유추할 수 있는 내용을 명시한 것은 선거에 영향을 미치게 하기 위한 것으로 본다. 1. 화환 · 풍선 · 간판 · 현수막 · 애드벌룬 · 기구류 또는 선전탑, 그 밖의 광고물이나 광고시설을 설치 · 진열 · 게시 · 배부하는 행위 2. 표찰이나 그 밖의 표시물을 착용 또는 배부하는 행위 3. 후보자를 상징하는 인형 · 마스코트 등 상징물을 제작 · 판매하는 행위 ② 제1항에도 불구하고 다음 각 호의 어느 하나에 해당하는 행위는 선거에 영향을 미치게 하기 위한 행위로 보지 아니한다. 1. 선거기간이 아닌 때에 행하는 「정당법」 제37조 제2항에 따른 통상적인 정당활동 2. 의례적이거나 직무상 · 업무상의 행위 또는 통상적인 정당활동으로서 중앙선거관리위원회 규칙으로 정하는 행위
제91조	**[확성장치와 자동차 등의 사용제한]** ① 누구든지 이 법의 규정에 의한 공개장소에서의 연설 · 대담장소 또는 대담 · 토론회장에서 연설 · 대담 · 토론용으로 사용하는 경우를 제외하고는 선거운동을 위하여 **확성장치를** 사용할 수 없다. ③ 누구든지 자동차를 사용하여 선거운동을 할 수 없다. 다만, 제79조에 따른 연설 · 대담장소에서 자동차에 승차하여 선거운동을 하는 경우와 같은 조 제6항에 따른 **선거벽보 등을 자동차에 부착하여** 사용하는 경우에는 그러하지 아니하다.
제92조	**[영화 등을 이용한 선거운동금지]** 누구든지 선거기간중에는 선거운동을 위하여 저술 · 연예 · 연극 · 영화 또는 사진을 이 법에 규정되지 아니한 방법으로 배부 · **공연 · 상연 · 상영** 또는 게시할 수 없다.

제93조	**[탈법방법에 의한 문서 · 도화의 배부 · 게시 등 금지]** ① 누구든지 선거일 전 120일(보궐선거 등에 있어서는 그 선거의 실시사유가 확정된 때)부터 선거일까지 선거에 영향을 미치게 하기 위하여 이 법의 규정에 의하지 아니하고는 정당(창당준비위원회와 정당의 정강 · 정책을 포함한다. 이하 이 조에서 같다) 또는 후보자(후보자가 되고자 하는 자를 포함한다. 이하 이 조에서 같다)를 지지 · 추천하거나 반대하는 내용이 포함되어 있거나 정당의 명칭 또는 후보자의 성명을 나타내는 광고, 인사장, 벽보, 사진, 문서 · 도화, 인쇄물이나 녹음 · 녹화테이프 그 밖에 이와 유사한 것을 배부 · 첩부 · 살포 · 상영 또는 게시할 수 없다. 다만, 다음 각 호의 어느 하나에 해당하는 행위는 그러하지 아니하다. 1. 선거운동기간 중 후보자, 제60조의3 제2항 각 호의 어느 하나에 해당하는 사람(같은 항 제2호의 경우 선거연락소장을 포함하며, 이 경우 "예비후보자"는 "후보자"로 본다)이 제60조의3 제1항 제2호에 따른 후보자의 명함을 직접 주는 행위 2. 선거기간이 아닌 때에 행하는 「정당법」 제37조 제2항에 따른 통상적인 정당활동 ② 누구든지 선거일전 90일부터 선거일까지는 정당 또는 후보자의 명의를 나타내는 저술 · 연예 · 연극 · 영화 · 사진 그 밖의 물품을 이 법에 규정되지 아니한 방법으로 광고할 수 없으며, 후보자는 방송 · 신문 · 잡지 기타의 광고에 출연할 수 없다. 다만, 선거기간이 아닌 때에 「신문 등의 진흥에 관한 법률」 제2조 제1호에 따른 신문 또는 「잡지 등 정기간행물의 진흥에 관한 법률」 제2조에 따른 정기간행물의 판매를 위하여 통상적인 방법으로 광고하는 경우에는 그러하지 아니하다. ③ 누구든지 선거운동을 하도록 권유 · 약속하기 위하여 선거구민에 대하여 신분증명서 · 문서 기타 인쇄물을 발급 · 배부 또는 징구하거나 하게 할 수 없다.
제103조	**[각종집회 등의 제한]** ① 누구든지 선거기간 중 선거운동을 위하여 이 법에 규정된 것을 제외하고는 명칭 여하를 불문하고 집회나 모임을 개최할 수 없다. ② 특별법에 따라 설립된 국민운동단체로서 국가나 지방자치단체의 출연 또는 보조를 받는 단체(바르게살기운동협의회 · 새마을운동협의회 · 한국자유총연맹을 말한다) 및 주민자치위원회는 선거기간 중 회의 그 밖에 어떠한 명칭의 모임도 개최할 수 없다. ③ 누구든지 선거기간 중 선거에 영향을 미치게 하기 위하여 향우회 · 종친회 · 동창회 · 단합대회 · 야유회 또는 참가 인원이 25명을 초과하는 그 밖의 집회나 모임을 개최할 수 없다. ④ 선거기간중에는 특별한 사유가 없는 한 반상회를 개최할 수 없다. ⑤ 누구든지 선거일전 90일(선거일전 90일후에 실시사유가 확정된 보궐선거등에 있어서는 그 선거의 실시사유가 확정된 때)부터 선거일까지 후보자(후보자가 되고자 하는 자를 포함한다)와 관련 있는 저서의 출판기념회를 개최할 수 없다.
제106조	**[호별방문의 제한]** ① 누구든지 **선거운동**을 위하여 또는 선거기간중 **입당의 권유**를 위하여 호별로 방문할 수 없다.

제108조	**[여론조사의 결과공표금지 등]** ① 누구든지 선거일 전 **6일**부터 선거일의 투표마감시각까지 선거에 관하여 정당에 대한 지지도나 당선인을 예상하게 하는 여론조사(모의투표나 인기투표에 의한 경우를 포함한다. 이하 이 조에서 같다)의 경위와 그 결과를 **공표하거나** **인용**하여 보도할 수 없다.

제113조	**[후보자 등의 기부행위제한]** ① 국회의원 · 지방의회의원 · 지방자치단체의 장 · 정당의 대표자 · **후보자(후보자가 되고자 하는 자를 포함한다)**와 그 **배우자**는 당해 선거구안에 있는 자나 기관 · 단체 · 시설 또는 당해 선거구의 밖에 있더라도 그 선거구민과 연고가 있는 자나 기관 · 단체 · 시설에 기부행위(결혼식에서의 주례행위를 포함한다)를 할 수 없다. ② 누구든지 제1항의 행위를 약속 · **지시 · 권유 · 알선** 또는 **요구**할 수 없다.

제118조	**[선거일후 답례금지]** 후보자와 후보자의 가족 또는 정당의 당직자는 선거일후에 당선되거나 되지 아니한 데 대하여 **선거구민에게 축하** 또는 위로 그 밖의 답례를 하기 위하여 다음 각 호의 어느 하나에 해당하는 행위를 할 수 없다. 1. **금품 또는 향응을 제공하는 행위** 2. **방송 · 신문 또는 잡지 기타 간행물에 광고하는 행위** 3. **자동차에 의한 행렬**을 하거나 다수인이 무리를 지어 거리를 행진하거나 거리에서 연달아 소리지르는 행위. 다만, 제79조(공개장소에서의 연설 · 대담) 제3항의 규정에 의한 자동차를 이용하여 당선 또는 낙선에 대한 거리인사를 하는 경우에는 그러하지 아니하다. 4. **일반선거구민을 모이게 하여** 당선축하회 또는 낙선에 대한 위로회를 개최하는 행위 5. **현수막을 게시하는 행위. 다만, 선거일의 **다음 날부터 13일** 동안 해당 선거구 안의 읍 · 면 · 동마다 **1매의 현수막**을 게시하는 행위는 그러하지 아니하다.

제120조	**[선거비용으로 인정되지 아니하는 비용]** 다음 각 호의 어느 하나에 해당하는 비용은 이 법에 따른 선거비용으로 보지 아니한다. 1. 선거권자의 추천을 받는데 소요된 비용 등 선거운동을 위한 준비행위에 소요되는 비용 2. 정당의 후보자선출대회비용 기타 선거와 관련한 **정당활동에 소요되는 정당비용** 3. 선거에 관하여 국가 · 지방자치단체 또는 선거관리위원회에 납부하거나 지급하는 **기탁금과 모든 납부금 및 수수료** 4. 선거사무소와 선거연락소의 전화료 · 전기료 및 수도료 기타의 유지비로서 선거기간전부터 정당 또는 후보자가 지출하여 온 경비 5. **선거사무소와 선거연락소의 설치 및 유지비용** 6. 정당, 후보자, 선거사무장, 선거연락소장, 선거사무원, 회계책임자, 연설원 및 대담 · 토론자가 승용하는 자동차[제91조(확성장치와 자동차 등의 사용제한) 제4항의 규정에 의한 자동차와 선박을 포함한다]의 운영비용 7. 제삼자가 정당 · 후보자 · 선거사무장 · 선거연락소장 또는 회계책임자와 통모함이 없이 특정 후보자의 선거운동을 위하여 지출한 전신료 등의 비용

	8. 제112조 제2항에 따라 기부행위로 보지 아니하는 행위에 소요되는 비용. 다만, 같은 항 제1호 마목(정당의 사무소를 방문하는 사람에게 제공하는 경우는 제외한다) 및 제2호 사목(후보자·예비후보자가 아닌 국회의원이 제공하는 경우는 제외한다)의 행위에 소요되는 비용은 선거비용으로 본다. 9. 선거일후에 지출원인이 발생한 잔무정리비용 10. 후보자(후보자가 되려는 사람을 포함한다)가 선거에 관한 여론조사의 실시를 위하여 지출한 비용. 다만, 제60조의2 제1항에 따른 예비후보자등록신청개시일부터 선거일까지의 기간 동안 4회를 초과하여 실시하는 선거에 관한 여론조사비용은 선거비용으로 본다.
제122조	**[선거비용제한액의 공고]** 선거구선거관리위원회는 선거별로 제121조(선거비용제한액의 산정)의 규정에 의하여 산정한 선거비용제한액을 **중앙선거관리위원회규칙이** 정하는 바에 따라 공고하여야 한다.
제147조	**[투표소의 설치]** ① **읍·면·동선거관리위원회는** 선거일 전일까지 관할 구역 안의 투표구마다 투표소를 설치하여야 한다. ② 투표소는 투표구안의 학교, 읍·면·동사무소 등 관공서, 공공기관·단체의 사무소, 주민회관 기타 선거인이 투표하기 편리한 곳에 설치한다. 다만, 당해 투표구안에 투표소를 설치할 적당한 장소가 없는 경우에는 인접한 다른 투표구안에 설치할 수 있다. ③ 학교·관공서 및 공공기관·단체의 장은 선거관리위원회로부터 투표소 설치를 위한 장소사용 협조요구를 받은 때에는 우선적으로 이에 응하여야 한다. ④ **병영 안과 종교시설 안에는 투표소를 설치하지 못한다.** 다만, 종교시설의 경우 투표소를 설치할 적합한 장소가 없는 부득이한 경우에는 그러하지 아니하다.
제148조	**[사전투표소의 설치]** ① 구·시·군선거관리위원회는 **선거일 전 5일부터 2일 동안**(이하 "사전투표기간"이라 한다) 관할구역(선거구가 해당 구·시·군의 관할구역보다 작은 경우에는 해당 선거구를 말한다)의 **읍·면·동마다 1개소씩** 사전투표소를 설치·운영하여야 한다. 다만, 다음 각 호의 어느 하나에 해당하는 경우에는 해당 지역에 사전투표소를 추가로 설치·운영할 수 있다. 1. 읍·면·동 관할구역에 군부대 밀집지역 등이 있는 경우 2. 읍·면·동이 설치·폐지·분할·합병되어 관할구역의 총 읍·면·동의 수가 줄어든 경우 3. 읍·면·동 관할구역에 「감염병의 예방 및 관리에 관한 법률」 제36조 제3항에 따른 감염병관리시설 또는 같은 법 제39조의3 제1항에 따른 감염병의심자 격리시설이 있는 경우 4. 천재지변 또는 전쟁·폭동, 그 밖에 부득이한 사유로 인하여 사전투표소를 추가로 설치·운영할 필요가 있다고 관할 구·시·군선거관리위원회가 인정하는 경우

제150조	**[투표용지의 정당·후보자의 게재순위 등]** ③ 후보자의 게재순위를 정함에 있어서는 후보자등록마감일 현재 국회에서 의석을 갖고 있는 정당의 추천을 받은 후보자, **국회에서 의석을 갖고 있지 아니한 정당의 추천을 받은 후보자, 무소속후보자**의 순으로 하고, 정당의 게재순위를 정함에 있어서는 후보자등록마감일 현재 국회에서 의석을 가지고 있는 정당, 국회에서 의석을 가지고 있지 아니한 정당의 순으로 한다. ④ 제3항의 경우 국회에서 의석을 가지고 있는 정당의 게재순위를 정함에 있어 다음 각 호의 어느 하나에 해당하는 정당은 전국적으로 통일된 기호를 우선하여 부여한다. 　1. 국회에 **5명 이상의 소속 지역구국회의원을 가진 정당** 　2. 직전 대통령선거, 비례대표국회의원선거 또는 비례대표지방의회의원선거에서 **전국 유효투표총수의 100분의 3 이상을 득표한 정당** ⑤ 제3항 및 제4항에 따라 관할선거구선거관리위원회가 정당 또는 후보자의 게재순위를 정함에 있어서는 다음 각 호에 따른다. 　1. 후보자등록마감일 현재 국회에 의석을 가지고 있는 정당이나 그 정당의 추천을 받은 후보자 사이의 게재순위는 국회에서의 **다수의석순**. 다만, 같은 의석을 가진 정당이 둘 이상인 때에는 최근에 실시된 비례대표국회의원선거에서의 득표수 순 　2. 후보자등록마감일 현재 국회에서 의석을 가지고 있지 아니한 정당이나 그 정당의 추천을 받은 후보자 사이의 게재순위는 그 정당의 **명칭의 가나다순** 　3. 무소속후보자 사이의 게재순위는 관할선거구선거관리위원회에서 **추첨**하여 결정하는 순
155조	**[투표시간]** ① 투표소는 선거일 오전 6시에 열고 오후 6시(보궐선거등에 있어서는 오후 8시)에 닫는다. 다만, 마감할 때에 투표소에서 투표하기 위하여 대기하고 있는 선거인에게는 번호표를 부여하여 투표하게 한 후에 닫아야 한다. ② 사전투표는 사전투표기간 중 매일 오전 6시에 열고 오후 6시에 닫되, 제148조 제1항 제3호에 따라 설치하는 사전투표소는 관할 구·시·군선거관리위원회가 예상 투표자수 등을 고려하여 투표시간을 조정할 수 있다. 이 경우 제1항 단서의 규정은 사전투표소에 이를 준용한다. ③ 투표를 개시하는 때에는 투표관리관은 투표함 및 기표소내외의 이상유무에 관하여 검사하여야 하며, 이에는 투표참관인이 참관하여야 한다. 다만, 투표개시시각까지 투표참관인이 참석하지 아니한 때에는 최초로 투표하러 온 선거인으로 하여금 참관하게 하여야 한다. ④ 사전투표소에서 투표를 개시하는 때에는 사전투표관리관은 사전투표함 및 기표소내외의 이상유무에 관하여 검사하여야 하며, 이에는 사전투표참관인이 참관하여야 한다. 다만, 사전투표개시시각까지 사전투표참관인이 참석하지 아니한 때에는 최초로 투표하러 온 선거인으로 하여금 참관하게 하여야 한다. ⑤ 사전투표·거소투표 및 선상투표는 선거일 오후 6시(보궐선거등에 있어서는 오후 8시)까지 관할구·시·군선거관리위원회에 도착되어야 한다.

	⑥ 제1항 본문 및 제2항 전단에도 불구하고 격리자등이 선거권을 행사할 수 있도록 격리자등에 한정하여서는 투표소를 오후 6시 30분(보궐선거등에 있어서는 오후 8시 30분)에 열고 오후 7시 30분(보궐선거등에 있어서는 오후 9시 30분)에 닫으며, 사전투표소(제148조 제1항 제3호에 따라 설치하는 사전투표소를 제외하고 사전투표기간 중 둘째 날의 사전투표소에 한정한다. 이하 이 항에서 같다)는 오후 6시 30분에 열고 오후 8시에 닫는다. 다만, 중앙선거관리위원회는 질병관리청장과 미리 협의하여 감염병의 전국적 대유행 여부, 격리자등의 수, 공중보건에 미치는 영향 등을 고려하여 달리 정할 수 있다.
제158조의3	**[선상투표]** ① 선장은 선거일 전 **8일**부터 선거일 전 **5일**까지의 기간(이하 "선상투표기간"이라 한다)중 해당 선박의 선상투표자의 수와 운항사정 등을 고려하여 선상투표를 할 수 있는 일시를 정하고, 해당 선박에 선상투표소를 설치하여야 한다. 이 경우 선장은 지체 없이 선상투표자에게 선상투표를 할 수 있는 일시와 선상투표소가 설치된 장소를 알려야 한다.
제167조	**[투표의 비밀보장]** ② 선거인은 투표한 후보자의 **성명이나 정당명**을 누구에게도 또한 어떠한 경우에도 진술할 의무가 없으며, 누구든지 **선거일의 투표마감시각**까지 이를 질문하거나 그 진술을 요구할 수 없다. 다만, 텔레비전방송국·라디오방송국·「신문 등의 진흥에 관한 법률」 제2조 제1호 가목 및 나목에 따른 일간신문사가 선거의 결과를 예상하기 위하여 선거일에 투표소로부터 **50미터** 밖에서 투표의 비밀이 침해되지 않는 방법으로 질문하는 경우에는 그러하지 아니하며 이 경우 **투표마감시각**까지 그 경위와 결과를 공표할 수 없다.
제187조	**[대통령당선인의 결정·공고·통지]** ① 대통령선거에 있어서는 중앙선거관리위원회가 유효투표의 다수를 얻은 자를 당선인으로 결정하고, 이를 국회의장에게 통지하여야 한다. 다만, **후보자가 1인인 때에는** 그 득표수가 선거권자총수의 3분의 1 이상에 달하여야 당선인으로 결정한다. ② **최고득표자가 2인 이상인 때에는 중앙선거관리위원회의 통지에 의하여 국회는 재적의원 과반수가 출석한 공개회의에서 다수표를 얻은 자를 당선인으로 결정한다.** ③ 제1항의 규정에 의하여 당선인이 결정된 때에는 중앙선거관리위원회위원장이, 제2항의 규정에 의하여 당선인이 결정된 때에는 **국회의장이 이를 공고**하고, 지체 없이 당선인에게 **당선증을 교부**하여야 한다. ④ 천재·지변 기타 부득이한 사유로 인하여 개표를 모두 마치지 못하였다 하더라도 개표를 마치지 못한 지역의 투표가 선거의 결과에 영향을 미칠 염려가 없다고 인정되는 때에는 **중앙선거관리위원회**는 우선 당선인을 결정할 수 있다.

제189조	[비례대표국회의원의석의 배분과 당선인의 결정·공고·통지]
	① 중앙선거관리위원회는 다음 각 호의 어느 하나에 해당하는 정당(이하 이 조에서 "의석할 당정당"이라 한다)에 대하여 비례대표국회의원의석을 배분한다.
	  1. 임기만료에 따른 비례대표국회의원선거에서 **전국 유효투표총수의 100분의 3 이상을** 득표한 정당
	  2. 임기만료에 따른 **지역구국회의원선거에서 5 이상의 의석을 차지한 정당**

제191조의2	[당선인 사퇴의 신고] 당선인이 **임기개시 전에** 사퇴하려는 때에는 직접 해당 선거구선거관리위원회에 **서면으로** 신고하여야 하고, 비례대표국회의원선거 또는 비례대표지방의회의원선거의 당선인이 사퇴하려는 때에는 소속정당의 사퇴승인서를 첨부하여야 한다.

제195조	[재선거]
	① 다음 각 호의 1에 해당하는 사유가 있는 때에는 **재선거를** 실시한다.
	  1. **당해 선거구의 후보자가 없는 때**
	  2. 당선인이 없거나 지역구자치구·시·군의원선거에 있어 당선인이 당해 선거구에서 선거할 지방의회의원정수에 달하지 아니한 때
	  3. **선거의 전부무효의 판결 또는 결정이 있는 때**
	  4. **당선인이 임기개시 전에 사퇴하거나 사망한 때**
	  5. 당선인이 임기개시 전에 제192조(피선거권상실로 인한 당선무효 등) 제2항의 규정에 의하여 당선의 효력이 상실되거나 같은 조 제3항의 규정에 의하여 당선이 무효로 된 때
	  6. 제263조(선거비용의 초과지출로 인한 당선무효) 내지 제265조(선거사무장 등의 선거범죄로 인한 당선무효)의 규정에 의하여 당선이 무효로 된 때

제197조	[선거의 일부무효로 인한 재선거] ① 선거의 일부무효의 판결 또는 결정이 확정된 때에는 **관할선거구선거관리위원회는** 선거가 무효로 된 당해 투표구의 **재선거를 실시한** 후 다시 당선인을 결정하여야 한다.
제200조	[보궐선거] ② 비례대표국회의원 및 비례대표지방의회의원에 궐원이 생긴 때에는 선거구선거관리위원회는 궐원통지를 받은 후 **10일 이내에** 그 궐원된 의원이 그 선거 당시에 소속한 정당의 비례대표국회의원후보자명부 및 비례대표지방의회의원후보자명부에 기재된 순위에 따라 궐원된 국회의원 및 지방의회의원의 의석을 승계할 자를 결정하여야 한다. ③ 제2항에도 불구하고 의석을 승계할 후보자를 추천한 정당이 해산되거나 임기만료일 전 **120일 이내에 궐원이** 생긴 때에는 의석을 승계할 사람을 결정하지 아니한다. ④ 대통령권한대행자는 대통령이 궐위된 때에는 중앙선거관리위원회에, 국회의장은 국회의원이 궐원된 때에는 대통령과 중앙선거관리위원회에 그 사실을 지체 없이 통보하여야 한다.

	⑤ 지방의회의장은 당해 지방의회의원에 궐원이 생긴 때에는 당해 지방자치단체의 장과 관할선거구선거관리위원회에 이를 통보하여야 하며, 지방자치단체의 장이 궐위된 때에는 궐위된 지방자치단체의 장의 직무를 대행하는 자가 당해 지방의회의장과 관할선거구선거관리위원회에 이를 통보하여야 한다. ⑥ 국회의원 또는 지방의회의원이 제53조(공무원 등의 입후보)의 규정에 의하여 그 직을 그만두었으나 **후보자등록신청시**까지 제4항 또는 제5항의 규정에 의한 **궐원통보**가 없는 경우에는 **후보자로 등록된 때**에 그 통보를 받은 것으로 본다.
제222조	**[선거소송]** ① 대통령선거 및 국회의원선거에 있어서 **선거의 효력**에 관하여 이의가 있는 **선거인·정당**(후보자를 추천한 정당에 한한다) 또는 후보자는 선거일부터 **30일** 이내에 당해 선거구선거관리위원회위원장을 피고로 하여 **대법원에 소**를 제기할 수 있다. ② 지방의회의원 및 지방자치단체의 장의 선거에 있어서 선거의 효력에 관한 제220조의 결정에 **불복이 있는 소청인**(당선인을 포함한다)은 해당 소청에 대하여 기각 또는 각하 결정이 있는 경우(제220조 제1항의 기간 내에 결정하지 아니한 때를 포함한다)에는 **해당 선거구선거관리위원회** 위원장을, 인용결정이 있는 경우에는 그 인용결정을 한 선거관리위원회위원장을 피고로 하여 그 **결정서**를 받은 날(제220조 제1항의 기간 내에 결정하지 아니한 때에는 그 기간이 종료된 날)부터 **10일** 이내에 비례대표시·도의원선거 및 시·도지사선거에 있어서는 **대법원에**, 지역구시·도의원선거, 자치구·시·군의원선거 및 자치구·시·군의 장 선거에 있어서는 그 선거구를 관할하는 **고등법원에 소**를 제기할 수 있다. ③ 제1항 또는 제2항에 따라 피고로 될 위원장이 궐위된 때에는 해당 선거관리위원회 **위원 전원**을 피고로 한다.
제272조의2	**[선거범죄의 조사 등]** ① **각급선거관리위원회**(읍·면·동선거관리위원회를 제외한다. 이하 이 조에서 같다)위원·직원은 선거범죄에 관하여 그 범죄의 혐의가 있다고 인정되거나, 후보자(경선후보자를 포함한다)·예비후보자·선거사무장·선거연락소장 또는 선거사무원이 제기한 그 범죄의 혐의가 있다는 소명이 이유있다고 인정되는 경우 또는 현행범의 신고를 받은 경우에는 그 장소에 출입하여 관계인에 대하여 질문·조사를 하거나 관련서류 기타 조사에 필요한 자료의 제출을 요구할 수 있다.
제273조	**[재정신청]** ① 제230조부터 제234조까지, 제237조부터 제239조까지, 제248조부터 제250조까지, 제255조 제1항 제1호·제2호·제10호·제11호 및 제3항·제5항·제6항, 제257조 또는 제258조의 죄에 대하여 **고발을 한 후보자**와 **정당**(중앙당에 한한다) 및 해당 선거관리위원회는 그 검사 소속의 지방검찰청 소재지를 관할하는 **고등법원**에 그 당부에 관한 재정을 신청할 수 있다.

Ⅳ 국적법

[시행 2022.10.1.]
[법률 제18978호, 2022.9.15, 일부개정]

제1조	**[목적]** 이 법은 대한민국의 **국민**이 되는 요건을 정함을 목적으로 한다.
제2조	**[출생에 의한 국적 취득]** ① 다음 각 호의 어느 하나에 해당하는 자는 출생과 동시에 대한민국 국적을 취득한다. 　1. 출생 당시에 **부 또는 모**가 대한민국의 국민인 자 　2. 출생하기 전에 부가 사망한 경우에는 그 사망 당시에 **부가 대한민국의 국민**이었던 자 　3. **부모가 모두 분명하지 아니한 경우**나 **국적이 없는 경우**에는 대한민국에서 출생한 자 ② 대한민국에서 발견된 기아는 대한민국에서 출생한 것으로 **추정**한다.
제3조	**[인지에 의한 국적 취득]** ① 대한민국의 국민이 아닌 자(이하 "외국인"이라 한다)로서 대한민국의 국민인 부 또는 모에 의하여 인지된 자가 다음 각 호의 요건을 모두 갖추면 **법무부장관에게 신고**함으로써 대한민국 국적을 취득할 수 있다. 　1. 대한민국의 「민법」상 **미성년**일 것 　2. 출생 당시에 **부 또는 모**가 대한민국의 국민이었을 것 ② 제1항에 따라 신고한 자는 그 **신고를 한 때**에 대한민국 국적을 취득한다. ③ 제1항에 따른 신고 절차와 그 밖에 필요한 사항은 대통령령으로 정한다.
제4조	**[귀화에 의한 국적 취득]** ① 대한민국 국적을 취득한 사실이 없는 외국인은 **법무부장관의 귀화허가**를 받아 대한민국 국적을 취득할 수 있다. ② 법무부장관은 귀화허가 신청을 받으면 제5조부터 제7조까지의 **귀화 요건**을 갖추었는지를 심사한 후 그 요건을 갖춘 사람에게만 귀화를 허가한다. ③ 제1항에 따라 귀화허가를 받은 사람은 **법무부장관 앞에서 국민선서**를 하고 **귀화증서를 수여받은 때**에 대한민국 국적을 취득한다. 다만, 법무부장관은 연령, 신체적·정신적 장애 등으로 국민선서의 의미를 **이해할 수 없거나 이해한 것을 표현할 수 없다**고 인정되는 사람에게는 국민선서를 **면제할 수 있다.** ④ **법무부장관**은 제3항 본문에 따른 국민선서를 받고 귀화증서를 수여하는 업무와 같은 항 단서에 따른 국민선서의 면제 업무를 **대통령령으로 정하는 바에 따라 지방출입국·외국인관서의 장에게 대행**하게 할 수 있다.

제5조	**[일반귀화 요건]** 외국인이 귀화허가를 받기 위해서는 제6조나 제7조에 해당하는 경우 외에는 다음 각 호의 요건을 갖추어야 한다. 1. 5년 이상 계속하여 대한민국에 주소가 있을 것 1의2. 대한민국에서 영주할 수 있는 **체류자격**을 가지고 있을 것 2. 대한민국의 「민법」상 성년일 것 3. 법령을 준수하는 등 법무부령으로 정하는 **품행 단정**의 요건을 갖출 것 4. 자신의 자산이나 기능에 의하거나 생계를 같이하는 가족에 의존하여 **생계를 유지할 능력**이 있을 것 5. 국어능력과 대한민국의 풍습에 대한 이해 등 대한민국 국민으로서의 **기본 소양**을 갖추고 있을 것 6. 귀화를 허가하는 것이 **국가안전보장 · 질서유지 또는 공공복리**를 해치지 아니한다고 **법무부장관**이 인정할 것
제6조	**[간이귀화 요건]** ① 다음 각 호의 어느 하나에 해당하는 외국인으로서 대한민국에 **3년 이상 계속하여** 주소가 있는 사람은 제5조 제1호 및 제1호의2의 **요건을 갖추지 아니하여도** 귀화허가를 받을 수 있다. 1. **부 또는 모가 대한민국의 국민이었던 사람** 2. 대한민국에서 **출생한 사람**으로서 부 또는 모가 대한민국에서 출생한 사람 3. **대한민국 국민의 양자**로서 입양 당시 대한민국의 「민법」상 성년이었던 사람 ② 배우자가 대한민국의 국민인 외국인으로서 다음 각 호의 어느 하나에 해당하는 사람은 제5조 제1호 및 제1호의2의 요건을 갖추지 아니하여도 귀화허가를 받을 수 있다. 1. 그 배우자와 **혼인한 상태**로 대한민국에 **2년 이상 계속하여** 주소가 있는 사람 2. 그 배우자와 혼인한 후 **3년**이 지나고 **혼인한 상태**로 대한민국에 **1년 이상 계속하여** 주소가 있는 사람 3. 제1호나 제2호의 기간을 채우지 못하였으나, 그 배우자와 혼인한 상태로 대한민국에 주소를 두고 있던 중 그 배우자의 사망이나 실종 또는 그 밖에 자신에게 책임이 없는 사유로 정상적인 혼인 생활을 할 수 없었던 사람으로서 제1호나 제2호의 잔여기간을 채웠고 **법무부장관이 상당하다고 인정하는 사람** 4. 제1호나 제2호의 요건을 충족하지 못하였으나, 그 배우자와의 혼인에 따라 **출생한 미성년의 자**를 양육하고 있거나 양육하여야 할 사람으로서 제1호나 제2호의 기간을 채웠고 **법무부장관이 상당하다고 인정하는 사람**

제7조	**[특별귀화 요건]** ① 다음 각 호의 어느 하나에 해당하는 외국인으로서 대한민국에 주소가 있는 사람은 제5조 제1호 · 제1호의2 · 제2호 또는 제4호의 **요건을 갖추지 아니하여도** 귀화허가를 받을 수 있다. 　1. 부 또는 모가 대한민국의 국민인 사람. 다만, 양자로서 대한민국의 「민법」상 **성년**이 된 후에 **입양된 사람**은 제외한다. 　2. 대한민국에 **특별한 공로**가 있는 사람 　3. 과학 · 경제 · 문화 · 체육 등 특정 분야에서 매우 우수한 능력을 보유한 사람으로서 **대한민국의 국익**에 기여할 것으로 인정되는 사람 ② 제1항 제2호 및 제3호에 해당하는 사람을 정하는 기준 및 절차는 **대통령령**으로 정한다.
제8조	**[수반 취득]** ① 외국인의 자(子)로서 대한민국의 「민법」상 미성년인 사람은 부 또는 모가 **귀화허가**를 신청할 때 함께 **국적 취득**을 신청할 수 있다. ② 제1항에 따라 국적 취득을 신청한 사람은 부 또는 모가 대한민국 국적을 **취득한 때**에 함께 대한민국 국적을 취득한다.
제9조	**[국적회복에 의한 국적 취득]** ① 대한민국의 국민이었던 **외국인**은 법무부장관의 **국적회복허가**를 받아 대한민국 국적을 취득할 수 있다. ② 법무부장관은 국적회복허가 신청을 받으면 심사한 후 다음 각 호의 어느 하나에 해당하는 사람에게는 국적회복을 **허가하지 아니한다**. 　1. 국가나 사회에 **위해를 끼친** 사실이 있는 사람 　2. **품행이 단정하지 못한** 사람 　3. **병역을 기피**할 목적으로 대한민국 국적을 상실하였거나 이탈하였던 사람 　4. **국가안전보장 · 질서유지 또는 공공복리**를 위하여 **법무부장관**이 국적회복을 허가하는 것이 적당하지 아니하다고 인정하는 사람
제10조	**[국적 취득자의 외국 국적 포기 의무]** ① 대한민국 국적을 취득한 외국인으로서 외국 국적을 가지고 있는 자는 대한민국 국적을 **취득한 날부터 1년** 내에 그 외국 국적을 포기하여야 한다. ② 제1항에도 불구하고 다음 각 호의 어느 하나에 해당하는 자는 대한민국 국적을 취득한 날부터 1년 내에 외국 국적을 포기하거나 법무부장관이 정하는 바에 따라 대한민국에서 외국 국적을 행사하지 아니하겠다는 뜻을 법무부장관에게 서약하여야 한다. 　1. 귀화허가를 받은 때에 제6조 제2항 제1호 · 제2호 또는 제7조 제1항 제2호 · 제3호의 어느 하나에 해당하는 사유가 있는 자 　2. 제9조에 따라 국적회복허가를 받은 자로서 제7조 제1항 제2호 또는 제3호에 해당한다고 법무부장관이 인정하는 자 　3. 대한민국의 「민법」상 성년이 되기 전에 외국인에게 입양된 후 외국 국적을 취득하고 외국에서 계속 거주하다가 제9조에 따라 국적회복허가를 받은 자

	4. 외국에서 거주하다가 영주할 목적으로 **만 65세 이후에 입국**하여 제9조에 따라 국적회복허가를 받은 자
	5. 본인의 뜻에도 불구하고 **외국의 법률 및 제도**로 인하여 제1항을 이행하기 어려운 자로서 대통령령으로 정하는 자
제11조	**[국적의 재취득]** ① 제10조 제3항에 따라 대한민국 국적을 상실한 자가 그 후 1년 내에 그 외국 국적을 포기하면 **법무부장관에게 신고**함으로써 대한민국 국적을 재취득할 수 있다.
제11조의2	**[복수국적자의 법적 지위 등]** ① 출생이나 그 밖에 이 법에 따라 대한민국 국적과 외국 국적을 함께 가지게 된 사람으로서 대통령령으로 정하는 사람(이하 "**복수국적자**"라 한다)은 대한민국의 법령 적용에서 **대한민국 국민으로만** 처우한다. ② 복수국적자가 관계 법령에 따라 외국 국적을 보유한 상태에서 **직무를 수행할 수 없는 분야**에 종사하려는 경우에는 외국 국적을 **포기하여야 한다**. ③ 중앙행정기관의 장이 복수국적자를 외국인과 동일하게 처우하는 내용으로 법령을 제정 또는 개정하려는 경우에는 미리 **법무부장관과 협의**하여야 한다.
제12조	**[복수국적자의 국적선택의무]** ① 만 20세가 되기 전에 복수국적자가 된 자는 **만 22세**가 되기 전까지, 만 20세가 된 후에 복수국적자가 된 자는 그 때부터 2년 내에 제13조와 제14조에 따라 **하나의 국적**을 선택하여야 한다. 다만, 제10조 제2항에 따라 법무부장관에게 대한민국에서 외국 국적을 행사하지 아니하겠다는 뜻을 서약한 복수국적자는 제외한다. ② 제1항 본문에도 불구하고 「병역법」 제8조에 따라 병역준비역에 편입된 자는 편입된 때부터 **3개월** 이내에 하나의 국적을 선택하거나 제3항 각 호의 어느 하나에 해당하는 때부터 2년 이내에 하나의 국적을 선택하여야 한다. 다만, 제13조에 따라 대한민국 국적을 선택하려는 경우에는 제3항 각 호의 어느 하나에 해당하기 전에도 할 수 있다. ③ 직계존속이 외국에서 **영주할 목적 없이 체류한 상태**에서 출생한 자는 병역의무의 이행과 관련하여 다음 각 호의 어느 하나에 해당하는 경우에만 제14조에 따른 **국적이탈신고**를 할 수 있다. 1. 현역·상근예비역·보충역 또는 대체역으로 복무를 마치거나 마친 것으로 보게 되는 경우 2. 전시근로역에 편입된 경우 3. 병역면제처분을 받은 경우

제13조	[대한민국 국적의 선택 절차] ① 복수국적자로서 제12조 제1항 본문에 규정된 기간 내에 대한민국 국적을 선택하려는 자는 외국 국적을 포기하거나 법무부장관이 정하는 바에 따라 대한민국에서 **외국 국적을 행사하지 아니하겠다는 뜻**을 서약하고 법무부장관에게 대한민국 국적을 선택한다는 뜻을 신고할 수 있다. ② 복수국적자로서 제12조 제1항 본문에 규정된 기간 후에 대한민국 국적을 선택하려는 자는 외국 국적을 포기한 경우에만 법무부장관에게 대한민국 국적을 선택한다는 뜻을 신고할 수 있다. 다만, 제12조 제3항 제1호의 경우에 해당하는 자는 그 경우에 해당하는 때부터 2년 이내에는 제1항에서 정한 방식으로 대한민국 국적을 선택한다는 뜻을 신고할 수 있다. ③ 제1항 및 제2항 단서에도 불구하고 **출생 당시에 모가 자녀에게 외국 국적을 취득하게 할** 목적으로 외국에서 **체류 중**이었던 사실이 인정되는 자는 외국 국적을 포기한 경우에만 대한민국 국적을 선택한다는 뜻을 신고할 수 있다.
제14조	[대한민국 국적의 이탈 요건 및 절차] ① 복수국적자로서 외국 국적을 선택하려는 자는 **외국에 주소가 있는 경우에만 주소지 관할 재외공관의 장**을 거쳐 법무부장관에게 대한민국 국적을 이탈한다는 뜻을 신고할 수 있다. 다만, 제12조 제2항 본문 또는 같은 조 제3항에 해당하는 자는 그 기간 이내에 또는 해당 사유가 발생한 때부터만 신고할 수 있다. ② 제1항에 따라 국적 이탈의 신고를 한 자는 **법무부장관이 신고를 수리한 때**에 대한민국 국적을 상실한다.
제14조의2	[대한민국 국적의 이탈에 관한 특례] ① 제12조 제2항 본문 및 제14조 제1항 단서에도 불구하고 다음 각 호의 요건을 모두 충족하는 복수국적자는 「병역법」 제8조에 따라 병역준비역에 편입된 때부터 3개월 이내에 대한민국 국적을 이탈한다는 뜻을 신고하지 못한 경우 **법무부장관에게 대한민국 국적의 이탈 허가를 신청할 수 있다.** 　1. 다음 각 목의 어느 하나에 해당하는 사람일 것 　　가. 외국에서 출생한 사람(직계존속이 외국에서 영주할 목적 없이 체류한 상태에서 출생한 사람은 제외한다)으로서 출생 이후 계속하여 외국에 주된 생활의 근거를 두고 있는 사람 　　나. 6세 미만의 아동일 때 외국으로 이주한 이후 계속하여 외국에 주된 생활의 근거를 두고 있는 사람 　2. 제12조 제2항 본문 및 제14조 제1항 단서에 따라 병역준비역에 편입된 때부터 3개월 이내에 국적 이탈을 신고하지 못한 정당한 사유가 있을 것 ② **법무부장관**은 제1항에 따른 허가를 할 때 다음 각 호의 사항을 고려하여야 한다. 　1. 복수국적자의 출생지 및 복수국적 취득경위 　2. 복수국적자의 주소지 및 주된 거주지가 외국인지 여부 　3. 대한민국 입국 횟수 및 체류 목적·기간

	4. 대한민국 국민만이 누릴 수 있는 권리를 행사하였는지 여부 5. 복수국적으로 인하여 외국에서의 직업 선택에 상당한 제한이 있거나 이에 준하는 불이익이 있는지 여부 6. 병역의무 이행의 공평성과 조화되는지 여부 ③ 제1항에 따른 허가 **신청**은 외국에 주소가 있는 복수국적자가 해당 **주소지 관할 재외공관의 장**을 거쳐 **법무부장관**에게 하여야 한다. ④ 제1항 및 제3항에 따라 국적의 이탈 허가를 신청한 사람은 **법무부장관이 허가한 때에** 대한민국 국적을 상실한다. ⑤ 제1항부터 제4항까지의 규정에 따른 신청자의 세부적인 자격기준, 허가 시의 구체적인 고려사항, 신청 및 허가 절차 등 필요한 사항은 대통령령으로 정한다.
제14조의3	**[복수국적자에 대한 국적선택명령]** ① 법무부장관은 복수국적자로서 제12조 제1항 또는 제2항에서 정한 기간 내에 국적을 선택하지 아니한 자에게 1년 내에 **하나의 국적**을 선택할 것을 명하여야 한다. ② 법무부장관은 복수국적자로서 제10조 제2항, 제13조 제1항 또는 같은 조 제2항 단서에 따라 대한민국에서 외국 국적을 행사하지 아니하겠다는 뜻을 서약한 자가 그 뜻에 **현저히 반하는 행위**를 한 경우에는 6개월 내에 **하나의 국적**을 선택할 것을 명할 수 있다. ③ 제1항 또는 제2항에 따라 국적선택의 명령을 받은 자가 대한민국 국적을 선택하려면 **외국국적을 포기**하여야 한다. ④ 제1항 또는 제2항에 따라 국적선택의 명령을 받고도 이를 **따르지 아니한 자**는 그 기간이 지난 때에 대한민국 국적을 **상실한다.**
제14조의4	**[대한민국 국적의 상실결정]** ① 법무부장관은 복수국적자가 다음 각 호의 어느 하나의 사유에 해당하여 대한민국의 국적을 보유함이 현저히 부적합하다고 인정하는 경우에는 **청문을 거쳐** 대한민국 국적의 상실을 결정할 수 있다. 다만, **출생에 의하여 대한민국 국적을 취득한 자**는 제외한다. 1. 국가안보, 외교관계 및 국민경제 등에 있어서 대한민국의 국익에 반하는 행위를 하는 경우 2. 대한민국의 사회질서 유지에 상당한 지장을 초래하는 행위로서 대통령령으로 정하는 경우
제14조의5	**[복수국적자에 관한 통보의무 등]** ① 공무원이 그 직무상 복수국적자를 발견하면 지체 없이 **법무부장관**에게 그 사실을 통보하여야 한다.

제15조	**[외국 국적 취득에 따른 국적 상실]** ① 대한민국의 국민으로서 **자진하여 외국 국적을 취득한 자**는 그 외국 국적을 취득한 때에 대한민국 국적을 상실한다. ② 대한민국의 국민으로서 다음 각 호의 어느 하나에 해당하는 자는 그 외국 국적을 취득한 때부터 **6개월** 내에 법무부장관에게 대한민국 국적을 보유할 의사가 있다는 뜻을 신고하지 아니하면 그 외국 국적을 취득한 때로 **소급**하여 대한민국 국적을 상실한 것으로 본다. 　1. 외국인과의 혼인으로 그 배우자의 국적을 취득하게 된 자 　2. 외국인에게 입양되어 그 양부 또는 양모의 국적을 취득하게 된 자 　3. 외국인인 부 또는 모에게 인지되어 그 부 또는 모의 국적을 취득하게 된 자 　4. 외국 국적을 취득하여 대한민국 국적을 상실하게 된 자의 배우자나 미성년의 자(子)로서 그 외국의 법률에 따라 함께 그 외국 국적을 취득하게 된 자 ③ 외국 국적을 취득함으로써 대한민국 국적을 상실하게 된 자에 대하여 그 외국 국적의 취득일을 알 수 없으면 그가 사용하는 **외국 여권의 최초 발급일**에 그 외국 국적을 취득한 것으로 추정한다.
제18조	**[국적상실자의 권리 변동]** ① 대한민국 국적을 상실한 자는 **국적을 상실한 때**부터 대한민국의 국민만이 누릴 수 있는 권리를 누릴 수 없다. ② 제1항에 해당하는 권리 중 대한민국의 국민이었을 때 취득한 것으로서 양도할 수 있는 것은 그 권리와 관련된 법령에서 따로 정한 바가 없으면 3년 내에 대한민국의 국민에게 양도하여야 한다.
제19조	**[법정대리인이 하는 신고 등]** 이 법에 규정된 신청이나 신고와 관련하여 그 신청이나 신고를 하려는 자가 15세 미만이면 법정대리인이 대신하여 이를 행한다.
제20조	**[국적 판정]** ① **법무부장관**은 대한민국 국적의 취득이나 보유 여부가 분명하지 아니한 자에 대하여 이를 **심사한 후 판정**할 수 있다.
제21조	**[허가 등의 취소]** ① 법무부장관은 **거짓이나 그 밖의 부정한 방법**으로 귀화허가, 국적회복허가, 국적의 이탈허가 또는 국적보유판정을 받은 자에 대하여 그 허가 또는 판정을 **취소할 수 있다.**

제22조	**[국적심의위원회]** ① 국적에 관한 다음 각 호의 사항을 심의하기 위하여 **법무부장관** 소속으로 국적심의위원회 (이하 "위원회"라 한다)를 둔다. 　1. 제7조 제1항 제3호에 해당하는 특별귀화 허가에 관한 사항 　2. 제14조의2에 따른 대한민국 국적의 이탈 허가에 관한 사항 　3. 제14조의4에 따른 대한민국 국적의 상실 결정에 관한 사항 　4. 그 밖에 국적업무와 관련하여 법무부장관이 심의를 요청하는 사항 ② 법무부장관은 제1항 제1호부터 제3호까지의 허가 또는 결정 전에 위원회의 심의를 거쳐야 한다. 다만, 요건을 충족하지 못하는 것이 명백한 경우 등 대통령령으로 정하는 사항은 그러하지 아니하다. ③ 위원회는 제1항 각 호의 사항을 효과적으로 심의하기 위하여 필요하다고 인정하는 경우 관계 행정기관의 장에게 자료의 제출 또는 의견의 제시를 요청하거나 관계인을 출석시켜 의견을 들을 수 있다.
제23조	**[위원회의 구성 및 운영]** ① 위원회는 위원장 1명을 포함하여 30명 이내의 위원으로 구성한다. ② 위원장은 **법무부차관**으로 하고, 위원은 다음 각 호의 사람으로 한다. 　1. 법무부 소속 고위공무원단에 속하는 공무원으로서 법무부장관이 지명하는 사람 1명 　2. 대통령령으로 정하는 관계 행정기관의 국장급 또는 이에 상당하는 공무원 중에서 법무부장관이 지명하는 사람 　3. 국적 업무와 관련하여 학식과 경험이 풍부한 사람으로서 법무부장관이 위촉하는 사람 ③ 제2항 제3호에 따른 위촉위원의 임기는 2년으로 하며, **한 번만 연임**할 수 있다. 다만, 위원의 임기 중 결원이 생겨 새로 위촉하는 위원의 임기는 **전임위원 임기의 남은 기간**으로 한다. ④ 위원회의 회의는 제22조 제1항의 안건별로 위원장이 **지명하는 10명 이상 15명** 이내의 위원이 참석하되, 제2항 제3호에 따른 위촉위원이 **과반수**가 되도록 하여야 한다. ⑤ 위원회의 회의는 위원장 및 제4항에 따라 **지명**된 위원의 **과반수의 출석**으로 개의하고 출석 **위원 과반수의 찬성**으로 의결한다. ⑥ 위원회의 사무를 처리하기 위하여 간사 1명을 두되, 간사는 위원장이 지명하는 일반직공무원으로 한다. ⑦ 위원회의 업무를 효율적으로 수행하기 위하여 위원회에 분야별로 분과위원회를 둘 수 있다. ⑧ 제1항부터 제7항까지의 규정에서 정하는 사항 외에 위원회의 구성 및 운영에 필요한 사항은 대통령령으로 정한다.

제24조	**[수수료]** ① 이 법에 따른 허가신청, 신고 및 증명서 등의 발급을 받으려는 사람은 **법무부령**으로 정하는 바에 따라 수수료를 납부하여야 한다. ② 제1항에 따른 수수료는 정당한 사유가 있는 경우 이를 감액하거나 면제할 수 있다. ③ 제1항에 따른 수수료의 금액 및 제2항에 따른 수수료의 감액·면제 기준 등에 필요한 사항은 법무부령으로 정한다.
제25조	**[관계 기관 등의 협조]** ① 법무부장관은 국적업무 수행에 필요하면 관계 기관의 장이나 관련 단체의 장에게 자료 제출, 사실 조사, 신원 조회, 의견 제출 등의 **협조**를 **요청할 수 있다**. ② 법무부장관은 국적업무를 수행하기 위하여 관계 기관의 장에게 다음 각 호의 정보 제공을 요청할 수 있다. 　1. 범죄경력정보 　2. 수사경력정보 　3. 외국인의 범죄처분결과정보 　4. 여권발급정보 　5. 주민등록정보 　6. 가족관계등록정보 　7. 병적기록 등 병역관계정보 　8. 납세증명서 ③ 제1항 및 제2항에 따른 협조 요청 또는 정보 제공 요청을 받은 관계 기관의 장이나 관련 단체의 장은 **정당한 사유가 없으면** 요청에 따라야 한다.

Ⅴ 국회법

[시행 2024.3.12.]
[법률 제20372호, 2024.3.12. 일부개정]

제1조	**[목적]** 이 법은 국회의 조직·의사, 그 밖에 필요한 사항을 규정함으로써 국민의 대의기관인 국회의 민주적이고 효율적인 운영에 기여함을 목적으로 한다.
제2조	**[당선 통지 및 등록]** ① 중앙선거관리위원회 위원장은 국회의원 당선인이 결정된 때에는 그 명단을 즉시 국회에 통지하여야 한다.
제3조	**[의석 배정]** 국회의원(이하 "의원"이라 한다)의 의석은 국회의장(이하 "의장"이라 한다)이 각 교섭단체 대표의원과 협의하여 정한다. 다만, 협의가 이루어지지 아니할 때에는 의장이 잠정적으로 이를 정한다.
제4조	**[정기회]** 정기회는 매년 9월 1일에 집회한다. 다만, 그 날이 공휴일인 때에는 그 다음 날에 집회한다.
제5조	**[임시회]** ① 의장은 임시회의 집회 요구가 있을 때에는 집회기일 3일 전에 공고한다. 이 경우 둘 이상의 집회 요구가 있을 때에는 집회일이 빠른 것을 공고하되, 집회일이 같은 때에는 그 요구서가 먼저 제출된 것을 공고한다. ② 의장은 제1항에도 불구하고 다음 각 호의 어느 하나에 해당하는 경우에는 집회기일 1일 전에 공고할 수 있다. 　1. 내우외환, 천재지변 또는 중대한 재정·경제상의 위기가 발생한 경우 　2. 국가의 안위에 관계되는 중대한 교전 상태나 전시·사변 또는 이에 준하는 국가비상사태인 경우 ③ 국회의원 총선거 후 첫 임시회는 의원의 임기 개시 후 7일에 집회하며, 처음 선출된 의장의 임기가 폐회 중에 만료되는 경우에는 늦어도 임기만료일 5일 전까지 집회한다. 다만, 그 날이 공휴일인 때에는 그 다음 날에 집회한다.

제5조의2	**[연간 국회 운영 기본일정 등]** ① 의장은 국회의 연중 상시 운영을 위하여 각 교섭단체 **대표의원과의 협의**를 거쳐 **매년 12월 31일까지** 다음 연도의 국회 운영 기본일정(**국정감사를 포함한다**)을 정하여야 한다. 다만, 국회의원 **총선거 후 처음** 구성되는 국회의 해당 연도 국회 운영 기본일정은 **6월 30일까지** 정하여야 한다. ② 제1항의 연간 국회 운영 기본일정은 다음 각 호의 기준에 따라 작성한다. 　1. 2월·3월·4월·5월 및 6월 1일과 8월 16일에 임시회를 집회한다. 다만, 국회의원 총선 거가 있는 경우 임시회를 집회하지 아니하며, 집회일이 공휴일인 경우에는 그 다음 날에 집회한다. 　2. 정기회의 회기는 100일로, 제1호에 따른 임시회의 회기는 해당 월의 말일까지로 한다. 다만, 임시회의 회기가 30일을 초과하는 경우에는 30일로 한다. 　3. 2월, 4월 및 6월에 집회하는 임시회의 회기 중 한 주는 제122조의2에 따라 **정부에 대한 질문**을 한다.
제5조의3	**[법률안 제출계획의 통지]** ① 정부는 부득이한 경우를 제외하고는 매년 1월 31일까지 해당 연도에 제출할 법률안에 관한 계획을 국회에 통지하여야 한다.
제7조	**[회기]** ① 국회의 회기는 **의결로 정하되, 의결로 연장**할 수 있다.
제8조	**[휴회]** ② 국회는 휴회 중이라도 **대통령의 요구가 있을 때, 의장이 긴급한 필요**가 있다고 인정할 때 또는 **재적의원 4분의 1 이상의 요구**가 있을 때에는 국회의 회의(이하 "본회의"라 한다)를 재개한다.
제9조	**[의장·부의장의 임기]** ① 의장과 부의장의 임기는 2년으로 한다. 다만, 국회의원 **총선거 후 처음 선출된** 의장과 부의장의 임기는 **그 선출된 날부터 개시하여 의원의 임기 개시 후 2년이 되는 날**까지로 한다. ② **보궐선거**로 당선된 의장 또는 부의장의 임기는 **전임자 임기의 남은 기간**으로 한다.
제11조	**[의장의 위원회 출석과 발언]** 의장은 위원회에 출석하여 발언할 수 있다. 다만, **표결에는 참가할 수 없다.**

제12조	**[부의장의 의장 직무대리]** ① 의장이 사고가 있을 때에는 **의장이 지정하는 부의장**이 그 직무를 대리한다. ② 의장이 심신상실 등 부득이한 사유로 의사표시를 할 수 없게 되어 직무대리자를 지정할 수 없을 때에는 **소속 의원 수가 많은 교섭단체 소속 부의장**의 순으로 의장의 직무를 대행한다.
제13조	**[임시의장]** **의장과 부의장이 모두 사고**가 있을 때에는 **임시의장을 선출**하여 의장의 직무를 대행하게 한다.
제14조	**[사무총장의 의장 직무대행]** **국회의원 총선거 후** 의장이나 부의장이 선출될 때까지는 사무총장이 임시회 집회 공고에 관하여 **의장의 직무를 대행**한다. 처음 선출된 의장과 부의장의 임기만료일까지 부득이한 사유로 의장이나 부의장을 선출하지 못한 경우와 폐회 중에 의장·부의장이 모두 궐위된 경우에도 또한 같다.
제15조	**[의장·부의장의 선거]** ① 의장과 부의장은 국회에서 **무기명투표**로 선거하고 **재적의원 과반수의 득표**로 당선된다. ② 제1항에 따른 선거는 **국회의원 총선거 후 첫 집회일**에 실시하며, 처음 선출된 의장 또는 부의장의 임기가 만료되는 경우에는 그 **임기만료일 5일 전**에 실시한다. 다만, 그 날이 공휴일인 경우에는 그 다음 날에 실시한다. ③ 제1항의 득표자가 없을 때에는 2차투표를 하고, 2차투표에도 제1항의 득표자가 없을 때에는 최고득표자가 1명이면 최고득표자와 차점자에 대하여, 최고득표자가 2명 이상이면 최고득표자에 대하여 **결선투표**를 하되, **재적의원 과반수의 출석과 출석의원 다수득표자를 당선자**로 한다.
제16조	**[보궐선거]** 의장 또는 부의장이 궐위된 때나 의장과 부의장이 모두 궐위된 때에는 **지체 없이 보궐선거**를 실시한다.
제17조	**[임시의장 선거]** 임시의장은 **무기명투표**로 선거하고 재적의원 **과반수의 출석과 출석의원 다수득표자를 당선자**로 한다.
제18조	**[의장 등 선거 시의 의장 직무대행]** 의장 등의 선거에서 다음 각 호의 어느 하나에 해당할 때에는 **출석의원 중 최다선의원**이, 최다선 의원이 **2명 이상**인 경우에는 그 중 **연장자**가 의장의 직무를 대행한다.

	1. 국회의원 총선거 후 처음으로 의장과 부의장을 선거할 때 2. 제15조 제2항에 따라 처음 선출된 의장 또는 부의장의 임기가 만료되는 경우 그 임기만료일 5일 전에 의장과 부의장의 선거가 실시되지 못하여 그 임기 만료 후 의장과 부의장을 선거할 때 3. 의장과 부의장이 모두 궐위되어 그 보궐선거를 할 때 4. 의장 또는 부의장의 보궐선거에서 의장과 부의장이 모두 사고가 있을 때 5. 의장과 부의장이 모두 사고가 있어 임시의장을 선거할 때
제19조	**[의장 · 부의장의 사임]** 의장과 부의장은 국회의 동의를 받아 그 직을 사임할 수 있다.
제20조	**[의장 · 부의장의 겸직 제한]** ① 의장과 부의장은 특별히 **법률로 정한 경우**를 제외하고는 의원 외의 직을 겸할 수 **없다.**
제20조의2	**[의장의 당적 보유 금지]** ① 의원이 의장으로 당선된 때에는 **당선된 다음 날**부터 의장으로 재직하는 동안은 **당적을 가질 수 없다.** 다만, 국회의원 총선거에서 「공직선거법」 제47조에 따른 정당추천후보자로 추천을 받으려는 경우에는 의원 임기만료일 **90일 전**부터 당적을 가질 수 있다. ② 제1항 본문에 따라 당적을 이탈한 의장의 임기가 만료된 때에는 **당적을 이탈할 당시의 소속 정당으로 복귀**한다.
제21조	**[국회사무처]** ① 국회의 입법 · 예산결산심사 등의 활동을 지원하고 행정사무를 처리하기 위하여 **국회에 사무처를 둔다.** ② 국회사무처에 **사무총장 1명**과 필요한 공무원을 둔다. ③ 사무총장은 의장이 각 교섭단체 대표의원과의 협의를 거쳐 본회의의 승인을 받아 임면한다. ④ 사무총장은 **의장의 감독**을 받아 국회의 사무를 총괄하고 소속 공무원을 지휘 · 감독한다. ⑤ 국회사무처는 국회의 입법 및 예산결산심사 등의 활동을 지원할 때 **의원이나 위원회의 요구**가 있는 경우 필요한 자료 등을 **제공하여야 한다.**
제22조	**[국회도서관]** ③ 도서관장은 의장이 **국회운영위원회의 동의**를 받아 임면한다.
제22조의2	**[국회예산정책처]** ③ 처장은 의장이 **국회운영위원회의 동의**를 받아 임면한다.

제22조의4	**[국회세종의사당]** ① 국회는 「세종특별자치시 설치 등에 관한 특별법」에 따른 세종특별자치시에 국회 분원(分院)으로 세종의사당(이하 "국회세종의사당"이라 한다)을 둔다. ② 제1항에 따른 국회세종의사당의 설치와 운영, 그 밖에 필요한 사항은 국회규칙으로 정한다.
제23조	**[국회의 예산]** ① 국회의 예산은 **독립하여 국가예산**에 계상한다. ② 의장은 국회 소관 예산요구서를 작성하여 **국회운영위원회의 심사**를 거쳐 정부에 제출한다. 다만, 「국가재정법」에서 정한 예산요구서 제출기일 전일까지 국회운영위원회가 국회 소관 예산요구서의 심사를 마치지 못한 경우에는 의장은 직접 국회 소관 예산요구서를 정부에 제출할 수 있다. ④ 국회의 예비금은 **사무총장이 관리**하되, 국회운영위원회의 동의와 의장의 승인을 받아 지출한다. 다만, 폐회 중일 때에는 의장의 승인을 받아 지출하고 다음 회기 초에 국회운영위원회에 보고한다.
제26조	**[체포동의 요청의 절차]** ① 의원을 체포하거나 구금하기 위하여 국회의 동의를 받으려고 할 때에는 관할법원의 판사는 영장을 발부하기 전에 **체포동의 요구서를 정부에 제출**하여야 하며, 정부는 이를 수리한 후 지체 없이 그 사본을 첨부하여 국회에 체포동의를 요청하여야 한다. ② 의장은 제1항에 따른 체포동의를 요청받은 후 처음 개의하는 본회의에 이를 보고하고, 본회의에 보고된 때부터 **24시간 이후 72시간 이내에 표결**한다. 다만, 체포동의안이 72시간 이내에 표결되지 아니하는 경우에는 그 이후에 **최초로 개의하는 본회의에 상정**하여 표결한다.
제27조	**[의원 체포의 통지]** 정부는 체포 또는 구금된 의원이 있을 때에는 지체 없이 의장에게 영장 사본을 첨부하여 이를 통지하여야 한다. **구속기간이 연장되었을 때에도 또한 같다.**
제28조	**[석방 요구의 절차]** 의원이 체포 또는 구금된 의원의 석방 요구를 발의할 때에는 재적의원 4분의 1 이상의 연서로 그 이유를 첨부한 요구서를 의장에게 제출하여야 한다.
제29조	**[겸직 금지]** ① 의원은 **국무총리 또는 국무위원 직** 외의 다른 직을 겸할 수 없다. 다만, 다음 각 호의 어느 하나에 해당하는 경우에는 그러하지 아니하다. 1. 공익 목적의 명예직 2. 다른 법률에서 의원이 임명·위촉되도록 정한 직 3. 「정당법」에 따른 정당의 직

제29조의2	**[영리업무 종사 금지]** ① 의원은 그 직무 외에 영리를 목적으로 하는 업무에 종사할 수 없다. 다만, 의원 본인 소유의 토지 · 건물 등의 재산을 활용한 **임대업 등 영리업무**를 하는 경우로서 의원 **직무수행에 지장이 없는** 경우에는 그러하지 아니하다. ② 의원이 당선 전부터 제1항 단서의 영리업무 외의 영리업무에 종사하고 있는 경우에는 임기 개시 후 6개월 이내에 그 **영리업무를 휴업하거나 폐업**하여야 한다. ③ 의원이 당선 전부터 제1항 단서의 영리업무에 종사하고 있는 경우에는 임기 개시 후 1개월 이내에, 임기 중에 제1항 단서의 영리업무에 종사하게 된 경우에는 지체 없이 이를 의장에게 **서면으로 신고**하여야 한다. ④ 의장은 의원이 제3항에 따라 신고한 영리업무가 제1항 단서의 영리업무에 해당하는지를 **윤리심사자문위원회의 의견**을 들어 결정하고 그 결과를 해당 의원에게 통보한다. 이 경우 의장은 윤리심사자문위원회의 의견을 존중하여야 한다.
제33조	**[교섭단체]** ① 국회에 **20명 이상의 소속 의원을 가진 정당**은 **하나의 교섭단체**가 된다. 다만, 다른 교섭단체에 속하지 아니하는 **20명 이상의 의원**으로 따로 교섭단체를 구성할 수 있다.
제34조	**[교섭단체 정책연구위원]** ① 교섭단체 소속 의원의 입법 활동을 보좌하기 위하여 교섭단체에 **정책연구위원**을 둔다. ② 정책연구위원은 해당 교섭단체 대표의원의 **제청**에 따라 **의장이 임면**한다. ③ 정책연구위원은 **별정직공무원**으로 하고, 그 인원 · 자격 · 임면절차 · 직급 등에 필요한 사항은 **국회규칙**으로 정한다.
제35조	**[위원회의 종류]** 국회의 위원회는 **상임위원회**와 **특별위원회** 두 종류로 한다.

제37조	**[상임위원회와 그 소관]**
	① 상임위원회의 종류와 소관 사항은 다음과 같다.
	  1. **국회운영위원회**
	    가. 국회 운영에 관한 사항
	    나. 「국회법」과 국회규칙에 관한 사항
	    다. **국회사무처** 소관에 속하는 사항
	    라. 국회도서관 소관에 속하는 사항
	    마. 국회예산정책처 소관에 속하는 사항
	    바. 국회입법조사처 소관에 속하는 사항
	    사. **대통령비서실**, 국가안보실, 대통령경호처 소관에 속하는 사항
	    아. **국가인권위원회** 소관에 속하는 사항
	  2. 법제사법위원회
	    가. 법무부 소관에 속하는 사항

나. 법제처 소관에 속하는 사항

　　다. **감사원** 소관에 속하는 사항

　　라. **고위공직자범죄수사처** 소관에 속하는 사항

　　마. **헌법재판소 사무**에 관한 사항

　　바. 법원 · 군사법원의 **사법행정**에 관한 사항

　　사. **탄핵소추**에 관한 사항

　　아. **법률안 · 국회규칙안의 체계 · 형식과 자구의 심사**에 관한 사항

3. 정무위원회

　　가. 국무조정실, 국무총리비서실 소관에 속하는 사항

　　나. 국가보훈부 소관에 속하는 사항

　　다. **공정거래위원회** 소관에 속하는 사항

　　라. **금융위원회** 소관에 속하는 사항

　　마. **국민권익위원회** 소관에 속하는 사항

4. 기획재정위원회

　　가. 기획재정부 소관에 속하는 사항

　　나. **한국은행** 소관에 속하는 사항

5. 교육위원회

　　가. 교육부 소관에 속하는 사항

　　나. 국가교육위원회 소관에 속하는 사항

6. 과학기술정보방송통신위원회

　　가. 과학기술정보통신부 소관에 속하는 사항

　　나. 방송통신위원회 소관에 속하는 사항

　　다. 원자력안전위원회 소관에 속하는 사항

7. 외교통일위원회

　　가. 외교부 소관에 속하는 사항

　　나. 통일부 소관에 속하는 사항

　　다. **민주평화통일자문회의 사무**에 관한 사항

8. 국방위원회

　　국방부 소관에 속하는 사항

9. 행정안전위원회

　　가. 행정안전부 소관에 속하는 사항

　　나. 인사혁신처 소관에 속하는 사항

　　다. **중앙선거관리위원회 사무**에 관한 사항

　　라. **지방자치단체**에 관한 사항

10. 문화체육관광위원회

　　문화체육관광부 소관에 속하는 사항

11. 농림축산식품해양수산위원회

　　가. 농림축산식품부 소관에 속하는 사항

　　나. 해양수산부 소관에 속하는 사항

	12. 산업통상자원중소벤처기업위원회
	가. 산업통상자원부 소관에 속하는 사항
	나. 중소벤처기업부 소관에 속하는 사항
	13. 보건복지위원회
	가. 보건복지부 소관에 속하는 사항
	나. 식품의약품안전처 소관에 속하는 사항
	14. 환경노동위원회
	가. 환경부 소관에 속하는 사항
	나. 고용노동부 소관에 속하는 사항
	15. 국토교통위원회
	국토교통부 소관에 속하는 사항
	16. 정보위원회
	가. **국가정보원 소관에 속하는 사항**
	나. 「국가정보원법」 제4조 제1항 제5호에 따른 정보 및 보안 업무의 기획·조정 대상 부처 소관의 정보 예산안과 결산 심사에 관한 사항
	17. 여성가족위원회
	여성가족부 소관에 속하는 사항
	② 의장은 어느 상임위원회에도 속하지 아니하는 사항은 국회운영위원회와 협의하여 소관 상임위원회를 정한다.

제38조	**[상임위원회의 위원 정수]** 상임위원회의 위원 정수는 **국회규칙**으로 정한다. 다만, **정보위원회**의 위원 정수는 **12명**으로 한다.

제39조	**[상임위원회의 위원]** ① 의원은 **둘 이상**의 상임위원이 될 수 있다. ② 각 **교섭단체 대표의원**은 국회운영위원회의 위원이 된다. ③ 의장은 상임위원이 될 수 없다. ④ 국무총리 또는 국무위원의 직을 겸한 의원은 상임위원을 사임할 수 있다.

제40조	**[상임위원의 임기]** ① 상임위원의 임기는 **2년**으로 한다. 다만, 국회의원 총선거 후 처음 선임된 위원의 임기는 선임된 날부터 개시하여 의원의 임기 개시 후 2년이 되는 날까지로 한다. ② **보임**되거나 개선된 상임위원의 임기는 **전임자 임기의 남은 기간**으로 한다.

제41조	**[상임위원장]** ② 상임위원장은 제48조 제1항부터 제3항까지에 따라 선임된 해당 상임위원 중에서 **임시의장 선거의 예**에 준하여 **본회의**에서 선거한다.

제43조	**[전문가의 활용]** ① **위원회는 의결로** 중요한 안건 또는 전문지식이 필요한 안건의 심사와 관련하여 필요한 경우에는 해당 안건에 관하여 학식과 경험이 있는 **3명 이내의 전문가**를 심사보조자로 위촉할 수 있다.
제44조	**[특별위원회]** ① 국회는 둘 이상의 **상임위원회**와 관련된 안건이거나 특히 필요하다고 인정한 안건을 효율적으로 심사하기 위하여 **본회의의 의결로** 특별위원회를 둘 수 있다. ② 제1항에 따른 특별위원회를 구성할 때에는 그 **활동기간**을 정하여야 한다. 다만, 본회의 의결로 그 기간을 **연장**할 수 있다. ④ 제2항에도 불구하고 특별위원회 활동기간 중 연속하여 3개월 이상 회의가 열리지 아니하는 때에는 본회의의 의결로 특별위원회의 활동을 종료시킬 수 있다.
제45조	**[예산결산특별위원회]** ① **예산안**, 기금운용계획안 및 결산(세입세출결산과 기금결산을 말한다. 이하 같다)을 심사하기 위하여 예산결산특별위원회를 둔다. ② 예산결산특별위원회의 위원 수는 **50명**으로 한다. 이 경우 의장은 교섭단체 소속 의원 수의 비율과 상임위원회 위원 수의 비율에 따라 각 교섭단체 대표의원의 **요청**으로 **위원을 선임**한다. ③ 예산결산특별위원회 위원의 임기는 1년으로 한다. 다만, 국회의원 총선거 후 처음 선임된 위원의 임기는 선임된 날부터 개시하여 의원의 임기 개시 후 1년이 되는 날까지로 하며, 보임되거나 개선된 위원의 임기는 전임자 임기의 남은 기간으로 한다. ④ 예산결산특별위원회의 위원장은 예산결산특별위원회의 위원 중에서 **임시의장 선거의 예**에 준하여 본회의에서 선거한다.
제46조	**[윤리특별위원회]** ① 의원의 **자격심사 · 징계에 관한 사항**을 심사하기 위하여 제44조 제1항에 따라 윤리특별위원회를 구성한다. ⑥ 윤리특별위원회의 운영 등에 관하여 이 법에서 정한 사항 외에 필요한 사항은 **국회규칙**으로 정한다.
제46조의2	**[윤리심사자문위원회]** ① 다음 각 호의 사무를 수행하기 위하여 국회에 윤리심사자문위원회를 둔다. 　1. 의원의 겸직, 영리업무 종사와 관련된 의장의 자문 　2. 의원 징계에 관한 윤리특별위원회의 자문 　3. 의원의 이해충돌 방지에 관한 사항 ② 윤리심사자문위원회는 위원장 1명을 포함한 8명의 자문위원으로 구성하며, 자문위원은 각 교섭단체 대표의원의 추천에 따라 의장이 위촉한다. ③ 자문위원의 임기는 2년으로 한다.

	④ 각 교섭단체 대표의원이 추천하는 자문위원 수는 교섭단체 소속 의원 수의 비율에 따른다. 이 경우 소속 의원 수가 가장 많은 교섭단체 대표의원이 추천하는 자문위원 수는 그 밖의 교섭단체 대표의원이 추천하는 자문위원 수와 같아야 한다. ⑤ 윤리심사자문위원회 위원장은 자문위원 중에서 호선하되, 위원장이 선출될 때까지는 자문위원 중 연장자가 위원장의 직무를 대행한다. ⑥ **의원**은 윤리심사자문위원회의 자문위원이 될 수 없다. ⑦ 자문위원은 「형법」 제127조 및 제129조부터 제132조까지의 규정을 적용할 때에는 공무원으로 본다. ⑧ 윤리심사자문위원회의 사무를 지원하기 위하여 국회규칙으로 정하는 바에 따라 필요한 공무원을 둔다. ⑨ 자문위원은 제1항 각 호의 사무와 관련하여 직접적인 이해관계가 있거나 공정을 기할 수 없는 현저한 사유가 있는 경우에는 심사에 참여할 수 없다. 이 경우 윤리심사자문위원회는 그 의결로 해당 자문위원의 심사를 중지시킬 수 있다.
제46조의3	**[인사청문특별위원회]** ① 국회는 다음 각 호의 임명동의안 또는 의장이 각 교섭단체 대표의원과 협의하여 제출한 선출안 등을 심사하기 위하여 인사청문특별위원회를 둔다. 다만, 「대통령직 인수에 관한 법률」 제5조 제2항에 따라 대통령당선인이 **국무총리 후보자**에 대한 인사청문의 실시를 요청하는 경우에 **의장**은 각 교섭단체 대표의원과 **협의**하여 그 인사청문을 실시하기 위한 **인사청문특별위원회**를 둔다. 　1. 헌법에 따라 그 임명에 국회의 동의가 필요한 **대법원장·헌법재판소장·국무총리·감사원장** 및 **대법관**에 대한 임명동의안 　2. 헌법에 따라 국회에서 선출하는 **헌법재판소 재판관** 및 **중앙선거관리위원회 위원**에 대한 선출안 ② 인사청문특별위원회의 **구성과 운영**에 필요한 사항은 따로 **법률**로 정한다.
제47조	**[특별위원회의 위원장]** ③ 특별위원회의 위원장은 그 **특별위원회**의 동의를 받아 그 직을 사임할 수 있다. 다만, 폐회 중에는 **의장**의 허가를 받아 사임할 수 있다.
제48조	**[위원의 선임 및 개선]** ① 상임위원은 교섭단체 소속 **의원 수의 비율**에 따라 각 교섭단체 대표의원의 요청으로 의장이 선임하거나 개선한다. 이 경우 각 교섭단체 대표의원은 국회의원 총선거 후 첫 임시회의 집회일부터 **2일** 이내에 의장에게 상임위원 선임을 요청하여야 하고, 처음 선임된 상임위원의 임기가 만료되는 경우에는 그 임기만료일 **3일 전**까지 의장에게 상임위원 선임을 요청하여야 하며, 이 기한까지 요청이 없을 때에는 의장이 상임위원을 선임할 수 있다. ② 어느 교섭단체에도 속하지 아니하는 의원의 상임위원 선임은 의장이 한다.

	③ 정보위원회의 위원은 의장이 각 교섭단체 대표의원으로부터 해당 교섭단체 소속 의원 중에서 **후보를 추천받아 부의장** 및 각 교섭단체 대표의원과 **협의하여** 선임하거나 개선한다. 다만, 각 교섭단체 대표의원은 **정보위원회의 위원**이 된다.
	④ 특별위원회의 위원은 제1항과 제2항에 따라 의장이 **상임위원** 중에서 선임한다. 이 경우 그 선임은 특별위원회 구성결의안이 **본회의**에서 의결된 날부터 5일 이내에 하여야 한다.
	⑥ 제1항부터 제4항까지에 따라 위원을 개선할 때 임시회의 경우에는 **회기 중에 개선될 수 없고,** 정기회의 경우에는 **선임 또는 개선 후 30일 이내**에는 개선될 수 없다. 다만, 위원이 질병 등 부득이한 사유로 **의장의 허가**를 받은 경우에는 그러하지 아니하다.
제49조	**[위원장의 직무]** ② 위원장은 위원회의 **의사일정과 개회일시를 간사와 협의하여** 정한다.
제50조	**[간사]** ① 위원회에 각 교섭단체별로 **간사 1명**을 둔다. ② 간사는 **위원회에서 호선**하고 이를 본회의에 보고한다. ③ 위원장이 사고가 있을 때에는 위원장이 지정하는 간사가 위원장의 직무를 대리한다. ⑤ 위원장이 위원회의 개회 또는 의사진행을 거부·기피하거나 제3항에 따른 직무대리자를 지정하지 아니하여 위원회가 활동하기 어려울 때에는 위원장이 소속되지 아니한 교섭단체 소속의 간사 중에서 **소속 의원 수가 많은** 교섭단체 소속 간사의 순으로 위원장의 직무를 대행한다.
제52조	**[위원회의 개회]** 위원회는 다음 각 호의 어느 하나에 해당할 때에 개회한다. 1. **본회의의 의결이 있을 때** 2. 의장이나 위원장이 필요하다고 인정할 때 3. **재적위원 4분의 1 이상**의 요구가 있을 때
제54조	**[위원회의 의사정족수·의결정족수]** 위원회는 재적위원 5분의 1 이상의 출석으로 개회하고, 재적위원 과반수의 출석과 출석위원 과반수의 찬성으로 의결한다.
제54조의2	**[정보위원회에 대한 특례]** ① 정보위원회의 회의는 공개하지 아니한다. 다만, 공청회 또는 제65조의2에 따른 인사청문회를 실시하는 경우에는 **위원회의 의결로 이를 공개**할 수 있다. ④ 이 법에서 정한 사항 외에 정보위원회의 구성과 운영 등에 필요한 사항은 **국회규칙으로** 정한다.

제55조	**[위원회에서의 방청 등]** ① 의원이 아닌 사람이 위원회를 방청하려면 **위원장의 허가를** 받아야 한다. ② 위원장은 질서 유지를 위하여 필요할 때에는 **방청인의 퇴장을** 명할 수 있다.
제57조	**[소위원회]** ① 위원회는 소관 사항을 분담·심사하기 위하여 **상설소위원회를** 둘 수 있고, 필요한 경우 특정한 안건의 심사를 위하여 소위원회를 둘 수 있다. 이 경우 소위원회에 대하여 국회규칙으로 정하는 바에 따라 **필요한 인원 및 예산 등을** 지원할 수 있다. ③ 소위원회의 위원장은 위원회에서 소위원회의 위원 중에서 선출하고 이를 본회의에 보고하며, 소위원회의 위원장이 사고가 있을 때에는 소위원회의 위원장이 소위원회의 위원 중에서 **지정하는 위원이** 그 직무를 대리한다. ⑤ 소위원회의 회의는 **공개한다.** 다만, **소위원회의 의결로** 공개하지 아니할 수 있다. ⑥ 소위원회는 폐회 중에도 활동할 수 있으며, 법률안을 심사하는 소위원회는 **매월 3회 이상** 개회한다. 다만, 국회운영위원회, 정보위원회 및 여성가족위원회의 법률안을 심사하는 소위원회의 경우에는 소위원장이 개회 횟수를 달리 정할 수 있다. ⑦ 소위원회는 그 의결로 의안 심사와 직접 관련된 보고 또는 서류 및 해당 기관이 보유한 사진·영상물의 제출을 정부·행정기관 등에 요구할 수 있고, 증인·감정인·참고인의 출석을 요구할 수 있다. 이 경우 그 요구는 **위원장의 명의로** 한다. ⑧ 소위원회에 관하여는 이 법에서 다르게 정하거나 성질에 반하지 아니하는 한 위원회에 관한 규정을 적용한다. 다만, 소위원회는 **축조심사를 생략해서는** 아니 된다.
제57조의2	**[안건조정위원회]** ① 위원회는 이견을 조정할 필요가 있는 안건(예산안, 기금운용계획안, 임대형 민자사업 한도액안 및 체계·자구 심사를 위하여 **법제사법위원회에 회부된 법률안은** 제외한다. 이하 이 조에서 같다)을 심사하기 위하여 재적위원 3분의 1 이상의 요구로 안건조정위원회(이하 이 조에서 "조정위원회"라 한다)를 구성하고 해당 안건을 제58조 제1항에 따른 대체토론이 끝난 후 조정위원회에 회부한다. 다만, 조정위원회를 거친 안건에 대해서는 그 심사를 위한 조정위원회를 구성할 수 없다. ② 조정위원회의 활동기한은 그 **구성일부터 90일로** 한다. 다만, 위원장은 조정위원회를 구성할 때 **간사와 합의하여** 90일을 넘지 아니하는 범위에서 활동기한을 따로 정할 수 있다. ④ 제3항에 따라 조정위원회를 구성하는 경우에는 소속 의원 수가 가장 많은 교섭단체(이하 이 조에서 "제1교섭단체"라 한다)에 속하는 조정위원의 수와 제1교섭단체에 속하지 아니하는 조정위원의 수를 같게 한다. 다만, **제1교섭단체가 둘 이상인 경우에는** 각 교섭단체에 속하는 조정위원 및 어느 교섭단체에도 속하지 아니하는 조정위원의 수를 **위원장이 간사와 합의하여** 정한다. ⑥ 조정위원회는 제1항에 따라 회부된 안건에 대한 조정안을 재적 조정위원 **3분의 2 이상의** 찬성으로 의결한다. 이 경우 조정위원장은 의결된 조정안을 **지체 없이 위원회에 보고**한다.

제58조	**[위원회의 심사]** ① 위원회는 안건을 심사할 때 먼저 그 취지의 설명과 전문위원의 검토보고를 듣고 대체토론 (안건 전체에 대한 문제점과 당부에 관한 일반적 토론을 말하며 제안자와의 질의·답변을 포함한다)과 **축조심사 및 찬반토론**을 거쳐 표결한다. ② 상임위원회는 안건을 심사할 때 소위원회에 회부하여 이를 심사·보고하도록 한다. ③ 위원회는 제1항에 따른 **대체토론이 끝난 후에만** 안건을 소위원회에 회부할 수 있다. ⑤ 제1항에 따른 축조심사는 위원회의 의결로 **생략할 수 있다.** 다만, **제정법률안과 전부개정 법률안**에 대해서는 그러하지 아니하다. ⑥ 위원회는 제정법률안과 전부개정법률안에 대해서는 **공청회 또는 청문회**를 개최하여야 한다. 다만, 위원회의 의결로 이를 생략할 수 있다. ⑦ 위원회는 안건이 예산상의 조치를 수반하는 경우에는 정부의 의견을 들어야 하며, 필요하다고 인정하는 경우에는 의안 시행에 수반될 것으로 예상되는 **비용에 관하여 국회예산정책처**의 의견을 들을 수 있다. ⑧ 위원회는 안건이 제58조의2에 따라 제정 또는 개정되는 법률안인 경우 국회사무처의 의견을 들을 수 있다. ⑨ 제1항에 따른 전문위원의 **검토보고서**는 특별한 사정이 없으면 해당 안건의 위원회 **상정일 48시간 전까지** 소속 위원에게 **배부되어야** 한다.
제58조의2	**[헌법재판소 위헌결정에 대한 위원회의 심사]** ① 헌법재판소는 종국결정이 법률의 제정 또는 개정과 관련이 있으면 그 결정서 등본을 **국회로 송부**하여야 한다. ② 의장은 제1항에 따라 송부된 결정서 등본을 해당 법률의 소관 위원회와 관련위원회에 송부한다. ③ 위원장은 제2항에 따라 송부된 종국결정을 검토하여 소관 법률의 제정 또는 개정이 필요하다고 판단하는 경우 **소위원회에 회부**하여 이를 심사하도록 한다.
제59조	**[의안의 상정시기]** 위원회는 의안(예산안, 기금운용계획안 및 임대형 민자사업 한도액안은 제외한다. 이하 이 조에서 같다)이 위원회에 회부된 날부터 다음 각 호의 구분에 따른 기간이 지나지 아니하였을 때에는 그 의안을 상정할 수 없다. 다만, 긴급하고 불가피한 사유로 위원회의 의결이 있는 경우에는 그러하지 아니하다. 1. 일부개정법률안: 15일 2. 제정법률안, 전부개정법률안 및 폐지법률안: 20일 3. 체계·자구 심사를 위하여 법제사법위원회에 회부된 법률안: 5일 4. 법률안 외의 의안: 20일

제59조의2	**[의안 등의 자동 상정]** 위원회에 회부되어 상정되지 아니한 의안(예산안, 기금운용계획안 및 임대형 민자사업 한도액안은 제외한다) 및 청원은 제59조 각 호의 구분에 따른 기간이 지난 후 **30일이 지난 날**(청원의 경우에는 위원회에 회부된 후 **30일이 지난 날**) 이후 처음으로 개회하는 위원회에 상정된 것으로 본다. 다만, **위원장이 간사와 합의하는 경우**에는 그러하지 아니하다.
제60조	**[위원의 발언]** ① 위원은 위원회에서 같은 의제에 대하여 **횟수 및 시간 등에 제한 없이** 발언할 수 있다. 다만, 위원장은 발언을 원하는 위원이 2명 이상일 경우에는 간사와 협의하여 15분의 범위에서 각 위원의 첫 번째 발언시간을 균등하게 정하여야 한다.
제62조	**[비공개회의록 등의 열람과 대출 금지]** 위원장은 **의원**이 **비공개회의록**이나 그 밖의 **비밀참고자료**의 **열람**을 요구하면 심사 · 감사 또는 조사에 지장이 없으면 이를 **허용하여야 한다.** 다만, 국회 밖으로는 대출할 수 없다.
제63조	**[연석회의]** ① 소관 위원회는 다른 위원회와 협의하여 **연석회의**를 열고 의견을 교환할 수 있다. 다만, **표결은 할 수 없다.** ② 연석회의를 열려는 위원회는 위원장이 부의할 안건명과 이유를 서면에 적어 다른 **위원회의 위원장**에게 요구하여야 한다. ③ 연석회의는 안건의 **소관 위원회의 회의**로 한다. ④ 세입예산안과 관련 있는 법안을 회부받은 위원회는 **예산결산특별위원회 위원장의 요청**이 있을 때에는 연석회의를 열어야 한다.
제63조의2	**[전원위원회]** ① 국회는 위원회의 심사를 거치거나 위원회가 제안한 의안 중 정부조직에 관한 법률안, 조세 또는 국민에게 부담을 주는 법률안 등 주요 의안의 본회의 상정 전이나 본회의 상정 후에 **재적의원 4분의 1 이상**이 요구할 때에는 그 심사를 위하여 **의원 전원으로 구성되는 전원위원회**를 개회할 수 있다. 다만, 의장은 주요 의안의 심의 등 필요하다고 인정하는 경우 각 교섭단체 대표의원의 **동의**를 받아 전원위원회를 개회하지 아니할 수 있다. ② 전원위원회는 제1항에 따른 의안에 대한 수정안을 제출할 수 있다. 이 경우 해당 수정안은 **전원위원장**이 제안자가 된다. ③ 전원위원회에 위원장 1명을 두되, 의장이 지명하는 **부의장**으로 한다. ④ 전원위원회는 제54조에도 불구하고 재적위원 **5분의 1 이상**의 출석으로 개회하고, 재적위원 **4분의 1 이상의 출석**과 **출석위원 과반수의 찬성**으로 의결한다. ⑤ 그 밖에 전원위원회 운영에 필요한 사항은 **국회규칙**으로 정한다.

제64조	**[공청회]** ① 위원회(소위원회를 포함한다. 이하 이 조에서 같다)는 **중요한 안건 또는 전문지식이 필요한 안건**을 심사하기 위하여 그 의결 또는 **재적위원 3분의 1 이상의 요구로 공청회**를 열고 이해관계자 또는 학식·경험이 있는 사람 등(이하 "진술인"이라 한다)으로부터 의견을 들을 수 있다. 다만, 제정법률안과 전부개정법률안의 경우에는 제58조 제6항에 따른다.
제65조	**[청문회]** ① 위원회(소위원회를 포함한다. 이하 이 조에서 같다)는 중요한 안건의 심사와 **국정감사 및 국정조사**에 필요한 경우 증인·감정인·참고인으로부터 증언·진술을 청취하고 증거를 채택하기 위하여 **위원회 의결로** 청문회를 열 수 있다. ② 제1항에도 불구하고 법률안 심사를 위한 청문회는 **재적위원 3분의 1 이상의 요구로** 개회할 수 있다. 다만, 제정법률안과 전부개정법률안의 경우에는 제58조 제6항에 따른다. ③ 위원회는 **청문회 개회 5일 전**에 안건·일시·장소·증인 등 필요한 사항을 **공고하여야** 한다. ④ 청문회는 공개한다. 다만, **위원회의 의결로** 청문회의 전부 또는 일부를 공개하지 아니할 수 있다.
제65조의2	**[인사청문회]** ② 상임위원회는 다른 법률에 따라 다음 각 호의 어느 하나에 해당하는 공직후보자에 대한 인사청문 요청이 있는 경우 인사청문을 실시하기 위하여 각각 인사청문회를 연다. 　1. 대통령이 임명하는 **헌법재판소 재판관**, 중앙선거관리위원회 위원, 국무위원, 방송통신위원회 위원장, 국가정보원장, 공정거래위원회 위원장, 금융위원회 위원장, 국가인권위원회 위원장, 고위공직자범죄수사처장, 국세청장, 검찰총장, 경찰청장, 합동참모의장, 한국은행 총재, 특별감찰관 또는 한국방송공사 사장의 후보자 　2. 대통령당선인이 「대통령직 인수에 관한 법률」 제5조 제1항에 따라 지명하는 **국무위원 후보자** 　3. 대법원장이 지명하는 **헌법재판소 재판관 또는 중앙선거관리위원회 위원의 후보자** ③ 상임위원회가 구성되기 전(국회의원 총선거 후 또는 상임위원장의 임기 만료 후에 제41조 제2항에 따라 상임위원장이 선출되기 전을 말한다)에 제2항 각 호의 어느 하나에 해당하는 공직후보자에 대한 인사청문 요청이 있는 경우에는 제44조 제1항에 따라 구성되는 특별위원회에서 인사청문을 실시할 수 있다. 이 경우 특별위원회의 설치·구성은 의장이 각 교섭단체 대표의원과 협의하여 제의하며, 위원 선임에 관하여는 제48조 제4항을 적용하지 아니하고 「인사청문회법」 제3조 제3항 및 제4항을 준용한다. ④ 제3항에 따라 실시한 인사청문은 소관 **상임위원회의 인사청문회**로 본다. ⑥ 인사청문회의 절차 및 운영 등에 필요한 사항은 따로 **법률로 정한다.**

제66조	**[심사보고서의 제출]** ① 위원회는 안건 심사를 마쳤을 때에는 심사 경과 및 결과, 그 밖에 필요한 사항을 서면으로 의장에게 보고하여야 한다. ③ 제1항의 안건이 예산상 또는 기금상의 조치를 수반하고 위원회에서 수정된 경우에는 제1항의 보고서에 그 안건의 시행에 수반될 것으로 예상되는 비용에 관하여 **국회예산정책처가 작성한 추계서를 첨부하여야** 한다. 다만, 긴급한 사유가 있는 경우 **위원회 의결로** 추계서 첨부를 생략할 수 있다.
제67조	**[위원장의 보고]** ① 위원장은 소관 위원회에서 심사를 마친 안건이 본회의에서 의제가 되었을 때에는 위원회의 심사 경과 및 결과와 소수의견 및 관련위원회의 의견 등 필요한 사항을 본회의에 보고한다. ② 위원장은 다른 위원으로 하여금 제1항의 보고를 하게 할 수 있다. ④ 위원장이 제1항의 보고를 할 때에는 **자기의 의견을 덧붙일 수 없다.**
제68조	**[소위원회 위원장의 보고]** 소위원회에서 심사를 마쳤을 때에는 소위원회 위원장은 그 심사 경과 및 결과를 위원회에 보고한다. 이 경우 소위원회 위원장은 심사보고서에 **소위원회의 회의록 또는 그 요지를 첨부**하여야 한다.

제69조	**[위원회 회의록]**
	① 위원회는 위원회 회의록을 작성하고 다음 사항을 적는다.
	    1. 개의, 회의 중지 및 산회의 일시
	    2. 의사일정
	    3. **출석위원의 수 및 성명**
	    4. **위원이 아닌 출석의원의 성명**
	    5. 출석한 국무위원 · 정부위원 또는 증인 · 감정인 · 참고인 · 진술인의 성명
	    6. 심사안건명
	    7. 의사
	    8. **표결 수**
	    9. 위원장의 보고
	    10. **위원회에서 종결되거나 본회의에 부의할 필요가 없다고 결정된 안건명과 그 내용**
	    11. 그 밖에 위원회 또는 위원장이 필요하다고 인정하는 사항

제70조	**[위원회의 문서 관리와 발간]** ③ 위원은 해당 위원회의 문서를 열람하거나 비밀이 아닌 문서를 복사할 수 있다. 다만, **위원장의 허가를 받은 경우에는 위원이 아닌 의원도** 열람 또는 복사를 할 수 있다.

제73조	**[의사정족수]** ① 본회의는 재적의원 **5분의 1 이상의 출석**으로 개의한다. ② 의장은 제72조에 따른 개의시부터 1시간이 지날 때까지 제1항의 정족수에 미치지 못할 때에는 **유회(流會)**를 선포할 수 있다. ③ 회의 중 제1항의 **정족수에 미치지 못할 때**에는 의장은 회의의 **중지 또는 산회**를 선포한다. 다만, 의장은 **교섭단체** 대표의원이 의사정족수의 충족을 요청하는 경우 외에는 효율적인 의사진행을 위하여 회의를 계속할 수 있다.
제74조	**[산회]** ② 산회를 **선포한 당일**에는 회의를 다시 개의할 수 **없다**. 다만, 내우외환, 천재지변 또는 중대한 재정·경제상의 위기, 국가의 안위에 관계되는 중대한 교전 상태나 전시·사변 또는 이에 준하는 국가비상사태로서 의장이 각 교섭단체 대표의원과 합의한 경우에는 그러하지 아니하다.
제75조	**[회의의 공개]** ① **본회의는 공개한다.** 다만, **의장의 제의** 또는 의원 **10명 이상의 연서**에 의한 동의로 본회의 의결이 있거나 의장이 **각 교섭단체 대표의원**과 협의하여 **국가의 안전보장**을 위하여 필요하다고 인정할 때에는 공개하지 **아니할 수 있다.** ② 제1항 단서에 따른 제의나 동의에 대해서는 **토론을 하지 아니하고 표결한다.**
제76조	**[의사일정의 작성]** ② 의장은 회기 중 본회의 개의일시 및 심의대상 안건의 대강을 적은 회기 전체 의사일정과 본회의 개의시간 및 심의대상 안건의 순서를 적은 당일 의사일정을 작성한다. ③ 제2항에 따른 의사일정 중 회기 전체 의사일정을 작성할 때에는 **국회운영위원회와 협의**하되, 협의가 이루어지지 아니할 때에는 의장이 이를 결정한다.
제77조	**[의사일정의 변경]** 의원 **20명 이상의 연서**에 의한 동의로 본회의 의결이 있거나 의장이 각 교섭단체 대표의원과 협의하여 필요하다고 인정할 때에는 의장은 회기 전체 의사일정의 일부를 변경하거나 당일 의사일정의 안건 추가 및 순서 변경을 할 수 있다. 이 경우 의원의 동의에는 **이유서를 첨부**하여야 하며, 그 동의에 대해서는 토론을 하지 아니하고 표결한다.
제79조	**[의안의 발의 또는 제출]** ① 의원은 **10명 이상의 찬성**으로 의안을 발의할 수 있다. ② 의안을 발의하는 의원은 그 안을 갖추고 **이유를 붙여 찬성자와 연서**하여 이를 **의장에게** 제출하여야 한다. ③ 의원이 법률안을 발의할 때에는 발의의원과 찬성의원을 구분하되, 법률안 제명의 부제(副題)로 발의의원의 성명을 기재한다.

	④ 제3항에 따라 발의의원의 성명을 기재할 때 발의의원이 2명 이상인 경우에는 대표발의의원 1명을 명시(明示)하여야 한다. 다만, 서로 다른 교섭단체에 속하는 의원이 공동으로 발의하는 경우(교섭단체에 속하는 의원과 어느 교섭단체에도 속하지 아니하는 의원이 공동으로 발의하는 경우를 포함한다) 소속 교섭단체가 다른 대표발의의원(어느 교섭단체에도 속하지 아니하는 의원을 포함할 수 있다)을 3명 이내의 범위에서 명시할 수 있다. ⑤ 의원이 발의한 법률안 중 국회에서 의결된 제정법률안 또는 전부개정법률안을 공표하거나 홍보하는 경우에는 해당 법률안의 부제를 함께 표기할 수 있다.
제79조의2	**[의안에 대한 비용추계 자료 등의 제출]** ① 의원이 예산상 또는 기금상의 조치를 수반하는 의안을 발의하는 경우에는 그 의안의 시행에 수반될 것으로 예상되는 비용에 관한 국회예산정책처의 추계서 또는 국회예산정책처에 대한 추계요구서를 함께 제출하여야 한다. ② 제1항에 따라 의원이 국회예산정책처에 대한 비용추계요구서를 제출한 경우 국회예산정책처는 특별한 사정이 없으면 제58조 제1항에 따른 위원회의 심사 전에 해당 의안에 대한 비용추계서를 의장과 비용추계를 요구한 의원에게 제출하여야 한다. 이 경우 의원이 제1항에 따라 비용추계서를 제출한 것으로 본다. ③ 위원회가 예산상 또는 기금상의 조치를 수반하는 의안을 제안하는 경우에는 그 의안의 시행에 수반될 것으로 예상되는 비용에 관한 **국회예산정책처의 추계서**를 함께 제출하여야 한다. 다만, **긴급한 사유**가 있는 경우 위원회의 의결로 추계서 제출을 생략할 수 있다. ④ 정부가 예산상 또는 기금상의 조치를 수반하는 의안을 제출하는 경우에는 그 의안의 시행에 수반될 것으로 예상되는 **비용에 관한 추계서**와 이에 상응하는 **재원조달방안**에 관한 자료를 의안에 첨부하여야 한다.
제81조	**[상임위원회 회부]** ② 의장은 안건이 어느 상임위원회의 소관에 속하는지 명백하지 아니할 때에는 **국회운영위원회와 협의**하여 상임위원회에 회부하되, 협의가 이루어지지 아니할 때에는 의장이 소관 상임위원회를 결정한다. ③ 의장은 발의되거나 제출된 의안과 직접적인 이해관계가 있는 위원이 소관 상임위원회 재적위원 과반수를 차지하여 그 의안을 공정하게 심사할 수 없다고 인정하는 경우에는 제1항에도 불구하고 국회운영위원회와 협의하여 그 의안을 다른 위원회에 회부하여 심사하게 할 수 있다.
제82조	**[특별위원회 회부]** ① 의장은 특히 필요하다고 인정하는 안건에 대해서는 **본회의의 의결을 거쳐** 이를 특별위원회에 회부한다. ② 의장은 특별위원회에 회부된 안건과 관련이 있는 다른 안건을 그 **특별위원회에 회부할 수** 있다.

제82조의2	**[입법예고]** ① 위원장은 간사와 협의하여 회부된 법률안(체계·자구 심사를 위하여 **법제사법위원회에** 회부된 법률안은 제외한다)의 입법 취지와 주요 내용 등을 국회공보 또는 국회 인터넷 홈페이지 등에 게재하는 방법 등으로 입법예고하여야 한다. 다만, 다음 각 호의 어느 하나에 해당하는 경우에는 위원장이 간사와 협의하여 입법예고를 하지 아니할 수 있다. 1. **긴급히 입법**을 하여야 하는 경우 2. 입법 내용의 성질 또는 그 밖의 사유로 **입법예고가 필요 없거나 곤란하다고** 판단되는 경우
제83조	**[관련위원회 회부]** ① 의장은 소관 위원회에 안건을 회부하는 경우에 그 안건이 다른 위원회의 소관 사항과 관련이 있다고 인정할 때에는 관련위원회에 그 안건을 회부하되, 소관 위원회와 관련위원회를 명시하여야 한다. 안건이 소관 위원회에 회부된 후 다른 위원회로부터 회부 요청이 있는 경우 필요하다고 인정할 때에도 또한 같다. ② 의장이 제1항에 따라 관련위원회에 안건을 회부할 때에는 관련위원회가 소관 위원회에 의견을 제시할 기간을 정하여야 하며, **필요한 경우 그 기간을** 연장할 수 있다.
제83조의2	**[예산 관련 법률안에 대한 예산결산특별위원회와의 협의]** ① 기획재정부 소관인 재정 관련 법률안과 상당한 규모의 예산상 또는 기금상의 조치를 수반하는 법률안을 심사하는 소관 위원회는 미리 **예산결산특별위원회와의 협의**를 거쳐야 한다. ② 소관 위원회의 위원장은 제1항에 따른 법률안을 심사할 때 **20일의 범위에서** 협의기간을 정하여 예산결산특별위원회에 협의를 요청하여야 한다. 다만, 예산결산특별위원회 위원장의 요청에 따라 그 기간을 연장할 수 있다. ③ 소관 위원회는 기획재정부 소관의 재정 관련 법률안을 예산결산특별위원회와 협의하여 심사할 때 예산결산특별위원회 위원장의 요청이 있을 때에는 **연석회의를** 열어야 한다.
제84조	**[예산안·결산의 회부 및 심사]** ① 예산안과 결산은 소관 상임위원회에 회부하고, 소관 상임위원회는 예비심사를 하여 그 결과를 의장에게 보고한다. 이 경우 예산안에 대해서는 본회의에서 정부의 시정연설을 듣는다. ② 의장은 예산안과 결산에 제1항의 보고서를 첨부하여 이를 예산결산특별위원회에 회부하고 그 심사가 끝난 후 본회의에 부의한다. 결산의 심사 결과 위법하거나 부당한 사항이 있는 경우에 국회는 본회의 의결 후 정부 또는 해당 기관에 변상 및 징계조치 등 그 시정을 요구하고, 정부 또는 해당 기관은 시정 요구를 받은 사항을 지체 없이 처리하여 그 결과를 국회에 보고하여야 한다. ④ 정보위원회는 제1항과 제2항에도 불구하고 국가정보원 소관 예산안과 결산, 「국가정보원법」 제4조 제1항 제5호에 따른 정보 및 보안 업무의 기획·조정 대상 부처 소관의 정보 예산안과 결산에 대한 심사를 하여 그 결과를 해당 부처별 총액으로 하여 의장에게 보고하고, 의장은 정보위원회에서 심사한 예산안과 결산에 대하여 총액으로 예산결산특별위원회에 통보한다. 이 경우 정보위원회의 심사는 **예산결산특별위원회의 심사로** 본다.

	⑤ 예산결산특별위원회는 소관 상임위원회의 예비심사 내용을 존중하여야 하며, 소관 상임위원회에서 삭감한 세출예산 각 항의 금액을 증가하게 하거나 새 비목을 설치할 경우에는 소관 상임위원회의 동의를 받아야 한다. 다만, 새 비목의 설치에 대한 동의 요청이 소관 상임위원회에 회부되어 회부된 때부터 72시간 이내에 동의 여부가 예산결산특별위원회에 통지되지 아니한 경우에는 소관 상임위원회의 동의가 있는 것으로 본다.
제84조의3	**[예산안·기금운용계획안 및 결산에 대한 공청회]** 예산결산특별위원회는 예산안, 기금운용계획안 및 결산에 대하여 공청회를 개최하여야 한다. 다만, **추가경정예산안**, 기금운용계획변경안 또는 결산의 경우에는 **위원회의 의결**로 공청회를 생략할 수 있다.
제85조	**[심사기간]** ① 의장은 다음 각 호의 어느 하나에 해당하는 경우에는 위원회에 회부하는 안건 또는 회부된 안건에 대하여 심사기간을 지정할 수 있다. 이 경우 제1호 또는 제2호에 해당할 때에는 의장이 각 **교섭단체 대표의원**과 협의하여 해당 호와 관련된 안건에 대해서만 **심사기간**을 지정할 수 있다. 1. 천재지변의 경우 2. 전시·사변 또는 이에 준하는 국가비상사태의 경우 3. 의장이 각 교섭단체 대표의원과 합의하는 경우
제85조의2	**[안건의 신속 처리]** ① 위원회에 회부된 안건(체계·자구 심사를 위하여 법제사법위원회에 회부된 안건을 포함한다)을 제2항에 따른 **신속처리대상안건**으로 지정하려는 경우 의원은 **재적의원 과반수**가 서명한 신속처리대상안건 지정요구 동의(이하 이 조에서 "신속처리안건 지정동의"라 한다)를 의장에게 제출하고, 안건의 소관 위원회 소속 위원은 소관 위원회 재적위원 과반수가 서명한 신속처리안건 지정동의를 소관 위원회 위원장에게 제출하여야 한다. 이 경우 **의장 또는 안건의 소관 위원회 위원장**은 지체 없이 신속처리안건 지정동의를 무기명투표로 표결하되, **재적의원 5분의 3 이상** 또는 안건의 소관 위원회 **재적위원 5분의 3 이상**의 찬성으로 의결한다. ② 의장은 제1항 후단에 따라 **신속처리안건 지정동의가 가결되었을** 때에는 그 안건을 제3항의 기간 내에 심사를 마쳐야 하는 안건으로 지정하여야 한다. 이 경우 위원회가 전단에 따라 지정된 안건(이하 "신속처리대상안건"이라 한다)에 대한 대안을 입안한 경우 그 대안을 신속처리대상안건으로 본다. ③ 위원회는 신속처리대상안건에 대한 심사를 그 **지정일부터 180일** 이내에 마쳐야 한다. 다만, **법제사법위원회**는 신속처리대상안건에 대한 체계·자구 심사를 그 지정일, 제4항에 따라 회부된 것으로 보는 날 또는 제86조 제1항에 따라 회부된 **날부터 90일** 이내에 마쳐야 한다.

	④ 위원회(법제사법위원회는 제외한다)가 신속처리대상안건에 대하여 제3항 본문에 따른 기간 내에 심사를 마치지 아니하였을 때에는 그 기간이 끝난 다음 날에 소관 위원회에서 심사를 마치고 체계·자구 심사를 위하여 법제사법위원회로 회부된 것으로 본다. 다만, 법률안 및 국회규칙안이 아닌 안건은 바로 본회의에 부의된 것으로 본다. ⑤ 법제사법위원회가 신속처리대상안건(체계·자구 심사를 위하여 법제사법위원회에 회부되었거나 제4항 본문에 따라 회부된 것으로 보는 신속처리대상안건을 포함한다)에 대하여 제3항 단서에 따른 기간 내에 심사를 마치지 아니하였을 때에는 그 기간이 끝난 다음 날에 법제사법위원회에서 심사를 마치고 바로 본회의에 부의된 것으로 본다. ⑥ 제4항 단서 또는 제5항에 따른 신속처리대상안건은 본회의에 부의된 것으로 보는 날부터 60일 이내에 본회의에 상정되어야 한다. ⑦ 제6항에 따라 신속처리대상안건이 60일 이내에 본회의에 상정되지 아니하였을 때에는 그 기간이 지난 후 처음으로 개의되는 본회의에 상정된다. ⑧ 의장이 각 교섭단체 대표의원과 합의한 경우에는 신속처리대상안건에 대하여 제2항부터 제7항까지의 규정을 적용하지 아니한다.
제85조의3	**[예산안 등의 본회의 자동 부의 등]** ① 위원회는 예산안, 기금운용계획안, 임대형 민자사업 한도액안(이하 "예산안 등"이라 한다)과 제4항에 따라 지정된 세입예산안 부수 법률안의 심사를 매년 11월 30일까지 마쳐야 한다. ② 위원회가 예산안 등과 제4항에 따라 지정된 **세입예산안 부수 법률안**(체계·자구 심사를 위하여 법제사법위원회에 회부된 법률안을 포함한다)에 대하여 제1항에 따른 기한까지 심사를 마치지 아니하였을 때에는 그 다음 날에 위원회에서 심사를 마치고 바로 본회의에 부의된 것으로 본다. 다만, **의장**이 각 교섭단체 대표의원과 합의한 경우에는 그러하지 아니하다.
제86조	**[체계·자구의 심사]** ① 위원회에서 법률안의 심사를 마치거나 입안을 하였을 때에는 법제사법위원회에 회부하여 체계와 자구에 대한 심사를 거쳐야 한다. 이 경우 법제사법위원회 위원장은 간사와 협의하여 심사에서 제안자의 취지 설명과 토론을 생략할 수 있다. ③ 법제사법위원회가 제1항에 따라 회부된 법률안에 대하여 이유 없이 회부된 날부터 120일 이내에 심사를 마치지 아니하였을 때에는 심사대상 법률안의 소관 위원회 위원장은 간사와 협의하여 이의가 없는 경우에는 의장에게 그 법률안의 본회의 부의를 서면으로 요구한다. 다만, **이의가 있는 경우**에는 그 법률안에 대한 본회의 부의 요구 여부를 무기명투표로 표결하되, 해당 위원회 재적위원 5분의 3 이상의 찬성으로 의결한다. ④ 의장은 제3항에 따른 본회의 부의 요구가 있을 때에는 해당 법률안을 각 교섭단체 대표의원과 합의하여 바로 본회의에 부의한다. 다만, 제3항에 따른 본회의 부의 요구가 있었던 날부터 30일 이내에 합의가 이루어지지 아니하였을 때에는 그 기간이 지난 후 처음으로 개의되는 본회의에서 해당 법률안에 대한 본회의 부의 여부를 무기명투표로 표결한다.

제87조	**[위원회에서 폐기된 의안]** ① 위원회에서 본회의에 부의할 필요가 없다고 결정된 의안은 본회의에 부의하지 아니한다. 다만, 위원회의 결정이 본회의에 보고된 날부터 폐회 또는 휴회 중의 기간을 제외한 **7일** 이내에 의원 **30명 이상**의 요구가 있을 때에는 그 의안을 본회의에 부의하여야 한다. ② 제1항 단서의 요구가 없을 때에는 그 의안은 폐기된다.
제88조	**[위원회의 제출 의안]** 위원회에서 제출한 의안은 그 위원회에 회부하지 아니한다. 다만, 의장은 국회운영위원회의 의결에 따라 그 의안을 **다른 위원회**에 회부할 수 있다.
제89조	**[동의]** 이 법에 다른 규정이 있는 경우를 제외하고 동의는 **동의자 외 1명 이상**의 찬성으로 의제가 된다.
제91조	**[번안]** ① 본회의에서의 번안동의는 의안을 발의한 의원이 그 의안을 발의할 때의 **발의의원 및 찬성의원 3분의 2 이상**의 동의로, 정부 또는 위원회가 제출한 의안은 소관 위원회의 의결로 각각 그 안을 갖춘 **서면**으로 제출하되, 재적의원 **과반수의 출석**과 출석의원 **3분의 2 이상**의 찬성으로 의결한다. 다만, **의안이 정부에 이송된 후**에는 번안할 수 없다. ② 위원회에서의 번안동의는 위원의 동의로 그 안을 갖춘 서면으로 제출하되, 재적위원 과반수의 출석과 출석위원 **3분의 2 이상**의 **찬성**으로 의결한다. 다만, **본회의에서 의제가 된 후**에는 번안할 수 없다.
제92조	**[일사부재의]** 부결된 안건은 같은 회기 중에 다시 발의하거나 제출할 수 **없다**.
제93조	**[안건 심의]** 본회의는 안건을 심의할 때 그 안건을 심사한 위원장의 심사보고를 듣고 질의·토론을 거쳐 표결한다. 다만, 위원회의 심사를 거치지 아니한 안건에 대해서는 제안자가 그 취지를 설명하여야 하고, 위원회의 심사를 거친 안건에 대해서는 의결로 질의와 토론을 모두 **생략하거나** 그 중 **하나를 생략**할 수 있다.
제94조	**[재회부]** 본회의는 위원장의 보고를 받은 후 필요하다고 인정할 때에는 **의결**로 다시 안건을 같은 **위원회** 또는 **다른 위원회**에 회부할 수 있다.

제95조	**[수정동의]** ① 의안에 대한 수정동의는 그 안을 갖추고 이유를 붙여 **30명 이상**의 찬성 의원과 연서하여 미리 의장에게 제출하여야 한다. 다만, 예산안에 대한 수정동의는 의원 **50명 이상**의 찬성이 있어야 한다. ③ 위원회는 소관 사항 외의 안건에 대해서는 수정안을 제출할 수 **없다.**
제96조	**[수정안의 표결 순서]** ① 같은 의제에 대하여 여러 건의 수정안이 제출되었을 때에는 의장은 다음 각 호의 기준에 따라 표결의 순서를 정한다. 1. **가장 늦게 제출된** 수정안부터 먼저 표결한다. 2. **의원의 수정안**은 위원회의 수정안보다 먼저 표결한다. 3. 의원의 수정안이 여러 건 있을 때에는 **원안과 차이가 많은 것**부터 먼저 표결한다.
제98조	**[의안의 이송]** ① 국회에서 의결된 의안은 **의장이 정부에 이송**한다. ② 정부는 대통령이 법률안을 공포한 경우에는 이를 지체 없이 **국회에 통지**하여야 한다. ③ 헌법 제53조 제6항에 따라 대통령이 확정된 법률을 공포하지 아니하였을 때에는 **의장**은 그 공포기일이 **경과**한 날부터 **5일 이내**에 공포하고, **대통령**에게 **통지**하여야 한다.
제98조의2	**[대통령령 등의 제출 등]** ① 중앙행정기관의 장은 법률에서 위임한 사항이나 법률을 집행하기 위하여 필요한 사항을 규정한 대통령령·총리령·부령·훈령·예규·고시 등이 제정·개정 또는 폐지되었을 때에는 **10일 이내**에 이를 **국회 소관 상임위원회**에 제출하여야 한다. 다만, 대통령령의 경우에는 입법예고를 할 때(입법예고를 생략하는 경우에는 법제처장에게 심사를 요청할 때를 말한다)에도 그 입법예고안을 **10일 이내**에 제출하여야 한다. ② 중앙행정기관의 장은 제1항의 기간 이내에 제출하지 못한 경우에는 그 이유를 **소관 상임위원회**에 통지하여야 한다. ③ 상임위원회는 위원회 또는 상설소위원회를 **정기적**으로 개회하여 그 소관 중앙행정기관이 제출한 대통령령·총리령 및 부령(이하 이 조에서 "대통령령 등"이라 한다)의 **법률 위반 여부** 등을 검토하여야 한다. ④ **상임위원회**는 제3항에 따른 검토 결과 대통령령 또는 총리령이 법률의 취지 또는 내용에 합치되지 아니한다고 판단되는 경우에는 검토의 경과와 처리 의견 등을 기재한 **검토결과 보고서**를 **의장**에게 제출하여야 한다. ⑤ 의장은 제4항에 따라 제출된 검토결과보고서를 본회의에 보고하고, **국회는 본회의 의결**로 이를 처리하고 정부에 송부한다. ⑥ 정부는 제5항에 따라 송부받은 검토결과에 대한 처리 여부를 검토하고 그 **처리결과**(송부받은 검토결과에 따르지 못하는 경우 그 사유를 포함한다)를 **국회에 제출**하여야 한다.

	⑦ 상임위원회는 제3항에 따른 검토 결과 부령이 법률의 취지 또는 내용에 합치되지 아니한 다고 판단되는 경우에는 소관 중앙행정기관의 장에게 그 내용을 통보할 수 있다.
	⑧ 제7항에 따라 검토내용을 통보받은 중앙행정기관의 장은 통보받은 내용에 대한 처리 계획과 그 결과를 지체 없이 소관 상임위원회에 보고하여야 한다.
	⑨ 전문위원은 제3항에 따른 대통령령 등을 검토하여 그 결과를 해당 위원회 위원에게 제공한다.
제99조	**[발언의 허가]** ① 의원은 발언을 하려면 미리 의장에게 통지하여 허가를 받아야 한다. ② 발언 통지를 하지 아니한 의원은 통지를 한 의원의 발언이 끝난 다음 의장의 허가를 받아 발언할 수 있다. ③ 의사진행에 관한 발언을 하려면 발언 요지를 의장에게 미리 통지하여야 하며, 의장은 의제와 직접 관계가 있거나 긴급히 처리할 필요가 있다고 인정되는 것은 즉시 허가하고, 그 외의 것은 의장이 그 허가의 시기를 정한다.
제100조	**[발언의 계속]** ① 의원의 발언은 도중에 다른 의원의 발언에 의하여 정지되지 아니한다. ② 의원이 산회 또는 회의의 중지로 발언을 마치지 못한 경우에 다시 그 의사가 개시되면 의장은 그 의원에게 먼저 발언을 계속하게 한다.
제101조	**[보충 보고]** 의장은 위원장이나 위원장이 지명한 소수의견자가 위원회의 보고를 보충하기 위하여 발언하려고 할 때에는 다른 발언보다 우선적으로 발언하게 할 수 있다.
제103조	**[발언 횟수의 제한]** 의원은 같은 의제에 대하여 두 차례만 발언할 수 있다. 다만, 질의에 대하여 답변할 때와 위원장·발의자 또는 동의자가 그 취지를 설명할 때에는 그러하지 아니하다.
제104조	**[발언 원칙]** ① 정부에 대한 질문을 제외하고는 의원의 발언 시간은 15분을 초과하지 아니하는 범위에서 의장이 정한다. 다만, 의사진행발언, 신상발언 및 보충발언은 5분을, 다른 의원의 발언에 대한 반론발언은 3분을 초과할 수 없다. ② 교섭단체를 가진 정당을 대표하는 의원이나 교섭단체의 대표의원이 정당 또는 교섭단체를 대표하여 연설(이하 "교섭단체대표연설"이라 한다)이나 그 밖의 발언을 할 때에는 40분까지 발언할 수 있다. 이 경우 교섭단체대표연설은 매년 첫 번째 임시회와 정기회에서 한 번씩 실시하되, 전반기·후반기 원 구성을 위한 임시회의 경우와 의장이 각 교섭단체 대표의원과 합의를 하는 경우에는 추가로 한 번씩 실시할 수 있다.

	③ 의장은 각 교섭단체 대표의원과 협의하여 같은 의제에 대한 총 **발언시간을 정하여 교섭단체별로 소속 의원 수의 비율에 따라** 할당한다. 이 경우 각 교섭단체 대표의원은 할당된 시간 내에서 발언자 수와 발언자별 발언시간을 정하여 **미리 의장에게 통보**하여야 한다. ⑥ 의원이 시간 제한으로 발언을 마치지 못한 부분은 **의장이 인정하는 범위에서 회의록에 게**재할 수 있다.
제106조의2	**[무제한토론의 실시 등]** ① 의원이 본회의에 부의된 안건에 대하여 이 법의 다른 규정에도 불구하고 시간의 제한을 받지 아니하는 토론(이하 이 조에서 "무제한토론"이라 한다)을 하려는 경우에는 재적의원 3분의 1 이상이 서명한 요구서를 의장에게 제출하여야 한다. 이 경우 의장은 해당 안건에 대하여 **무제한토론을 실시**하여야 한다. ② 제1항에 따른 요구서는 **요구 대상 안건별로 제출**하되, 그 안건이 의사일정에 기재된 본회의가 개의되기 전까지 제출하여야 한다. 다만, 본회의 개의 중 당일 의사일정에 안건이 추가된 경우에는 해당 안건의 토론 종결 선포 전까지 요구서를 제출할 수 있다. ③ 의원은 제1항에 따른 요구서가 제출되면 해당 안건에 대하여 무제한토론을 할 수 있다. 이 경우 **의원 1명당 한 차례만 토론**할 수 있다. ④ 무제한토론을 실시하는 본회의는 제7항에 따른 무제한토론 종결 선포 전까지 산회하지 아니하고 회의를 계속한다. 이 경우 제73조 제3항 본문에도 불구하고 회의 중 재적의원 5분의 1 이상이 출석하지 아니하였을 때에도 회의를 계속한다. ⑤ 의원은 무제한토론을 실시하는 안건에 대하여 재적의원 3분의 1 이상의 서명으로 **무제한토론의 종결동의**를 의장에게 제출할 수 있다. ⑥ 제5항에 따른 무제한토론의 종결동의는 동의가 제출된 때부터 24시간이 지난 후에 무기명투표로 표결하되 재적의원 5분의 3 이상의 찬성으로 의결한다. 이 경우 무제한토론의 종결동의에 대해서는 **토론을 하지 아니하고 표결**한다. ⑦ 무제한토론을 실시하는 안건에 대하여 무제한토론을 할 의원이 더 이상 없거나 제6항에 따라 무제한토론의 종결동의가 가결되는 경우 의장은 **무제한토론의 종결을 선포한 후** 해당 안건을 **지체 없이** 표결하여야 한다. ⑧ **무제한토론을 실시하는 중에 해당 회기가 끝나는 경우에는 무제한토론의 종결이 선포된** 것으로 본다. 이 경우 해당 안건은 바로 **다음 회기에서 지체 없이** 표결하여야 한다. ⑨ 제7항이나 제8항에 따라 무제한토론의 종결이 선포되었거나 선포된 것으로 보는 안건에 대해서는 무제한토론을 요구할 수 없다.
제107조	**[의장의 토론 참가]** 의장이 토론에 참가할 때에는 **의장석에서 물러나야** 하며, 그 안건에 대한 표결이 끝날 때까지 의장석으로 돌아갈 수 **없다.**
제109조	**[의결정족수]** 의사는 헌법이나 이 법에 특별한 규정이 없으면 **재적의원 과반수의 출석과 출석의원 과반수의 찬성으로 의결**한다.

제111조	**[표결의 참가와 의사변경의 금지]** ① 표결을 할 때 **회의장에 있지 아니한 의원**은 표결에 참가할 수 없다. 다만, 기명투표 또는 무기명투표로 표결할 때에는 투표함이 폐쇄될 때까지 표결에 참가할 수 있다. ② 의원은 표결에 대하여 표시한 의사를 **변경**할 수 없다.
제112조	**[표결방법]** ① 표결할 때에는 **전자투표에 의한 기록표결**로 가부(可否)를 결정한다. 다만, 투표기기의 고장 등 특별한 사정이 있을 때에는 기립표결로, 기립표결이 어려운 의원이 있는 경우에는 의장의 허가를 받아 본인의 의사표시를 할 수 있는 방법에 의한 표결로 가부를 결정할 수 있다. ② 중요한 안건으로서 의장의 제의 또는 의원의 동의(動議)로 본회의 의결이 있거나 **재적의원 5분의 1 이상**의 요구가 있을 때에는 기명투표·호명투표(呼名投票) 또는 무기명투표로 표결한다. ③ 의장은 안건에 대하여 이의가 있는지 물어서 이의가 없다고 인정할 때에는 가결되었음을 선포할 수 있다. 다만, 이의가 있을 때에는 제1항이나 제2항의 방법으로 표결하여야 한다. ④ 헌법개정안은 **기명투표**로 표결한다. ⑤ 대통령으로부터 환부(還付)된 법률안과 그 밖에 인사에 관한 안건은 **무기명투표**로 표결한다. 다만, 겸직으로 인한 의원 사직과 위원장 사임에 대하여 의장이 각 교섭단체 대표의원과 협의한 경우에는 그러하지 아니하다. ⑥ 국회에서 실시하는 **각종 선거**는 법률에 특별한 규정이 없으면 **무기명투표**로 한다. 투표 결과 당선자가 없을 때에는 최고득표자와 차점자에 대하여 결선투표를 하여 다수표를 얻은 사람을 당선자로 한다. 다만, 득표수가 같을 때에는 연장자를 당선자로 한다. ⑦ 국무총리 또는 국무위원의 해임건의안이 발의되었을 때에는 의장은 그 해임건의안이 발의된 후 처음 개의하는 본회의에 그 사실을 보고하고, 본회의에 보고된 때부터 **24시간 이후 72시간 이내**에 무기명투표로 표결한다. 이 기간 내에 표결하지 아니한 해임건의안은 **폐기**된 것으로 본다. ⑧ 제1항 본문에 따라 투표를 하는 경우 재적의원 5분의 1 이상의 요구가 있을 때에는 전자적인 방법 등을 통하여 정당한 투표권자임을 확인한 후 투표한다. ⑨ 의장이 각 **교섭단체 대표의원과 합의**를 하는 경우에는 제2항, 제4항부터 제7항까지에 따른 기명투표 또는 무기명투표를 **전자장치**를 이용하여 실시할 수 있다.
제117조	**[자구의 정정과 이의의 결정]** ① **발언한 의원**은 회의록이 배부된 날의 다음 날 오후 5시까지 회의록에 적힌 **자구의 정정**을 의장에게 요구할 수 있다. 다만, **발언의 취지를 변경**할 수 없다. ② 회의에서 발언한 국무총리·국무위원 및 정부위원, 그 밖의 발언자의 경우에도 제1항과 같다. ③ **속기**로 작성한 회의록의 내용은 삭제할 수 없으며, 발언을 통하여 자구 정정 또는 취소의 발언을 한 경우에는 그 발언을 회의록에 적는다.

제118조	**[회의록의 배부·배포]** ① 회의록은 의원에게 배부하고 일반인에게 배포한다. 다만, 의장이 비밀 유지나 국가안전보장을 위하여 필요하다고 인정한 부분에 관하여는 발언자 또는 그 소속 교섭단체 대표의원과 협의하여 게재하지 아니할 수 있다. ⑤ 공표할 수 있는 회의록은 **일반인에게 유상으로** 배포할 수 있다.
제120조	**[국무위원 등의 발언]** ① 국무총리, 국무위원 또는 정부위원은 본회의나 위원회에서 발언하려면 미리 **의장이나 위원장의 허가**를 받아야 한다. ② **법원행정처장, 헌법재판소 사무처장, 중앙선거관리위원회 사무총장**은 의장이나 위원장의 허가를 받아 본회의나 위원회에서 소관 사무에 관하여 발언할 수 있다.
제121조	**[국무위원 등의 출석 요구]** ① 본회의는 의결로 **국무총리, 국무위원** 또는 **정부위원**의 출석을 요구할 수 있다. 이 경우 그 발의는 **의원 20명 이상**이 이유를 구체적으로 밝힌 서면으로 하여야 한다. ② 위원회는 의결로 국무총리, 국무위원 또는 정부위원의 출석을 요구할 수 있다. 이 경우 위원장은 의장에게 그 사실을 보고하여야 한다. ③ 제1항이나 제2항에 따라 출석 요구를 받은 **국무총리, 국무위원** 또는 **정부위원**은 출석하여 **답변**을 하여야 한다. ④ 제3항에도 불구하고 국무총리나 국무위원은 의장 또는 위원장의 승인을 받아 국무총리는 **국무위원으로** 하여금, 국무위원은 **정부위원으로** 하여금 대리하여 출석·답변하게 할 수 있다. 이 경우 의장은 각 교섭단체 대표의원과, 위원장은 간사와 협의하여야 한다. ⑤ 본회의나 위원회는 특정한 사안에 대하여 질문하기 위하여 **대법원장, 헌법재판소장, 중앙선거관리위원회 위원장, 감사원장** 또는 그 대리인의 출석을 요구할 수 있다. 이 경우 위원장은 의장에게 그 사실을 보고하여야 한다.
제122조	**[정부에 대한 서면질문]** ① 의원이 **정부**에 **서면**으로 질문하려고 할 때에는 **질문서를 의장에게 제출**하여야 한다. ② 의장은 제1항의 질문서를 받았을 때에는 **지체 없이 이를 정부에 이송**한다. ③ 정부는 질문서를 받은 날부터 **10일 이내에 서면**으로 답변하여야 한다. 그 기간 내에 답변하지 못할 때에는 그 이유와 답변할 수 있는 기한을 국회에 통지하여야 한다.
제122조의2	**[정부에 대한 질문]** ① 본회의는 **회기 중** 기간을 정하여 국정 전반 또는 국정의 특정 분야를 대상으로 정부에 대하여 질문(이하 "대정부질문"이라 한다)을 할 수 있다. ② 대정부질문은 일문일답의 방식으로 하되, 의원의 질문시간은 **20분**을 초과할 수 없다. 이 경우 질문시간에 답변시간은 포함되지 아니한다. ③ 제2항에도 불구하고 시각장애 등 **신체장애**를 가진 의원이 대정부질문을 하는 경우 의장은 각 교섭단체 대표의원과 **협의하여 별도의 추가 질문시간**을 허가할 수 있다.

제122조의3	**[긴급현안질문]** ① 의원은 **20명 이상의 찬성**으로 회기 중 현안이 되고 있는 중요한 사항을 대상으로 정부에 대하여 질문(이하 이 조에서 "긴급현안질문"이라 한다)을 할 것을 의장에게 요구할 수 있다. ② 제1항에 따라 긴급현안질문을 요구하는 의원은 그 이유와 질문 요지 및 출석을 요구하는 국무총리 또는 국무위원을 적은 질문요구서를 본회의 개의 **24시간 전까지** 의장에게 제출하여야 한다. ③ 의장은 질문요구서를 접수하였을 때에는 긴급현안질문 실시 여부와 의사일정을 **국회운영위원회와 협의**하여 정한다. 다만, 의장은 필요한 경우 본회의에서 긴급현안질문 실시 여부를 표결에 부쳐 정할 수 있다. ④ 제3항에 따른 의장의 결정 또는 본회의의 의결이 있었을 때에는 해당 국무총리 또는 국무위원에 대한 **출석 요구의 의결**이 있는 것으로 본다. ⑤ 긴급현안질문 시간은 총 120분으로 한다. 다만, 의장은 각 교섭단체 대표의원과 협의하여 시간을 연장할 수 있다. ⑥ 긴급현안질문을 할 때 **의원의 질문시간은 10분**을 초과할 수 없다. 다만, 보충질문은 5분을 초과할 수 없다.
제123조	**[청원서의 제출]** ① 국회에 청원을 하려는 자는 의원의 **소개**를 받거나 국회규칙으로 정하는 기간 동안 국회규칙으로 정하는 일정한 수 이상의 **국민의 동의**를 받아 청원서를 제출하여야 한다. ② 청원은 청원자의 주소 · 성명(법인인 경우에는 그 명칭과 대표자의 성명을 말한다. 이하 같다)을 적고 서명한 문서(「전자정부법」 제2조 제7호에 따른 전자문서를 포함한다)로 하여야 한다. ③ 제2항에 따라 전자문서로 제출하는 청원은 본인임을 확인할 수 있는 전자적 방법을 통하여 제출하여야 한다. 이 경우 서명이 대체된 것으로 본다. ④ 청원이 다음 각 호의 어느 하나에 해당하는 경우에는 이를 접수하지 아니한다. 　1. **재판에 간섭하는 내용의 청원** 　2. **국가기관을 모독하는 내용의 청원** 　3. **국가기밀에 관한 내용의 청원** ⑤ 제1항에 따른 국민의 동의 방법 · 절차 및 청원 제출 등에 필요한 사항, 제3항에 따른 본인임을 확인할 수 있는 전자적 방법에 관한 사항은 국회규칙으로 정한다.
제123조의2	**[청원 업무의 전자화]** ① 국회는 청원의 제출 · 접수 · 관리 등 청원에 관한 업무를 효율적으로 처리하기 위한 전자시스템(이하 "**전자청원시스템**"이라 한다)을 **구축 · 운영하여야 한다.**

제125조	**[청원 심사 · 보고 등]** ① 위원회는 청원 심사를 위하여 **청원심사소위원회를 둔다.** ⑤ 위원회는 청원이 회부된 날부터 **90일 이내에** 심사 결과를 의장에게 보고하여야 한다. 다만, 특별한 사유로 그 기간 내에 심사를 마치지 못하였을 때에는 위원장은 의장에게 중간보고를 하고 60일의 범위에서 한 차례만 심사기간의 연장을 요구할 수 있다. ⑥ 제5항에도 불구하고 장기간 심사를 요하는 청원으로서 같은 항에 따른 기간 내에 심사를 마치지 못하는 특별한 사유가 있는 경우에는 위원회의 의결로 심사기간의 추가연장을 요구할 수 있다. ⑧ 위원회에서 본회의에 부의할 필요가 없다고 결정한 청원은 그 처리 결과를 **의장에게 보고**하고, 의장은 **청원인에게 알려야 한다.** 다만, 폐회 또는 휴회 기간을 제외한 7일 이내에 의원 30명 이상의 요구가 있을 때에는 이를 본회의에 부의한다.
제126조	**[정부 이송과 처리보고]** ① 국회가 채택한 청원으로서 정부에서 처리하는 것이 타당하다고 인정되는 청원은 의견서를 첨부하여 정부에 이송한다. ② 정부는 제1항의 청원을 처리하고 그 처리 결과를 지체 없이 **국회에 보고**하여야 한다.
제127조의2	**[감사원에 대한 감사 요구 등]** ① 국회는 의결로 감사원에 대하여 「감사원법」에 따른 감사원의 **직무 범위**에 속하는 사항 중 **사안을 특정하여** 감사를 요구할 수 있다. 이 경우 감사원은 감사 요구를 받은 날부터 3개월 이내에 감사 결과를 국회에 보고하여야 한다.
제127조의3	**[국민권익위원회에 대한 고충민원 조사요구 등]** ① 위원회는 회부된 청원이 고충민원(「부패방지 및 국민권익위원회의 설치와 운영에 관한 법률」 제2조 제5호에 따른 고충민원을 말한다)으로서 정부에서 조사하는 것이 타당하다고 인정하는 경우에는 그 의결로 국민권익위원회에 대하여 그 청원의 조사를 요구할 수 있다. 이 경우 국민권익위원회는 그 조사요구를 받은 날부터 3개월 이내에 조사 및 처리 결과를 해당 조사를 요구한 위원회에 보고하여야 한다. ② 국민권익위원회는 특별한 사유로 제1항에 따른 기간 내에 조사를 마치지 못하였을 때에는 중간보고를 하여야 하며 조사기간의 연장을 요청할 수 있다. 이 경우 해당 **조사를 요구한** 위원회의 위원장은 **2개월의 범위에서** 조사기간을 한 차례만 연장할 수 있다.
제128조	**[보고 · 서류 등의 제출 요구]** ① 본회의, 위원회 또는 소위원회는 그 의결로 안건의 심의 또는 국정감사나 국정조사와 직접 관련된 보고 또는 서류와 해당 기관이 보유한 사진 · 영상물(이하 이 조에서 "서류 등"이라 한다)의 제출을 정부, 행정기관 등에 요구할 수 있다. 다만, 위원회가 청문회, 국정감사 또는 국정조사와 관련된 서류 등의 제출을 요구하는 경우에는 그 의결 또는 재적위원 **3분의 1 이상의 요구로** 할 수 있다.

	② 제1항에 따라 서류 등의 제출을 요구할 때에는 서면, 전자문서 또는 컴퓨터의 자기테이프·자기디스크, 그 밖에 이와 유사한 매체에 기록된 상태나 전산망에 입력된 상태로 제출할 것을 요구할 수 있다. ③ 제1항에도 불구하고 **폐회 중**에 의원으로부터 서류 등의 제출 요구가 있을 때에는 의장 또는 위원장은 교섭단체 **대표의원 또는 간사**와 협의하여 이를 요구할 수 있다.
제130조	**[탄핵소추의 발의]** ① 탄핵소추가 발의되었을 때에는 의장은 발의된 후 **처음 개의하는 본회의**에 보고하고, 본회의는 의결로 **법제사법위원회**에 회부하여 조사하게 할 수 있다. ② 본회의가 제1항에 따라 탄핵소추안을 법제사법위원회에 회부하기로 의결하지 아니한 경우에는 본회의에 보고된 때부터 **24시간 이후 72시간 이내**에 탄핵소추 여부를 무기명투표로 표결한다. 이 기간 내에 표결하지 아니한 탄핵소추안은 폐기된 것으로 본다. ③ 탄핵소추의 발의에는 소추대상자의 성명·직위와 **탄핵소추의 사유**·증거, 그 밖에 조사에 참고가 될 만한 자료를 제시하여야 한다.
제131조	**[회부된 탄핵소추사건의 조사]** ① **법제사법위원회**가 제130조 제1항의 탄핵소추안을 회부받았을 때에는 **지체 없이** 조사·보고하여야 한다.
제133조	**[탄핵소추의 의결]** 본회의의 탄핵소추 의결은 소추대상자의 성명·직위 및 탄핵소추의 사유를 표시한 문서(이하 "**소추의결서**"라 한다)로 하여야 한다.
제134조	**[소추의결서의 송달과 효과]** ① 탄핵소추가 의결되었을 때에는 의장은 지체 없이 소추의결서 정본을 법제사법위원장인 소추위원에게 송달하고, 그 등본을 헌법재판소, **소추된 사람과 그 소속 기관의 장**에게 송달한다. ② 소추의결서가 송달되었을 때에는 소추된 사람의 권한 행사는 정지되며, 임명권자는 소추된 사람의 사직원을 **접수**하거나 소추된 사람을 **해임**할 수 없다.
제135조	**[사직]** ① 국회는 **의결로 의원의 사직을 허가**할 수 있다. 다만, **폐회 중에는 의장이 허가**할 수 있다. ③ 사직 허가 여부는 **토론**을 하지 아니하고 **표결한다**.
제137조	**[궐원 통지]** 의원이 궐원되었을 때에는 의장은 15일 이내에 **대통령과 중앙선거관리위원회**에 통지하여야 한다.

제138조	**[자격심사의 청구]** 의원이 다른 의원의 자격에 대하여 이의가 있을 때에는 30명 이상의 연서로 의장에게 자격심사를 청구할 수 있다.
제139조	**[청구서의 위원회 회부와 답변서의 제출]** ① 의장은 제138조의 청구서를 윤리특별위원회에 회부하고 그 부본을 심사대상 의원에게 송달하여 기일을 정하여 답변서를 제출하게 한다.
제140조	**[위원회의 답변서 심사]** ① 의장이 답변서를 접수하였을 때에는 이를 윤리특별위원회에 회부한다. ③ 기일 내에 답변서가 제출되지 아니하였을 때에는 윤리특별위원회는 청구서만으로 심사를 할 수 있다.
제141조	**[당사자의 심문과 발언]** ② 자격심사 청구의원과 심사대상 의원은 위원회의 허가를 받아 출석하여 발언할 수 있다. 이 경우 심사대상 의원은 다른 의원으로 하여금 출석하여 발언하게 할 수 있다.
제142조	**[의결]** ① 윤리특별위원회가 심사보고서를 의장에게 제출하면 의장은 본회의에 부의하여야 한다. ② 심사대상 의원은 본회의에서 스스로 변명하거나 다른 의원으로 하여금 변명하게 할 수 있다. ③ 본회의는 심사대상 의원의 자격 유무를 의결로 결정하되, 그 자격이 없는 것으로 의결할 때에는 재적의원 3분의 2 이상의 찬성이 있어야 한다. ④ 제3항의 결정이 있을 때에는 의장은 그 결과를 서면으로 자격심사 청구의원과 심사대상 의원에게 송부한다.
제144조	**[경위와 경찰관]** ① 국회의 경호를 위하여 국회에 경위를 둔다.
제145조	**[회의의 질서 유지]** ① 의원이 본회의 또는 위원회의 회의장에서 이 법 또는 국회규칙을 위반하여 회의장의 질서를 어지럽혔을 때에는 의장이나 위원장은 경고나 제지를 할 수 있다. ③ 의장이나 위원장은 회의장이 소란하여 질서를 유지하기 곤란하다고 인정할 때에는 회의를 중지하거나 산회를 선포할 수 있다.
제146조	**[모욕 등 발언의 금지]** 의원은 본회의나 위원회에서 다른 사람을 모욕하거나 다른 사람의 사생활에 대한 발언을 하여서는 아니 된다.

제150조	**[현행범인의 체포]** 경위나 경찰공무원은 국회 안에 현행범인이 있을 때에는 체포한 후 의장의 지시를 받아야 한다. 다만, 회의장 안에서는 **의장의 명령 없이** 의원을 체포할 수 **없다.**
제152조	**[방청의 허가]** ① 의장은 **방청권을 발행**하여 방청을 허가한다. ② 의장은 질서를 유지하기 위하여 필요할 때에는 **방청인 수를 제한**할 수 있다.
제153조	**[방청의 금지와 신체검사]** ② 의장은 필요할 때에는 경위나 **경찰공무원**으로 하여금 **방청인의 신체**를 검사하게 할 수 있다.
제155조	**[징계]** 국회는 **의원**이 다음 각 호의 어느 하나에 해당하는 행위를 하였을 때에는 **윤리특별위원회**의 심사를 거쳐 그 의결로써 징계할 수 있다. 다만, 의원이 **제10호**에 해당하는 행위를 하였을 때에는 윤리특별위원회의 심사를 거치지 아니하고 그 의결로써 징계할 수 있다. 1. 헌법 제46조 제1항 또는 제3항을 위반하는 행위를 하였을 때 2. 제29조의 겸직 금지 규정을 위반하였을 때 3. 제29조의2의 **영리업무 종사 금지** 규정을 위반하였을 때 4. 제54조의2 제2항을 위반하였을 때 5. 제102조를 위반하여 의제와 관계없거나 허가받은 발언의 성질과 다른 발언을 하거나 이 법에서 정한 발언시간의 제한 규정을 위반하여 **의사진행**을 **현저히 방해**하였을 때 6. 제118조 제3항을 위반하여 게재되지 아니한 부분을 다른 사람에게 열람하게 하거나 **전재 또는 복사**하게 하였을 때 7. 제118조 제4항을 위반하여 공표 금지 내용을 공표하였을 때 8. 제145조 제1항에 해당되는 회의장의 질서를 어지럽히는 행위를 하거나 이에 대한 의장 또는 위원장의 조치에 따르지 아니하였을 때 9. 제146조를 위반하여 본회의 또는 위원회에서 다른 사람을 **모욕하거나 다른 사람의 사생활**에 대한 발언을 하였을 때 10. 제148조의2를 위반하여 의장석 또는 **위원장석을 점거**하고 점거 해제를 위한 제145조에 따른 의장 또는 위원장의 조치에 따르지 아니하였을 때 11. 제148조의3을 위반하여 의원의 본회의장 또는 위원회 회의장 출입을 방해하였을 때 12. 정당한 이유 없이 국회 집회일부터 7일 이내에 **본회의 또는 위원회에 출석하지 아니하거나** 의장 또는 위원장의 출석요구서를 받은 후 5일 이내에 출석하지 아니하였을 때 13. 탄핵소추사건을 조사할 때 「국정감사 및 조사에 관한 법률」에 따른 주의의무를 위반하는 행위를 하였을 때 14. 「국정감사 및 조사에 관한 법률」 제17조에 따른 징계사유에 해당할 때 15. 「공직자윤리법」 제22조에 따른 징계사유에 해당할 때 16. 「국회의원윤리강령」이나 「국회의원윤리실천규범」을 위반하였을 때

제156조	**[징계의 요구와 회부]** ② 위원장은 소속 위원 중에 **징계대상자**가 있을 때에는 **의장에게 보고**하며, 의장은 이를 윤리특별위원회에 회부하고 본회의에 보고한다. ③ 의원이 징계대상자에 대한 **징계를 요구**하려는 경우에는 의원 **20명** 이상의 찬성으로 그 사유를 적은 **요구서**를 의장에게 제출하여야 한다. ④ 징계대상자로부터 모욕을 당한 의원이 징계를 요구할 때에는 **찬성의원**을 필요로 하지 아니하며, 그 사유를 적은 **요구서**를 의장에게 제출한다.
제158조	**[징계의 의사]** 징계에 관한 회의는 **공개하지 아니한다.** 다만, 본회의나 위원회의 의결이 있을 때에는 그러하지 아니하다.
제164조	**[제명된 사람의 입후보 제한]** 제163조에 따른 징계로 제명된 사람은 그로 인하여 **궐원된 의원의 보궐선거에서 후보자**가 될 수 없다.
제168조	**[기간의 기산일]** 이 법에 따른 기간을 계산할 때에는 **첫날을 산입**한다.
제169조	**[규칙 제정]** ① 국회는 **헌법과 법률에 위배되지 아니하는 범위**에서 의사와 내부 규율에 관한 규칙을 제정할 수 있다. ② 위원회는 이 법과 제1항의 규칙에 위배되지 아니하는 범위에서 **국회운영위원회와 협의**하여 회의 및 안건 심사 등에 관한 위원회의 운영규칙을 정할 수 있다.

제1조	**[목적]** 이 법은 지방자치단체의 종류와 조직 및 운영, 주민의 지방자치행정 참여에 관한 사항과 국가와 지방자치단체 사이의 기본적인 관계를 정함으로써 지방자치행정을 민주적이고 능률적으로 수행하고, 지방을 균형 있게 발전시키며, 대한민국을 민주적으로 발전시키려는 것을 목적으로 한다.
제2조	**[지방자치단체의 종류]** ① 지방자치단체는 다음의 두 가지 종류로 구분한다. 　1. **특별시, 광역시, 특별자치시, 도, 특별자치도** 　2. **시, 군, 구** ② 지방자치단체인 구(이하 "자치구"라 한다)는 특별시와 광역시의 관할 구역의 구만을 말하며, 자치구의 자치권의 범위는 법령으로 정하는 바에 따라 시·군과 다르게 할 수 있다. ③ 제1항의 지방자치단체 외에 특정한 목적을 수행하기 위하여 필요하면 따로 특별지방자치단체를 설치할 수 있다.
제3조	**[지방자치단체의 법인격과 관할]** ① 지방자치단체는 **법인으로** 한다. ② 특별시, 광역시, 특별자치시, 도, 특별자치도(이하 "시·도"라 한다)는 정부의 직할(直轄)로 두고, 시는 도 또는 특별자치도의 관할 구역 안에, 군은 광역시·도 또는 특별자치도의 관할 구역 안에 두며, 자치구는 특별시와 광역시의 관할 구역 안에 둔다. 다만, **특별자치도**의 경우에는 **법률**이 정하는 바에 따라 관할 구역 안에 **시 또는 군**을 두지 아니할 수 있다. ③ 특별시·광역시 또는 특별자치시가 아닌 인구 **50만 이상**의 시에는 **자치구가 아닌 구**를 둘 수 있고, 군에는 읍·면을 두며, 시와 구(자치구를 포함한다)에는 동을, 읍·면에는 리를 둔다. ④ 제10조 제2항에 따라 설치된 시에는 도시의 형태를 갖춘 지역에는 동을, 그 밖의 지역에는 읍·면을 두되, 자치구가 아닌 구를 둘 경우에는 그 구에 읍·면·동을 둘 수 있다. ⑤ 특별자치시와 관할 구역 안에 시 또는 군을 두지 아니하는 특별자치도의 하부행정기관에 관한 사항은 따로 법률로 정한다.
제4조	**[지방자치단체의 기관구성 형태의 특례]** ① 지방자치단체의 의회(이하 "지방의회"라 한다)와 집행기관에 관한 이 법의 규정에도 불구하고 따로 법률로 정하는 바에 따라 지방자치단체의 장의 선임방법을 포함한 지방자치단체의 기관구성 형태를 달리 할 수 있다. ② 제1항에 따라 지방의회와 집행기관의 구성을 달리하려는 경우에는 「주민투표법」에 따른 주민투표를 거쳐야 한다.

| 제5조 | **[지방자치단체의 명칭과 구역]**

① 지방자치단체의 명칭과 구역은 종전과 같이 하고, 명칭과 구역을 바꾸거나 지방자치단체를 폐지하거나 설치하거나 나누거나 합칠 때에는 법률로 정한다.

② 제1항에도 불구하고 지방자치단체의 구역변경 중 관할 구역 경계변경(이하 "경계변경"이라 한다)과 지방자치단체의 한자 명칭의 변경은 대통령령으로 정한다. 이 경우 경계변경의 절차는 제6조에서 정한 절차에 따른다.

③ 다음 각 호의 어느 하나에 해당할 때에는 관계 지방의회의 의견을 들어야 한다. 다만, 「주민투표법」 제8조에 따라 주민투표를 한 경우에는 그러하지 아니하다.
　1. 지방자치단체를 폐지하거나 설치하거나 나누거나 합칠 때
　2. 지방자치단체의 구역을 변경할 때(경계변경을 할 때는 제외한다)
　3. 지방자치단체의 명칭을 변경할 때(한자 명칭을 변경할 때를 포함한다)

④ 제1항 및 제2항에도 불구하고 다음 각 호의 지역이 속할 지방자치단체는 제5항부터 제8항까지의 규정에 따라 행정안전부장관이 결정한다.
　1. 「공유수면 관리 및 매립에 관한 법률」에 따른 매립지
　2. 「공간정보의 구축 및 관리 등에 관한 법률」 제2조 제19호의 지적공부(이하 "지적공부"라 한다)에 등록이 누락된 토지

⑤ 제4항 제1호의 경우에는 「공유수면 관리 및 매립에 관한 법률」 제28조에 따른 매립면허관청(이하 이 조에서 "면허관청"이라 한다) 또는 관련 지방자치단체의 장이 같은 법 제45조에 따른 준공검사를 하기 전에, 제4항 제2호의 경우에는 「공간정보의 구축 및 관리 등에 관한 법률」 제2조 제18호에 따른 지적소관청(이하 이 조에서 "지적소관청"이라 한다)이 지적공부에 등록하기 전에 각각 해당 지역의 위치, 귀속희망 지방자치단체(복수인 경우를 포함한다) 등을 명시하여 행정안전부장관에게 그 지역이 속할 지방자치단체의 결정을 신청하여야 한다. 이 경우 제4항 제1호에 따른 매립지의 매립면허를 받은 자는 면허관청에 해당 매립지가 속할 지방자치단체의 결정 신청을 요구할 수 있다.

⑥ 행정안전부장관은 제5항에 따른 신청을 받은 후 지체 없이 제5항에 따른 신청내용을 20일 이상 관보나 인터넷 홈페이지에 게재하는 등의 방법으로 널리 알려야 한다. 이 경우 알리는 방법, 의견 제출 등에 관하여는 「행정절차법」 제42조ㆍ제44조 및 제45조를 준용한다.

⑦ 행정안전부장관은 제6항에 따른 기간이 끝나면 다음 각 호에서 정하는 바에 따라 결정하고, 그 결과를 면허관청이나 지적소관청, 관계 지방자치단체의 장 등에게 통보하고 공고하여야 한다.
　1. 제6항에 따른 기간 내에 신청내용에 대하여 이의가 제기된 경우: 제166조에 따른 지방자치단체중앙분쟁조정위원회(이하 이 조 및 제6조에서 "위원회"라 한다)의 심의ㆍ의결에 따라 제4항 각 호의 지역이 속할 지방자치단체를 결정
　2. 제6항에 따른 기간 내에 신청내용에 대하여 이의가 제기되지 아니한 경우: 위원회의 심의ㆍ의결을 거치지 아니하고 신청내용에 따라 제4항 각 호의 지역이 속할 지방자치단체를 결정 |

	⑧ 위원회의 위원장은 제7항 제1호에 따른 심의과정에서 필요하다고 인정되면 관계 중앙행정기관 및 지방자치단체의 공무원 또는 관련 전문가를 출석시켜 의견을 듣거나 관계 기관이나 단체에 자료 및 의견 제출 등을 요구할 수 있다. 이 경우 관계 지방자치단체의 장에게는 의견을 진술할 기회를 주어야 한다. ⑨ 관계 지방자치단체의 장은 제4항부터 제7항까지의 규정에 따른 행정안전부장관의 결정에 이의가 있으면 그 결과를 통보받은 날부터 **15일 이내**에 **대법원**에 소송을 제기할 수 있다. ⑩ 행정안전부장관은 제9항에 따른 소송 결과 대법원의 인용결정이 있으면 그 취지에 따라 다시 결정하여야 한다. ⑪ 행정안전부장관은 제4항 각 호의 지역이 속할 지방자치단체 결정과 관련하여 제7항 제1호에 따라 위원회의 심의를 할 때 같은 시·도 안에 있는 관계 시·군 및 자치구 상호 간 매립지 조성 비용 및 관리 비용 부담 등에 관한 조정(調整)이 필요한 경우 제165조 제1항부터 제3항까지의 규정에도 불구하고 당사자의 신청 또는 직권으로 위원회의 심의·의결에 따라 조정할 수 있다. 이 경우 그 조정 결과의 통보 및 조정 결정 사항의 이행은 제165조 제4항부터 제7항까지의 규정에 따른다.
제6조	**[지방자치단체의 관할 구역 경계변경 등]** ① 지방자치단체의 장은 관할 구역과 생활권과의 불일치 등으로 인하여 주민생활에 불편이 큰 경우 등 대통령령으로 정하는 사유가 있는 경우에는 행정안전부장관에게 경계변경이 필요한 지역 등을 명시하여 경계변경에 대한 조정을 신청할 수 있다. 이 경우 지방자치단체의 장은 지방의회 재적의원 과반수의 출석과 출석의원 3분의 2 이상의 동의를 받아야 한다. ② 관계 중앙행정기관의 장 또는 둘 이상의 지방자치단체에 걸친 개발사업 등의 시행자는 대통령령으로 정하는 바에 따라 관계 지방자치단체의 장에게 제1항에 따른 경계변경에 대한 조정을 신청하여 줄 것을 요구할 수 있다.
제11조	**[사무배분의 기본원칙]** ① 국가는 지방자치단체가 사무를 종합적·자율적으로 수행할 수 있도록 국가와 지방자치단체 간 또는 지방자치단체 상호 간의 사무를 주민의 편익증진, 집행의 효과 등을 고려하여 서로 중복되지 아니하도록 배분하여야 한다. ② 국가는 제1항에 따라 사무를 배분하는 경우 지역주민생활과 밀접한 관련이 있는 사무는 원칙적으로 시·군 및 자치구의 사무로, 시·군 및 자치구가 처리하기 어려운 사무는 시·도의 사무로, 시·도가 처리하기 어려운 사무는 국가의 사무로 각각 배분하여야 한다. ③ 국가가 지방자치단체에 사무를 배분하거나 지방자치단체가 사무를 다른 지방자치단체에 재배분할 때에는 사무를 배분받거나 재배분받는 지방자치단체가 그 사무를 자기의 책임 하에 종합적으로 처리할 수 있도록 관련 사무를 포괄적으로 배분하여야 한다.

제12조	**[사무처리의 기본원칙]** ① 지방자치단체는 사무를 처리할 때 주민의 편의와 복리증진을 위하여 노력하여야 한다. ② 지방자치단체는 조직과 운영을 합리적으로 하고 규모를 적절하게 유지하여야 한다. ③ 지방자치단체는 법령을 위반하여 사무를 처리할 수 없으며, 시·군 및 자치구는 해당 구역을 관할하는 시·도의 조례를 위반하여 사무를 처리할 수 없다.
제16조	**[주민의 자격]** 지방자치단체의 구역에 주소를 가진 자는 그 지방자치단체의 주민이 된다.
제17조	**[주민의 권리]** ① 주민은 법령으로 정하는 바에 따라 주민생활에 영향을 미치는 지방자치단체의 정책의 결정 및 집행 과정에 참여할 권리를 가진다. ② 주민은 법령으로 정하는 바에 따라 소속 지방자치단체의 재산과 공공시설을 이용할 권리와 그 지방자치단체로부터 균등하게 행정의 혜택을 받을 권리를 가진다. ③ 주민은 법령으로 정하는 바에 따라 그 지방자치단체에서 실시하는 지방의회의원과 지방자치단체의 장의 선거(이하 "지방선거"라 한다)에 참여할 권리를 가진다.
제18조	**[주민투표]** ① 지방자치단체의 장은 주민에게 과도한 부담을 주거나 중대한 영향을 미치는 지방자치단체의 주요 결정사항 등에 대하여 주민투표에 부칠 수 있다. ② 주민투표의 대상·발의자·발의요건, 그 밖에 투표절차 등에 관한 사항은 따로 법률로 정한다.
제19조	**[조례의 제정과 개정·폐지 청구]** ① 주민은 지방자치단체의 조례를 제정하거나 개정하거나 폐지할 것을 청구할 수 있다. ② 조례의 제정·개정 또는 폐지 청구의 청구권자·청구대상·청구요건 및 절차 등에 관한 사항은 따로 법률로 정한다.
제20조	**[규칙의 제정과 개정·폐지 의견 제출]** ① 주민은 제29조에 따른 규칙(권리·의무와 직접 관련되는 사항으로 한정한다)의 제정, 개정 또는 폐지와 관련된 의견을 해당 지방자치단체의 장에게 제출할 수 있다. ② 법령이나 조례를 위반하거나 법령이나 조례에서 위임한 범위를 벗어나는 사항은 제1항에 따른 의견 제출 대상에서 제외한다. ③ 지방자치단체의 장은 제1항에 따라 제출된 의견에 대하여 의견이 제출된 날부터 30일 이내에 검토 결과를 그 의견을 제출한 주민에게 통보하여야 한다. ④ 제1항에 따른 의견 제출, 제3항에 따른 의견의 검토와 결과 통보의 방법 및 절차는 해당 지방자치단체의 조례로 정한다.

	[주민의 감사 청구]
	① 지방자치단체의 18세 이상의 주민으로서 다음 각 호의 어느 하나에 해당하는 사람(「공직 선거법」 제18조에 따른 선거권이 없는 사람은 제외한다. 이하 이 조에서 "18세 이상의 주민"이라 한다)은 **시·도는 300명**, 제198조에 따른 **인구 50만 이상 대도시는 200명**, 그 밖의 **시·군 및 자치구는 150명** 이내에서 그 지방자치단체의 조례로 정하는 수 이상의 18세 이상의 주민이 연대 서명하여 그 지방자치단체와 그 장의 권한에 속하는 사무의 처리가 법령에 위반되거나 공익을 현저히 해친다고 인정되면 **시·도의 경우에는 주무부장관**에게, **시·군 및 자치구의 경우에는 시·도지사**에게 감사를 청구할 수 있다.
	1. 해당 지방자치단체의 관할 구역에 주민등록이 되어 있는 사람
	2. 「출입국관리법」 제10조에 따른 영주(永住)할 수 있는 체류자격 취득일 후 **3년이 경과한 외국인**으로서 같은 법 제34조에 따라 해당 지방자치단체의 외국인등록대장에 올라 있는 사람
	② 다음 각 호의 사항은 감사 청구의 대상에서 **제외한다.**
	1. **수사나 재판에 관여하게 되는 사항**
	2. **개인의 사생활을 침해할 우려가 있는 사항**
	3. **다른 기관에서 감사하였거나 감사 중인 사항.** 다만, 다른 기관에서 감사한 사항이라도 새로운 사항이 발견되거나 중요 사항이 감사에서 누락된 경우와 제22조 제1항에 따라 주민소송의 대상이 되는 경우에는 그러하지 아니하다.
제21조	4. **동일한 사항에 대하여 제22조 제2항 각 호의 어느 하나에 해당하는 소송이 진행 중이거나 그 판결이 확정된 사항**
	③ 제1항에 따른 청구는 사무처리가 있었던 날이나 끝난 날부터 **3년**이 지나면 제기할 수 없다.
	④ 지방자치단체의 18세 이상의 주민이 제1항에 따라 감사를 청구하려면 청구인의 대표자를 선정하여 청구인명부에 적어야 하며, 청구인의 대표자는 감사청구서를 작성하여 주무부장관 또는 시·도지사에게 제출하여야 한다.
	⑤ 주무부장관이나 시·도지사는 제1항에 따른 청구를 받으면 청구를 받은 날부터 **5일** 이내에 그 내용을 공표하여야 하며, 청구를 공표한 날부터 **10일**간 청구인명부나 그 사본을 공개된 장소에 갖추어 두어 열람할 수 있도록 하여야 한다.
	⑥ 청구인명부의 서명에 관하여 이의가 있는 사람은 제5항에 따른 열람기간에 해당 주무부장관이나 시·도지사에게 이의를 신청할 수 있다.
	⑦ 주무부장관이나 시·도지사는 제6항에 따른 이의신청을 받으면 제5항에 따른 열람기간이 끝난 날부터 **14일** 이내에 심사·결정하되, 그 신청이 이유 있다고 결정한 경우에는 청구인명부를 수정하고, 그 사실을 이의신청을 한 사람과 제4항에 따른 청구인의 대표자에게 알려야 하며, 그 이의신청이 이유 없다고 결정한 경우에는 그 사실을 즉시 이의신청을 한 사람에게 알려야 한다.
	⑧ 주무부장관이나 시·도지사는 제6항에 따른 이의신청이 없는 경우 또는 제6항에 따라 제기된 모든 이의신청에 대하여 제7항에 따른 결정이 끝난 경우로서 제1항부터 제3항까지의 규정에 따른 요건을 갖춘 경우에는 청구를 수리하고, 그러하지 아니한 경우에는 청구를 각하하되, 수리 또는 각하 사실을 청구인의 대표자에게 알려야 한다.

⑨ 주무부장관이나 시 · 도지사는 감사 청구를 수리한 날부터 **60일 이내**에 감사 청구된 사항에 대하여 감사를 끝내야 하며, 감사 결과를 청구인의 대표자와 해당 지방자치단체의 장에게 서면으로 알리고, 공표하여야 한다. 다만, 그 기간에 감사를 끝내기가 어려운 정당한 사유가 있으면 그 기간을 연장할 수 있으며, 기간을 연장할 때에는 미리 청구인의 대표자와 해당 지방자치단체의 장에게 알리고, 공표하여야 한다.

⑩ 주무부장관이나 시 · 도지사는 주민이 감사를 청구한 사항이 다른 기관에서 이미 감사한 사항이거나 감사 중인 사항이면 그 기관에서 한 감사 결과 또는 감사 중인 사실과 감사가 끝난 후 그 결과를 알리겠다는 사실을 청구인의 대표자와 해당 기관에 지체 없이 알려야 한다.

⑪ 주무부장관이나 시 · 도지사는 주민 감사 청구를 처리(각하를 포함한다)할 때 청구인의 대표자에게 반드시 증거 제출 및 의견 진술의 기회를 주어야 한다.

⑫ 주무부장관이나 시 · 도지사는 제9항에 따른 감사 결과에 따라 기간을 정하여 해당 지방자치단체의 장에게 필요한 조치를 요구할 수 있다. 이 경우 그 지방자치단체의 장은 이를 성실히 이행하여야 하고, 그 조치 결과를 지방의회와 주무부장관 또는 시 · 도지사에게 보고하여야 한다.

⑬ 주무부장관이나 시 · 도지사는 제12항에 따른 조치 요구 내용과 지방자치단체의 장의 조치 결과를 청구인의 대표자에게 서면으로 알리고, 공표하여야 한다.

⑭ 제1항부터 제13항까지에서 규정한 사항 외에 18세 이상의 주민의 감사 청구에 필요한 사항은 대통령령으로 정한다.

[주민소송]

제22조

① 제21조 제1항에 따라 공금의 지출에 관한 사항, 재산의 취득 · 관리 · 처분에 관한 사항, 해당 지방자치단체를 당사자로 하는 매매 · 임차 · 도급 계약이나 그 밖의 계약의 체결 · 이행에 관한 사항 또는 지방세 · 사용료 · 수수료 · 과태료 등 공금의 부과 · 징수를 게을리한 사항을 **감사 청구한 주민**은 다음 각 호의 어느 하나에 해당하는 경우에 그 감사 청구한 사항과 관련이 있는 위법한 행위나 업무를 게을리한 사실에 대하여 해당 **지방자치단체의 장**(해당 사항의 사무처리에 관한 권한을 소속 기관의 장에게 위임한 경우에는 그 소속 기관의 장을 말한다. 이하 이 조에서 같다)을 상대방으로 하여 소송을 제기할 수 있다.

1. 주무부장관이나 시 · 도지사가 감사 청구를 수리한 날부터 60일(제21조 제9항 단서에 따라 감사기간이 연장된 경우에는 연장된 기간이 끝난 날을 말한다)이 지나도 감사를 끝내지 아니한 경우

2. 제21조 제9항 및 제10항에 따른 감사 결과 또는 같은 조 제12항에 따른 조치 요구에 불복하는 경우

3. 제21조 제12항에 따른 주무부장관이나 시 · 도지사의 조치 요구를 지방자치단체의 장이 이행하지 아니한 경우

4. 제21조 제12항에 따른 지방자치단체의 장의 이행 조치에 불복하는 경우

② 제1항에 따라 주민이 제기할 수 있는 소송은 다음 각 호와 같다.

1. 해당 행위를 계속하면 회복하기 어려운 손해를 발생시킬 우려가 있는 경우에는 그 행위의 전부나 일부를 중지할 것을 요구하는 소송

2. 행정처분인 해당 행위의 취소 또는 변경을 요구하거나 그 행위의 효력 유무 또는 존재 여부의 확인을 요구하는 소송

3. 게을리한 사실의 위법 확인을 요구하는 소송

4. 해당 지방자치단체의 장 및 직원, 지방의회의원, 해당 행위와 관련이 있는 상대방에게 손해배상청구 또는 부당이득반환청구를 할 것을 요구하는 소송. 다만, 그 지방자치단체 의 직원이 「회계관계직원 등의 책임에 관한 법률」 제4조에 따른 변상책임을 져야 하는 경우에는 변상명령을 할 것을 요구하는 소송을 말한다.

③ 제2항 제1호의 중지청구소송은 해당 행위를 중지할 경우 생명이나 신체에 중대한 위해가 생길 우려가 있거나 그 밖에 공공복리를 현저하게 해칠 우려가 있으면 제기할 수 없다.

④ 제2항에 따른 소송은 다음 각 호의 구분에 따른 날부터 90일 이내에 제기하여야 한다.

1. 제1항 제1호: 해당 60일이 끝난 날(제21조 제9항 단서에 따라 감사기간이 연장된 경우에 는 연장기간이 끝난 날을 말한다)

2. 제1항 제2호: 해당 감사 결과나 조치 요구 내용에 대한 통지를 받은 날

3. 제1항 제3호: 해당 조치를 요구할 때에 지정한 처리기간이 끝난 날

4. 제1항 제4호: 해당 이행 조치 결과에 대한 통지를 받은 날

⑤ 제2항 각 호의 소송이 진행 중이면 다른 주민은 같은 사항에 대하여 별도의 소송을 제기 할 수 없다.

⑥ 소송의 계속(繫屬) 중에 소송을 제기한 주민이 사망하거나 제16조에 따른 주민의 자격을 잃으면 소송절차는 중단된다. 소송대리인이 있는 경우에도 또한 같다.

⑦ 감사 청구에 연대 서명한 다른 주민은 제6항에 따른 사유가 발생한 사실을 안 날부터 6개 월 이내에 소송절차를 수계(受繼)할 수 있다. 이 기간에 수계절차가 이루어지지 아니할 경 우 그 소송절차는 종료된다.

⑧ 법원은 제6항에 따라 소송이 중단되면 감사 청구에 연대 서명한 다른 주민에게 소송절차 를 중단한 사유와 소송절차 수계방법을 지체 없이 알려야 한다. 이 경우 법원은 감사 청 구에 적힌 주소로 통지서를 우편으로 보낼 수 있고, 우편물이 통상 도달할 수 있을 때에 감사 청구에 연대 서명한 다른 주민은 제6항의 사유가 발생한 사실을 안 것으로 본다.

⑨ 제2항에 따른 소송은 해당 지방자치단체의 사무소 소재지를 관할하는 행정법원(행정법원 이 설치되지 아니한 지역에서는 행정법원의 권한에 속하는 사건을 관할하는 지방법원 본 원을 말한다)의 관할로 한다.

⑩ 해당 지방자치단체의 장은 제2항 제1호부터 제3호까지의 규정에 따른 소송이 제기된 경 우 그 소송 결과에 따라 권리나 이익의 침해를 받을 제3자가 있으면 그 제3자에 대하여, 제2항 제4호에 따른 소송이 제기된 경우 그 직원, 지방의회의원 또는 상대방에 대하여 소 송고지를 해 줄 것을 법원에 신청하여야 한다.

⑪ 제2항 제4호에 따른 소송이 제기된 경우에 지방자치단체의 장이 한 소송고지신청은 그 소송에 관한 손해배상청구권 또는 부당이득반환청구권의 시효중단에 관하여 「민법」 제 168조 제1호에 따른 청구로 본다.

⑫ 제11항에 따른 시효중단의 효력은 그 소송이 끝난 날부터 6개월 이내에 재판상 청구, 파산 절차참가, 압류 또는 가압류, 가처분을 하지 아니하면 효력이 생기지 아니한다.

⑬ 국가, 상급 지방자치단체 및 감사 청구에 연대 서명한 다른 주민과 제10항에 따라 소송고지를 받은 자는 법원에서 계속 중인 소송에 참가할 수 있다.

⑭ 제2항에 따른 소송에서 당사자는 법원의 허가를 받지 아니하고는 소의 취하, 소송의 화해 또는 청구의 포기를 할 수 없다.

⑮ 법원은 제14항에 따른 허가를 하기 전에 감사 청구에 연대 서명한 다른 주민에게 그 사실을 알려야 하며, 알린 때부터 1개월 이내에 허가 여부를 결정하여야 한다. 이 경우 통지방법 등에 관하여는 제8항 후단을 준용한다.

⑯ 제2항에 따른 소송은 「민사소송 등 인지법」 제2조 제4항에 따른 비재산권을 목적으로 하는 소송으로 본다.

⑰ 소송을 제기한 주민은 승소(일부 승소를 포함한다)한 경우 그 지방자치단체에 대하여 변호사 보수 등의 소송비용, 감사 청구절차의 진행 등을 위하여 사용된 여비, 그 밖에 실제로 든 비용을 보상할 것을 청구할 수 있다. 이 경우 지방자치단체는 청구된 금액의 범위에서 그 소송을 진행하는 데 객관적으로 사용된 것으로 인정되는 금액을 지급하여야 한다.

⑱ 제1항에 따른 소송에 관하여 이 법에 규정된 것 외에는 「**행정소송법**」에 따른다.

제23조

[**손해배상금 등의 지급청구 등**]

① 지방자치단체의 장(해당 사항의 사무처리에 관한 권한을 소속 기관의 장에게 위임한 경우에는 그 소속 기관의 장을 말한다. 이하 이 조에서 같다)은 제22조 제2항 제4호 본문에 따른 소송에 대하여 손해배상청구나 부당이득반환청구를 명하는 판결이 확정되면 판결이 확정된 날부터 60일 이내를 기한으로 하여 당사자에게 그 판결에 따라 결정된 손해배상금이나 부당이득반환금의 지급을 청구하여야 한다. 다만, 손해배상금이나 부당이득반환금을 지급하여야 할 당사자가 지방자치단체의 장이면 지방의회의 의장이 지급을 청구하여야 한다.

② 지방자치단체는 제1항에 따라 지급청구를 받은 자가 같은 항의 기한까지 손해배상금이나 부당이득반환금을 지급하지 아니하면 손해배상·부당이득반환의 청구를 목적으로 하는 소송을 제기하여야 한다. 이 경우 그 소송의 상대방이 지방자치단체의 장이면 그 지방의회의 의장이 그 지방자치단체를 대표한다.

제24조

[**변상명령 등**]

① 지방자치단체의 장은 제22조 제2항 제4호 단서에 따른 소송에 대하여 변상할 것을 명하는 판결이 확정되면 판결이 확정된 날부터 60일 이내를 기한으로 하여 당사자에게 그 판결에 따라 결정된 금액을 변상할 것을 명령하여야 한다.

② 제1항에 따라 변상할 것을 명령받은 자가 같은 항의 기한까지 변상금을 지급하지 아니하면 지방세 체납처분의 예에 따라 징수할 수 있다.

③ 제1항에 따라 변상할 것을 명령받은 자는 그 명령에 불복하는 경우 행정소송을 제기할 수 있다. 다만, 「행정심판법」에 따른 행정심판청구는 제기할 수 없다.

제25조	**[주민소환]** ① 주민은 그 지방자치단체의 장 및 지방의회의원(비례대표 지방의회의원은 제외한다)을 소환할 권리를 가진다. ② 주민소환의 투표 청구권자 · 청구요건 · 절차 및 효력 등에 관한 사항은 따로 법률로 정한다.
제26조	**[주민에 대한 정보공개]** ① 지방자치단체는 사무처리의 투명성을 높이기 위하여 「공공기관의 정보공개에 관한 법률」에서 정하는 바에 따라 지방의회의 의정활동, 집행기관의 조직, 재무 등 지방자치에 관한 정보(이하 "지방자치정보"라 한다)를 주민에게 공개하여야 한다. ② 행정안전부장관은 주민의 지방자치정보에 대한 접근성을 높이기 위하여 이 법 또는 다른 법령에 따라 공개된 지방자치정보를 체계적으로 수집하고 주민에게 제공하기 위한 정보공개시스템을 구축 · 운영할 수 있다.
제27조	**[주민의 의무]** 주민은 법령으로 정하는 바에 따라 소속 지방자치단체의 비용을 분담하여야 하는 의무를 진다.
제28조	**[조례]** ① 지방자치단체는 **법령의 범위**에서 그 사무에 관하여 조례를 제정할 수 있다. 다만, **주민의 권리 제한 또는 의무 부과에 관한 사항**이나 벌칙을 정할 때에는 **법률의 위임**이 있어야 한다. ② 법령에서 조례로 정하도록 위임한 사항은 그 법령의 하위 법령에서 그 위임의 내용과 범위를 제한하거나 직접 규정할 수 없다.
제29조	**[규칙]** 지방자치단체의 장은 **법령** 또는 **조례**의 범위에서 그 권한에 속하는 사무에 관하여 규칙을 제정할 수 있다.
제30조	**[조례와 규칙의 입법한계]** 시 · 군 및 자치구의 조례나 규칙은 시 · 도의 조례나 규칙을 위반해서는 아니 된다.
제31조	**[지방자치단체를 신설하거나 격을 변경할 때의 조례 · 규칙 시행]** 지방자치단체를 나누거나 합하여 새로운 지방자치단체가 설치되거나 지방자치단체의 격이 변경되면 그 지방자치단체의 장은 필요한 사항에 관하여 새로운 조례나 규칙이 제정 · 시행될 때까지 종래 그 지역에 시행되던 조례나 규칙을 계속 시행할 수 있다.
제32조	**[조례와 규칙의 제정 절차 등]** ① 조례안이 지방의회에서 의결되면 지방의회의 의장은 의결된 날부터 **5일 이내**에 그 지방자치단체의 장에게 이송하여야 한다. ② 지방자치단체의 장은 제1항의 조례안을 이송받으면 **20일 이내**에 공포하여야 한다.

	③ 지방자치단체의 장은 이송받은 조례안에 대하여 이의가 있으면 제2항의 기간에 이유를 붙여 지방의회로 환부(還付)하고, 재의(再議)를 요구할 수 있다. 이 경우 지방자치단체의 장은 조례안의 일부에 대하여 또는 조례안을 수정하여 재의를 요구할 수 없다.
	④ 지방의회는 제3항에 따라 재의 요구를 받으면 조례안을 재의에 부치고 **재적의원 과반수의 출석과 출석의원 3분의 2 이상의 찬성**으로 전(前)과 같은 의결을 하면 그 조례안은 조례로서 확정된다.
	⑤ 지방자치단체의 장이 제2항의 기간에 공포하지 아니하거나 재의 요구를 하지 아니하더라도 그 조례안은 조례로서 **확정**된다.
	⑥ 지방자치단체의 장은 제4항 또는 제5항에 따라 확정된 조례를 지체 없이 공포하여야 한다. 이 경우 제5항에 따라 조례가 확정된 후 또는 제4항에 따라 확정된 조례가 지방자치단체의 장에게 이송된 후 5일 이내에 지방자치단체의 장이 공포하지 아니하면 **지방의회의 의장이 공포**한다.
	⑦ 제2항 및 제6항 전단에 따라 지방자치단체의 장이 조례를 공포하였을 때에는 즉시 해당 지방의회의 의장에게 통지하여야 하며, 제6항 후단에 따라 지방의회의 의장이 조례를 공포하였을 때에는 그 사실을 즉시 해당 지방자치단체의 장에게 통지하여야 한다.
	⑧ 조례와 규칙은 특별한 규정이 없으면 공포한 날부터 **20일**이 지나면 효력을 발생한다.
제33조	**[조례와 규칙의 공포 방법 등]** ① 조례와 규칙의 공포는 해당 지방자치단체의 공보에 게재하는 방법으로 한다. 다만, 제32조 제6항 후단에 따라 지방의회의 의장이 조례를 공포하는 경우에는 공보나 일간신문에 게재하거나 게시판에 게시한다. ② 제1항에 따른 공보는 종이로 발행되는 공보(이하 이 조에서 "종이공보"라 한다) 또는 전자적인 형태로 발행되는 공보(이하 이 조에서 "전자공보"라 한다)로 운영한다. ③ 공보의 내용 해석 및 적용 시기 등에 대하여 **종이공보와 전자공보는 동일한 효력**을 가진다. ④ 조례와 규칙의 공포에 관하여 그 밖에 필요한 사항은 대통령령으로 정한다.
제34조	**[조례 위반에 대한 과태료]** ① 지방자치단체는 조례를 위반한 행위에 대하여 조례로써 **1천만원 이하**의 과태료를 정할 수 있다. ② 제1항에 따른 과태료는 해당 지방자치단체의 장이나 그 관할 구역의 지방자치단체의 장이 부과·징수한다.
제36조	**[지방선거에 관한 법률의 제정]** 지방선거에 관하여 이 법에서 정한 것 외에 필요한 사항은 따로 법률로 정한다.
제37조	**[의회의 설치]** 지방자치단체에 주민의 대의기관인 의회를 둔다.

제38조	**[지방의회의원의 선거]** 지방의회의원은 주민이 **보통 · 평등 · 직접 · 비밀선거**로 선출한다.
제39조	**[의원의 임기]** 지방의회의원의 임기는 4년으로 한다.

제40조	**[의원의 의정활동비 등]**
	① 지방의회의원에게는 다음 각 호의 비용을 지급한다.
	 1. 의정(議政) 자료를 수집하고 연구하거나 이를 위한 보조 활동에 사용되는 비용을 보전
	  (補塡)하기 위하여 매월 지급하는 의정활동비
	 2. 지방의회의원의 직무활동에 대하여 지급하는 월정수당
	 3. 본회의 의결, 위원회 의결 또는 지방의회의 의장의 명에 따라 공무로 여행할 때 지급하
	  는 여비
	② 제1항 각 호에 규정된 비용은 대통령령으로 정하는 기준을 고려하여 해당 지방자치단체
	 의 의정비심의위원회에서 결정하는 금액 이내에서 지방자치단체의 조례로 정한다. 다만,
	 제1항 제3호에 따른 비용은 의정비심의위원회 결정 대상에서 제외한다.
	③ 의정비심의위원회의 구성 · 운영 등에 필요한 사항은 대통령령으로 정한다.

제47조	**[지방의회의 의결사항]** ① 지방의회는 다음 각 호의 사항을 의결한다. 1. 조례의 제정 · 개정 및 폐지 2. 예산의 심의 · 확정 3. 결산의 승인 4. 법령에 규정된 것을 제외한 사용료 · 수수료 · 분담금 · 지방세 또는 가입금의 부과와 징수 5. 기금의 설치 · 운용 6. 대통령령으로 정하는 중요 재산의 취득 · 처분 7. 대통령령으로 정하는 공공시설의 설치 · 처분 8. 법령과 조례에 규정된 것을 제외한 예산 외의 의무부담이나 권리의 포기 9. 청원의 수리와 처리 10. 외국 지방자치단체와의 교류 · 협력 11. 그 밖에 법령에 따라 그 권한에 속하는 사항 ② 지방자치단체는 제1항 각 호의 사항 외에 조례로 정하는 바에 따라 지방의회에서 의결되 어야 할 사항을 따로 정할 수 있다.

제47조의2	**[인사청문회]** ① 지방자치단체의 장은 다음 각 호의 어느 하나에 해당하는 직위 중 조례로 정하는 직위의 후보자에 대하여 지방의회에 인사청문을 요청할 수 있다. 　1. 제123조 제2항에 따라 **정무직 국가공무원으로 보하는 부시장 · 부지사** 　2. 「제주특별자치도 설치 및 국제자유도시 조성을 위한 특별법」 제11조에 따른 **행정시장** 　3. 「지방공기업법」 제49조에 따른 지방공사의 사장과 같은 법 제76조에 따른 **지방공단의 이사장** 　4. 「지방자치단체 출자 · 출연 기관의 운영에 관한 법률」 제2조 제1항 전단에 따른 출자 · 출연 기관의 기관장 ② 지방의회의 의장은 제1항에 따른 인사청문 요청이 있는 경우 인사청문회를 실시한 후 그 경과를 지방자치단체의 장에게 송부하여야 한다. ③ 그 밖에 인사청문회의 절차 및 운영 등에 필요한 사항은 조례로 정한다.
제48조	**[서류제출 요구]** ① 본회의나 위원회는 그 의결로 안건의 심의와 직접 관련된 서류의 제출을 해당 지방자치단체의 장에게 요구할 수 있다. ② 위원회가 제1항의 요구를 할 때에는 지방의회의 의장에게 그 사실을 보고하여야 한다. ③ 제1항에도 불구하고 폐회 중에는 지방의회의 의장이 서류의 제출을 해당 지방자치단체의 장에게 요구할 수 있다. ④ 제1항 또는 제3항에 따라 서류제출을 요구할 때에는 서면, 전자문서 또는 컴퓨터의 자기테이프 · 자기디스크, 그 밖에 이와 유사한 매체에 기록된 상태 등 제출 형식을 지정할 수 있다.
제49조	**[행정사무 감사권 및 조사권]** ① 지방의회는 매년 1회 그 지방자치단체의 사무에 대하여 시 · 도에서는 14일의 범위에서, 시 · 군 및 자치구에서는 9일의 범위에서 감사를 실시하고, 지방자치단체의 사무 중 특정사안에 관하여 본회의 의결로 본회의나 위원회에서 조사하게 할 수 있다. ② 제1항의 조사를 발의할 때에는 이유를 밝힌 서면으로 하여야 하며, 재적의원 3분의 1 이상의 찬성이 있어야 한다. ③ 지방자치단체 및 그 장이 위임받아 처리하는 국가사무와 시 · 도의 사무에 대하여 국회와 시 · 도의회가 직접 감사하기로 한 사무 외에는 그 감사를 각각 해당 시 · 도의회와 시 · 군 및 자치구의회가 할 수 있다. 이 경우 국회와 시 · 도의회는 그 감사 결과에 대하여 그 지방의회에 필요한 자료를 요구할 수 있다. ④ 제1항의 감사 또는 조사와 제3항의 감사를 위하여 필요하면 현지확인을 하거나 서류제출을 요구할 수 있으며, 지방자치단체의 장 또는 관계 공무원이나 그 사무에 관계되는 사람을 출석하게 하여 증인으로서 선서한 후 증언하게 하거나 참고인으로서 의견을 진술하도록 요구할 수 있다.

⑤ 제4항에 따른 증언에서 거짓증언을 한 사람은 고발할 수 있으며, 제4항에 따라 서류제출을 요구받은 자가 정당한 사유 없이 서류를 정해진 기한까지 제출하지 아니한 경우, 같은 항에 따라 출석요구를 받은 증인이 정당한 사유 없이 출석하지 아니하거나 선서 또는 증언을 거부한 경우에는 500만원 이하의 과태료를 부과할 수 있다.

제50조

[행정사무 감사 또는 조사 보고의 처리]
① 지방의회는 본회의의 의결로 감사 또는 조사 결과를 처리한다.
② 지방의회는 감사 또는 조사 결과 해당 지방자치단체나 기관의 시정이 필요한 사유가 있을 때에는 시정을 요구하고, 지방자치단체나 기관에서 처리함이 타당하다고 인정되는 사항은 그 지방자치단체나 기관으로 이송한다.
③ 지방자치단체나 기관은 제2항에 따라 시정 요구를 받거나 이송받은 사항을 지체 없이 처리하고 그 결과를 지방의회에 보고하여야 한다.

제53조

[정례회]
① 지방의회는 매년 2회 정례회를 개최한다.
② 정례회의 집회일, 그 밖에 정례회 운영에 필요한 사항은 해당 **지방자치단체의 조례로** 정한다.

제54조

[임시회]
① 지방의회의원 총선거 후 최초로 집회되는 임시회는 지방의회 사무처장·사무국장·사무과장이 지방의회의원 임기 개시일부터 25일 **이내**에 소집한다.
② 지방자치단체를 폐지하거나 설치하거나 나누거나 합쳐 새로운 지방자치단체가 설치된 경우에 최초의 임시회는 지방의회 사무처장·사무국장·사무과장이 해당 지방자치단체가 설치되는 날에 소집한다.
③ 지방의회의 의장은 지방자치단체의 장이나 조례로 정하는 수 이상의 지방의회의원이 요구하면 15일 **이내**에 임시회를 소집하여야 한다. 다만, 지방의회의 의장과 부의장이 부득이한 사유로 임시회를 소집할 수 없을 때에는 지방의회의원 중 최다선의원이, 최다선의원이 2명 이상인 경우에는 그 중 연장자의 순으로 소집할 수 있다.
④ 임시회 소집은 집회일 3일 **전**에 공고하여야 한다. 다만, 긴급할 때에는 그러하지 아니하다.

제56조

[개회·휴회·폐회와 회의일수]
① 지방의회의 개회·휴회·폐회와 회기는 지방의회가 의결로 정한다.
② 연간 회의 총일수와 정례회 및 임시회의 회기는 해당 **지방자치단체의 조례로** 정한다.

제57조

[의장·부의장의 선거와 임기]
① 지방의회는 지방의회의원 중에서 시·도의 경우 의장 1명과 부의장 2명을, 시·군 및 자치구의 경우 의장과 부의장 각 1명을 무기명투표로 선출하여야 한다.
② 지방의회의원 총선거 후 처음으로 선출하는 의장·부의장 선거는 최초집회일에 실시한다.
③ 의장과 부의장의 임기는 **2년**으로 한다.

제58조	**[의장의 직무]** 지방의회의 의장은 의회를 대표하고 의사(議事)를 정리하며, 회의장 내의 질서를 유지하고 의회의 사무를 감독한다.
제59조	**[의장 직무대리]** 지방의회의 의장이 부득이한 사유로 직무를 수행할 수 없을 때에는 부의장이 그 직무를 대리한다.
제60조	**[임시의장]** 지방의회의 의장과 부의장이 모두 부득이한 사유로 직무를 수행할 수 없을 때에는 임시의장을 선출하여 의장의 직무를 대행하게 한다.
제61조	**[보궐선거]** ① 지방의회의 의장이나 부의장이 궐위(闕位)된 경우에는 보궐선거를 실시한다. ② 보궐선거로 당선된 의장이나 부의장의 임기는 전임자 임기의 남은 기간으로 한다.
제62조	**[의장·부의장 불신임의 의결]** ① 지방의회의 의장이나 부의장이 법령을 위반하거나 정당한 사유 없이 직무를 수행하지 아니하면 지방의회는 불신임을 의결할 수 있다. ② 제1항의 불신임 의결은 **재적의원 4분의 1 이상의 발의와 재적의원 과반수의 찬성**으로 한다. ③ 제2항의 불신임 의결이 있으면 지방의회의 의장이나 부의장은 그 직에서 해임된다.
제63조	**[의장 등을 선거할 때의 의장 직무 대행]** 제57조 제1항, 제60조 또는 제61조 제1항에 따른 선거(이하 이 조에서 "의장등의 선거"라 한다)를 실시할 때 의장의 직무를 수행할 사람이 없으면 출석의원 중 최다선의원이, 최다선의원이 2명 이상이면 그 중 연장자가 그 직무를 대행한다. 이 경우 직무를 대행하는 지방의회의원이 정당한 사유 없이 의장등의 선거를 실시할 직무를 이행하지 아니할 때에는 다음 순위의 지방의회의원이 그 직무를 대행한다.
제63조의2	**[교섭단체]** ① **지방의회에 교섭단체를 둘 수 있다. 이 경우 조례로 정하는 수 이상의 소속의원을 가진 정당은 하나의 교섭단체가 된다.** ② 제1항 후단에도 불구하고 다른 교섭단체에 속하지 아니하는 의원 중 조례로 정하는 수 이상의 의원은 따로 교섭단체를 구성할 수 있다. ③ 그 밖에 교섭단체의 구성 및 운영 등에 필요한 사항은 조례로 정한다.

제72조	**[의사정족수]** ① 지방의회는 **재적의원 3분의 1 이상의 출석**으로 개의(開議)한다. ② 회의 참석 인원이 제1항의 정족수에 미치지 못할 때에는 지방의회의 의장은 회의를 중지하거나 산회(散會)를 선포한다.
제73조	**[의결정족수]** ① 회의는 이 법에 특별히 규정된 경우 외에는 **재적의원 과반수의 출석과 출석의원 과반수의 찬성**으로 의결한다. ② 지방의회의 의장은 의결에서 표결권을 가지며, 찬성과 반대가 같으면 부결된 것으로 본다.
제85조	**[청원서의 제출]** ① 지방의회에 청원을 하려는 자는 **지방의회의원의 소개**를 받아 청원서를 제출하여야 한다. ② 청원서에는 청원자의 성명(법인인 경우에는 그 명칭과 대표자의 성명을 말한다) 및 주소를 적고 서명·날인하여야 한다.
제86조	**[청원의 불수리]** 재판에 간섭하거나 법령에 위배되는 내용의 청원은 수리하지 아니한다.
제87조	**[청원의 심사·처리]** ① 지방의회의 의장은 청원서를 접수하면 소관 위원회나 본회의에 회부하여 심사를 하게 한다. ② 청원을 소개한 지방의회의원은 소관 위원회나 본회의가 요구하면 청원의 취지를 설명하여야 한다. ③ 위원회가 청원을 심사하여 본회의에 부칠 필요가 없다고 결정하면 그 처리 결과를 지방의회의 의장에게 보고하고, 지방의회의 의장은 청원한 자에게 알려야 한다.
제88조	**[청원의 이송과 처리보고]** ① 지방의회가 채택한 청원으로서 그 지방자치단체의 장이 처리하는 것이 타당하다고 인정되는 청원은 의견서를 첨부하여 지방자치단체의 장에게 이송한다. ② 지방자치단체의 장은 제1항의 청원을 처리하고 그 처리결과를 지체 없이 지방의회에 보고하여야 한다.
제105조	**[지방자치단체의 장의 직 인수위원회]** ① 「공직선거법」 제191조에 따른 지방자치단체의 장의 당선인(같은 법 제14조 제3항 단서에 따라 당선이 결정된 사람을 포함하며, 이하 이 조에서 "당선인"이라 한다)은 이 법에서 정하는 바에 따라 지방자치단체의 장의 직 인수를 위하여 필요한 권한을 갖는다. ② 당선인을 보좌하여 지방자치단체의 장의 직 인수와 관련된 업무를 담당하기 위하여 당선이 결정된 때부터 해당 지방자치단체에 지방자치단체의 장의 직 인수위원회(이하 이 조에서 "인수위원회"라 한다)를 설치할 수 있다.

	③ 인수위원회는 당선인으로 결정된 때부터 지방자치단체의 장의 임기 시작일 이후 20일의 범위에서 존속한다. ④ 인수위원회는 다음 각 호의 업무를 수행한다. 　1. 해당 지방자치단체의 조직·기능 및 예산현황의 파악 　2. 해당 지방자치단체의 정책기조를 설정하기 위한 준비 　3. 그 밖에 지방자치단체의 장의 직 인수에 필요한 사항 ⑤ 인수위원회는 **위원장 1명 및 부위원장 1명**을 포함하여 다음 각 호의 구분에 따른 위원으로 구성한다. 　1. 시·도: 20명 이내 　2. 시·군 및 자치구: 15명 이내 ⑥ 위원장·부위원장 및 위원은 **명예직**으로 하고, 당선인이 임명하거나 위촉한다. ⑦ 「지방공무원법」 제31조 각 호의 어느 하나에 해당하는 사람은 인수위원회의 위원장·부위원장 및 위원이 될 수 없다. ⑧ 인수위원회의 위원장·부위원장 및 위원과 그 직에 있었던 사람은 그 직무와 관련하여 알게 된 비밀을 다른 사람에게 누설하거나 지방자치단체의 장의 직 인수 업무 외의 다른 목적으로 이용할 수 없으며, 직권을 남용해서는 아니 된다. ⑨ 인수위원회의 위원장·부위원장 및 위원과 그 직에 있었던 사람 중 공무원이 아닌 사람은 인수위원회의 업무와 관련하여 「형법」이나 그 밖의 법률에 따른 벌칙을 적용할 때에는 공무원으로 본다. ⑩ 제1항부터 제9항까지에서 규정한 사항 외에 인수위원회의 구성·운영 및 인력·예산 지원 등에 필요한 사항은 해당 **지방자치단체의 조례**로 정한다.
제106조	**[지방자치단체의 장]** 특별시에 특별시장, 광역시에 광역시장, 특별자치시에 특별자치시장, 도와 특별자치도에 도지사를 두고, 시에 시장, 군에 군수, 자치구에 구청장을 둔다.
제107조	**[지방자치단체의 장의 선거]** 지방자치단체의 장은 주민이 **보통·평등·직접·비밀선거**로 선출한다.
제108조	**[지방자치단체의 장의 임기]** 지방자치단체의 장의 임기는 **4년**으로 하며, 3기 내에서만 계속 재임(在任)할 수 있다.
제114조	**[지방자치단체의 통할대표권]** 지방자치단체의 장은 지방자치단체를 대표하고, 그 사무를 총괄한다.
제115조	**[국가사무의 위임]** 시·도와 시·군 및 자치구에서 시행하는 국가사무는 시·도지사와 시장·군수 및 자치구의 구청장에게 위임하여 수행하는 것을 원칙으로 한다. 다만, 법령에 다른 규정이 있는 경우에는 그러하지 아니하다.

제116조	**[사무의 관리 및 집행권]** 지방자치단체의 장은 그 지방자치단체의 사무와 법령에 따라 그 지방자치단체의 장에게 위임된 사무를 관리하고 집행한다.
제117조	**[사무의 위임 등]** ① 지방자치단체의 장은 조례나 규칙으로 정하는 바에 따라 그 권한에 속하는 사무의 일부를 보조기관, 소속 행정기관 또는 하부행정기관에 위임할 수 있다. ② 지방자치단체의 장은 조례나 규칙으로 정하는 바에 따라 그 권한에 속하는 사무의 일부를 관할 지방자치단체나 공공단체 또는 그 기관(사업소·출장소를 포함한다)에 위임하거나 위탁할 수 있다.
제118조	**[직원에 대한 임면권 등]** 지방자치단체의 장은 소속 직원(지방의회의 사무직원은 제외한다)을 지휘·감독하고 법령과 조례·규칙으로 정하는 바에 따라 그 임면·교육훈련·복무·징계 등에 관한 사항을 처리한다.
제119조	**[사무인계]** 지방자치단체의 장이 퇴직할 때에는 소관 사무 일체를 후임자에게 인계하여야 한다.
제120조	**[지방의회의 의결에 대한 재의 요구와 제소]** ① 지방자치단체의 장은 지방의회의 의결이 월권이거나 **법령에 위반**되거나 **공익을 현저히 해친다고** 인정되면 그 의결사항을 이송받은 날부터 **20일 이내에** 이유를 붙여 재의를 요구할 수 있다. ② 제1항의 요구에 대하여 재의한 결과 **재적의원 과반수의 출석과 출석의원 3분의 2 이상의** 찬성으로 전과 같은 의결을 하면 그 의결사항은 확정된다. ③ 지방자치단체의 장은 제2항에 따라 재의결된 사항이 **법령에 위반된다고** 인정되면 대법원에 소(訴)를 제기할 수 있다. 이 경우에는 제192조 제4항을 준용한다.
제121조	**[예산상 집행 불가능한 의결의 재의 요구]** ① 지방자치단체의 장은 지방의회의 의결이 **예산상 집행할 수 없는 경비를** 포함하고 있다고 인정되면 그 의결사항을 이송받은 날부터 **20일 이내에** 이유를 붙여 재의를 요구할 수 있다. ② 지방의회가 다음 각 호의 어느 하나에 해당하는 경비를 줄이는 의결을 할 때에도 제1항과 같다. 　1. 법령에 따라 지방자치단체에서 의무적으로 부담하여야 할 경비 　2. 비상재해로 인한 시설의 응급 복구를 위하여 필요한 경비 ③ 제1항과 제2항의 경우에는 제120조 제2항을 준용한다.

제122조	**[지방자치단체의 장의 선결처분]** ① 지방자치단체의 장은 지방의회가 지방의회의원이 구속되는 등의 사유로 제73조에 따른 **의결정족수에 미달될 때**와 지방의회의 의결사항 중 **주민의 생명과 재산 보호를 위하여 긴급하게 필요한 사항**으로서 **지방의회를 소집할 시간적 여유가 없거나** 지방의회에서 의결이 지체되어 의결되지 아니할 때에는 **선결처분(先決處分)**을 할 수 있다. ② 제1항에 따른 선결처분은 지체 없이 지방의회에 보고하여 **승인**을 받아야 한다. ③ 지방의회에서 제2항의 승인을 받지 못하면 그 선결처분은 **그때부터** 효력을 상실한다. ④ 지방자치단체의 장은 제2항이나 제3항에 관한 사항을 지체 없이 공고하여야 한다.
제123조	**[부지사·부시장·부군수·부구청장]** ① 특별시·광역시 및 특별자치시에 부시장, 도와 특별자치도에 부지사, 시에 부시장, 군에 부군수, 자치구에 부구청장을 두며, 그 수는 다음 각 호의 구분과 같다. 　1. 특별시의 부시장의 수: **3명**을 넘지 아니하는 범위에서 대통령령으로 정한다. 　2. 광역시와 특별자치시의 부시장 및 도와 특별자치도의 부지사의 수: **2명**(인구 800만 이상의 광역시나 도는 **3명**)을 넘지 아니하는 범위에서 대통령령으로 정한다. 　3. 시의 부시장, 군의 부군수 및 자치구의 부구청장의 수: **1명**으로 한다. ② 특별시·광역시 및 특별자치시의 부시장, 도와 특별자치도의 부지사는 대통령령으로 정하는 바에 따라 정무직 또는 일반직 국가공무원으로 보한다. 다만, 제1항 제1호 및 제2호에 따라 특별시·광역시 및 특별자치시의 부시장, 도와 특별자치도의 부지사를 2명이나 3명 두는 경우에 1명은 대통령령으로 정하는 바에 따라 정무직·일반직 또는 별정직 지방공무원으로 보하되, 정무직과 별정직 지방공무원으로 보할 때의 자격기준은 해당 지방자치단체의 조례로 정한다. ③ 제2항의 정무직 또는 일반직 국가공무원으로 보하는 부시장·부지사는 시·도지사의 제청으로 행정안전부장관을 거쳐 대통령이 임명한다. 이 경우 제청된 사람에게 법적 결격사유가 없으면 시·도지사가 제청한 날부터 30일 이내에 임명절차를 마쳐야 한다. ④ 시의 부시장, 군의 부군수, 자치구의 부구청장은 일반직 지방공무원으로 보하되, 그 직급은 대통령령으로 정하며 시장·군수·구청장이 임명한다. ⑤ 시·도의 부시장과 부지사, 시의 부시장·부군수·부구청장은 해당 지방자치단체의 장을 보좌하여 사무를 총괄하고, 소속 직원을 지휘·감독한다. ⑥ 제1항 제1호 및 제2호에 따라 시·도의 부시장과 부지사를 2명이나 3명 두는 경우에 그 사무 분장은 대통령령으로 정한다. 이 경우 부시장·부지사를 3명 두는 시·도에서는 그 중 1명에게 특정지역의 사무를 담당하게 할 수 있다.
제124조	**[지방자치단체의 장의 권한대행 등]** ① 지방자치단체의 장이 다음 각 호의 어느 하나에 해당되면 부지사·부시장·부군수·부구청장(이하 이 조에서 "부단체장"이라 한다)이 그 권한을 대행한다. 　1. **궐위**된 경우 　2. **공소 제기**된 후 **구금상태**에 있는 경우 　3. 「의료법」에 따른 의료기관에 **60일** 이상 계속하여 입원한 경우

	② 지방자치단체의 장이 그 직을 가지고 그 지방자치단체의 장 선거에 입후보하면 예비후보자 또는 후보자로 등록한 날부터 선거일까지 부단체장이 그 지방자치단체의 장의 권한을 대행한다. ③ 지방자치단체의 장이 출장·휴가 등 일시적 사유로 직무를 수행할 수 없으면 부단체장이 그 직무를 대리한다. ④ 제1항부터 제3항까지의 경우에 부지사나 부시장이 2명 이상인 시·도에서는 대통령령으로 정하는 순서에 따라 그 권한을 대행하거나 직무를 대리한다. ⑤ 제1항부터 제3항까지의 규정에 따라 권한을 대행하거나 직무를 대리할 부단체장이 부득이한 사유로 직무를 수행할 수 없으면 그 지방자치단체의 규칙에 정해진 직제 순서에 따른 공무원이 그 권한을 대행하거나 직무를 대리한다.
제125조	**[행정기구와 공무원]** ① 지방자치단체는 그 사무를 분장하기 위하여 필요한 행정기구와 지방공무원을 둔다. ② 제1항에 따른 행정기구의 설치와 지방공무원의 정원은 인건비 등 대통령령으로 정하는 기준에 따라 그 지방자치단체의 조례로 정한다.
제140조	**[회계연도]** 지방자치단체의 회계연도는 매년 1월 1일에 시작하여 그 해 12월 31일에 끝난다.
제141조	**[회계의 구분]** ① 지방자치단체의 회계는 일반회계와 특별회계로 구분한다. ② 특별회계는 법률이나 지방자치단체의 조례로 설치할 수 있다.
제142조	**[예산의 편성 및 의결]** ① 지방자치단체의 장은 회계연도마다 예산안을 편성하여 시·도는 회계연도 시작 50일 전까지, 시·군 및 자치구는 회계연도 시작 **40일 전**까지 지방의회에 제출하여야 한다. ② 시·도의회는 제1항의 예산안을 회계연도 시작 **15일 전**까지, 시·군 및 자치구의회는 회계연도 시작 10일 전까지 의결하여야 한다. ③ 지방의회는 지방자치단체의 장의 동의 없이 지출예산 각 항의 금액을 증가시키거나 새로운 비용항목을 설치할 수 없다. ④ 지방자치단체의 장은 제1항의 예산안을 제출한 후 부득이한 사유로 그 내용의 일부를 수정하려면 수정예산안을 작성하여 지방의회에 다시 제출할 수 있다.
제143조	**[계속비]** 지방자치단체의 장은 한 회계연도를 넘어 계속하여 경비를 지출할 필요가 있으면 그 총액과 연도별 금액을 정하여 계속비로서 지방의회의 의결을 받아야 한다.

제144조	**[예비비]** ① 지방자치단체는 예측할 수 없는 예산 외의 지출이나 예산초과지출에 충당하기 위하여 세입·세출예산에 예비비를 계상하여야 한다. ② 예비비의 지출은 다음 해 지방의회의 승인을 받아야 한다.
제145조	**[추가경정예산]** ① 지방자치단체의 장은 예산을 변경할 필요가 있으면 추가경정예산안을 편성하여 지방의회의 의결을 받아야 한다. ② 제1항의 경우에는 제142조 제3항 및 제4항을 준용한다.
제146조	**[예산이 성립하지 아니할 때의 예산 집행]** 지방의회에서 새로운 회계연도가 시작될 때까지 예산안이 의결되지 못하면 지방자치단체의 장은 지방의회에서 예산안이 의결될 때까지 다음 각 호의 목적을 위한 경비를 전년도 예산에 준하여 집행할 수 있다. 1. 법령이나 조례에 따라 설치된 기관이나 시설의 유지·운영 2. 법령상 또는 조례상 지출의무의 이행 3. 이미 예산으로 승인된 사업의 계속
제183조	**[국가와 지방자치단체의 협력 의무]** 국가와 지방자치단체는 주민에 대한 균형적인 공공서비스 제공과 지역 간 균형발전을 위하여 협력하여야 한다.
제184조	**[지방자치단체의 사무에 대한 지도와 지원]** ① 중앙행정기관의 장이나 시·도지사는 지방자치단체의 사무에 관하여 조언 또는 권고하거나 지도할 수 있으며, 이를 위하여 필요하면 지방자치단체에 자료 제출을 요구할 수 있다. ② 국가나 시·도는 지방자치단체가 그 지방자치단체의 사무를 처리하는 데 필요하다고 인정하면 재정지원이나 기술지원을 할 수 있다. ③ 지방자치단체의 장은 제1항의 조언·권고 또는 지도와 관련하여 중앙행정기관의 장이나 시·도지사에게 의견을 제출할 수 있다.
제185조	**[국가사무나 시·도 사무 처리의 지도·감독]** ① 지방자치단체나 그 장이 위임받아 처리하는 국가사무에 관하여 시·도에서는 주무부장관, 시·군 및 자치구에서는 1차로 **시·도지사**, 2차로 **주무부장관**의 지도·감독을 받는다. ② 시·군 및 자치구나 그 장이 위임받아 처리하는 시·도의 사무에 관하여는 시·도지사의 지도·감독을 받는다.

제186조	**[중앙지방협력회의의 설치]** ① 국가와 지방자치단체 간의 협력을 도모하고 지방자치 발전과 지역 간 균형발전에 관련되는 중요 정책을 심의하기 위하여 중앙지방협력회의를 둔다. ② 제1항에 따른 중앙지방협력회의의 구성과 운영에 관한 사항은 따로 법률로 정한다.

제187조	**[중앙행정기관과 지방자치단체 간 협의·조정]**
	① 중앙행정기관의 장과 지방자치단체의 장이 사무를 처리할 때 의견을 달리하는 경우 이를 협의·조정하기 위하여 **국무총리 소속으로 행정협의조정위원회를 둔다.**
	② 행정협의조정위원회는 위원장 1명을 포함하여 13명 이내의 위원으로 구성한다.
	③ 행정협의조정위원회의 위원은 다음 각 호의 사람이 되고, 위원장은 제3호의 위촉위원 중에서 국무총리가 위촉한다.
	  1. 기획재정부장관, 행정안전부장관, 국무조정실장 및 법제처장
	  2. 안건과 관련된 중앙행정기관의 장과 시·도지사 중 위원장이 지명하는 사람
	  3. 그 밖에 지방자치에 관한 학식과 경험이 풍부한 사람 중에서 국무총리가 위촉하는 사람 4명
	④ 제1항부터 제3항까지에서 규정한 사항 외에 행정협의조정위원회의 구성과 운영 등에 필요한 사항은 대통령령으로 정한다.

제188조	**[위법·부당한 명령이나 처분의 시정]** ① 지방자치단체의 사무에 관한 지방자치단체의 장(제103조 제2항에 따른 사무의 경우에는 지방의회의 의장을 말한다. 이하 이 조에서 같다)의 명령이나 처분이 법령에 위반되거나 현저히 부당하여 공익을 해친다고 인정되면 **시·도에 대해서는 주무부장관이, 시·군 및 자치구에 대해서는 시·도지사가** 기간을 정하여 서면으로 시정할 것을 명하고, 그 기간에 이행하지 아니하면 이를 취소하거나 정지할 수 있다. ② **주무부장관은** 지방자치단체의 사무에 관한 시장·군수 및 자치구의 구청장의 명령이나 처분이 법령에 위반되거나 현저히 부당하여 공익을 해침에도 불구하고 시·도지사가 제1항에 따른 시정명령을 하지 아니하면 **시·도지사에게 기간을 정하여 시정명령을 하도록 명할 수 있다.** ③ **주무부장관은** 시·도지사가 제2항에 따른 기간에 시정명령을 하지 아니하면 제2항에 따른 기간이 지난 날부터 7일 이내에 **직접 시장·군수 및 자치구의 구청장에게** 기간을 정하여 서면으로 **시정할 것을** 명하고, 그 기간에 이행하지 아니하면 **주무부장관이 시장·군수 및 자치구의 구청장의 명령이나 처분을 취소하거나 정지할 수 있다.** ④ **주무부장관은** 시·도지사가 시장·군수 및 자치구의 구청장에게 제1항에 따라 시정명령을 하였으나 이를 이행하지 아니한 데 따른 취소·정지를 하지 아니하는 경우에는 **시·도지사에게 기간을 정하여** 시장·군수 및 자치구의 구청장의 명령이나 처분을 **취소하거나 정지할 것을** 명하고, 그 기간에 이행하지 아니하면 **주무부장관이 이를 직접 취소하거나 정지할 수 있다.**

	⑤ 제1항부터 제4항까지의 규정에 따른 **자치사무에** 관한 명령이나 처분에 대한 주무부장관 또는 시·도지사의 시정명령, 취소 또는 정지는 **법령을 위반한 것에** 한정한다.
	⑥ 지방자치단체의 장은 제1항, 제3항 또는 제4항에 따른 자치사무에 관한 명령이나 처분의 취소 또는 정지에 대하여 이의가 있으면 그 취소처분 또는 정지처분을 통보받은 날부터 15일 이내에 대법원에 소를 제기할 수 있다.
제189조	**[지방자치단체의 장에 대한 직무이행명령]** ① 지방자치단체의 장이 법령에 따라 그 의무에 속하는 **국가위임사무나 시·도위임사무의** 관리와 집행을 명백히 게을리하고 있다고 인정되면 시·도에 대해서는 주무부장관이, 시·군 및 자치구에 대해서는 시·도지사가 기간을 정하여 서면으로 이행할 사항을 명령할 수 있다. ② 주무부장관이나 시·도지사는 해당 지방자치단체의 장이 제1항의 기간에 이행명령을 이행하지 아니하면 그 지방자치단체의 비용부담으로 대집행 또는 행정상·재정상 필요한 조치(이하 이 조에서 "대집행등"이라 한다)를 할 수 있다. 이 경우 행정대집행에 관하여는 「행정대집행법」을 준용한다. ③ **주무부장관은** 시장·군수 및 자치구의 구청장이 법령에 따라 그 의무에 속하는 국가위임사무의 관리와 집행을 명백히 게을리하고 있다고 인정됨에도 불구하고 **시·도지사가** 제1항에 따른 **이행명령을 하지 아니하는 경우** 시·도지사에게 기간을 정하여 **이행명령을 하도록 명할** 수 있다. ④ **주무부장관은** 시·도지사가 제3항에 따른 기간에 이행명령을 하지 아니하면 제3항에 따른 기간이 지난 날부터 7일 이내에 **직접 시장·군수 및 자치구의 구청장에게** 기간을 정하여 **이행명령을 하고,** 그 기간에 이행하지 아니하면 **주무부장관이 직접 대집행등을** 할 수 있다. ⑤ 주무부장관은 시·도지사가 시장·군수 및 자치구의 구청장에게 제1항에 따라 이행명령을 하였으나 이를 이행하지 아니한 데 따른 대집행등을 하지 아니하는 경우에는 시·도지사에게 기간을 정하여 대집행등을 하도록 명하고, 그 기간에 대집행등을 하지 아니하면 주무부장관이 직접 대집행등을 할 수 있다. ⑥ 지방자치단체의 장은 제1항 또는 제4항에 따른 이행명령에 이의가 있으면 이행명령서를 접수한 날부터 15일 이내에 대법원에 소를 제기할 수 있다. 이 경우 지방자치단체의 장은 이행명령의 집행을 정지하게 하는 집행정지결정을 신청할 수 있다.
제190조	**[지방자치단체의 자치사무에 대한 감사]** ① 행정안전부장관이나 시·도지사는 지방자치단체의 **자치사무에** 관하여 보고를 받거나 서류·장부 또는 회계를 감사할 수 있다. 이 경우 감사는 **법령 위반사항에** 대해서만 한다. ② 행정안전부장관 또는 시·도지사는 제1항에 따라 **감사를 하기 전에** 해당 사무의 처리가 **법령에 위반되는지 등을 확인하여야** 한다.

제191조	**[지방자치단체에 대한 감사 절차 등]** ① 주무부장관, 행정안전부장관 또는 시·도지사는 이미 **감사원 감사 등이 실시된 사안에** 대해서는 새로운 사실이 발견되거나 중요한 사항이 누락된 경우 등 대통령령으로 정하는 경우를 제외하고는 감사 대상에서 제외하고 **종전의 감사 결과를 활용**하여야 한다. ② 주무부장관과 행정안전부장관은 다음 각 호의 어느 하나에 해당하는 감사를 하려고 할 때에는 지방자치단체의 수감부담을 줄이고 감사의 효율성을 높이기 위하여 같은 기간 동안 함께 감사를 할 수 있다. 　1. 제185조에 따른 주무부장관의 위임사무 감사 　2. 제190조에 따른 행정안전부장관의 자치사무 감사 ③ 제185조, 제190조 및 이 조 제2항에 따른 감사의 절차·방법 등에 관하여 필요한 사항은 대통령령으로 정한다.
제192조	**[지방의회 의결의 재의와 제소]** ① 지방의회의 의결이 **법령에** 위반되거나 **공익을 현저히 해친다고 판단**되면 시·도에 대해서는 **주무부장관**이, 시·군 및 자치구에 대해서는 **시·도지사가** 해당 지방자치단체의 장에게 재의를 요구하게 할 수 있고, 재의 요구 지시를 받은 지방자치단체의 장은 의결사항을 이송받은 날부터 20일 이내에 지방의회에 이유를 붙여 재의를 요구하여야 한다. ② 시·군 및 자치구의회의 의결이 법령에 위반된다고 판단됨에도 불구하고 시·도지사가 제1항에 따라 재의를 요구하게 하지 아니한 경우 **주무부장관이 직접 시장·군수 및 자치구의 구청장**에게 재의를 요구하게 할 수 있고, 재의 요구 지시를 받은 시장·군수 및 자치구의 구청장은 의결사항을 이송받은 날부터 20일 이내에 지방의회에 이유를 붙여 재의를 요구하여야 한다. ③ 제1항 또는 제2항의 요구에 대하여 재의한 결과 **재적의원 과반수의 출석과 출석의원 3분의 2 이상의 찬성으로** 전과 같은 의결을 하면 그 의결사항은 확정된다. ④ 지방자치단체의 장은 제3항에 따라 재의결된 사항이 **법령에** 위반된다고 판단되면 재의결된 날부터 20일 이내에 대법원에 소를 제기할 수 있다. 이 경우 필요하다고 인정되면 그 의결의 집행을 정지하게 하는 집행정지결정을 신청할 수 있다. ⑤ 주무부장관이나 시·도지사는 재의결된 사항이 법령에 위반된다고 판단됨에도 불구하고 해당 지방자치단체의 장이 소를 제기하지 아니하면 시·도에 대해서는 **주무부장관이**, 시·군 및 자치구에 대해서는 **시·도지사**(제2항에 따라 **주무부장관이 직접 재의 요구 지시를 한 경우에는 주무부장관을 말한다. 이하 이 조에서 같다**)가 그 지방자치단체의 장에게 **제소를 지시하거나 직접 제소** 및 집행정지결정을 신청할 수 있다. ⑥ 제5항에 따른 제소의 지시는 제4항의 기간이 지난 날부터 7일 이내에 하고, 해당 지방자치단체의 장은 제소 지시를 받은 날부터 7일 이내에 제소하여야 한다. ⑦ 주무부장관이나 시·도지사는 제6항의 기간이 지난 날부터 7일 이내에 제5항에 따른 직접 제소 및 집행정지결정을 신청할 수 있다.

⑧ 제1항 또는 제2항에 따라 지방의회의 의결이 법령에 위반된다고 판단되어 주무부장관이나 시·도지사로부터 재의 요구 지시를 받은 해당 지방자치단체의 장이 재의를 요구하지 아니하는 경우(법령에 위반되는 지방의회의 의결사항이 조례안인 경우로서 재의 요구 지시를 받기 전에 그 조례안을 공포한 경우를 포함한다)에는 주무부장관이나 시·도지사는 제1항 또는 제2항에 따른 기간이 지난 날부터 7일 이내에 대법원에 직접 제소 및 집행정지 결정을 신청할 수 있다.

⑨ 제1항 또는 제2항에 따른 지방의회의 의결이나 제3항에 따라 재의결된 사항이 둘 이상의 부처와 관련되거나 주무부장관이 불분명하면 행정안전부장관이 재의 요구 또는 제소를 지시하거나 직접 제소 및 집행정지 결정을 신청할 수 있다.

MEMO

2025 대비 최신개정판

해커스공무원

신동욱

헌법 조문해설집

개정 5판 1쇄 발행 2024년 8월 26일

지은이	신동욱 편저
펴낸곳	해커스패스
펴낸이	해커스공무원 출판팀

주소	서울특별시 강남구 강남대로 428 해커스공무원
고객센터	1588-4055
교재 관련 문의	gosi@hackerspass.com
	해커스공무원 사이트(gosi.Hackers.com) 교재 Q&A 게시판
	카카오톡 플러스 친구 [해커스공무원 노량진캠퍼스]
학원 강의 및 동영상강의	gosi.Hackers.com

ISBN	979-11-7244-303-0 (13360)
Serial Number	05-01-01

공무원 교육 1위,
해커스공무원 **gosi.Hackers.com**

 **해커스공무원**

· **해커스공무원 학원 및 인강**(교재 내 인강 할인쿠폰 수록)
· 해커스 스타강사의 **공무원 헌법 무료 특강**
· 정확한 성적 분석으로 약점 극복이 가능한 **합격예측 온라인 모의고사**(교재 내 응시권 및 해설강의 수강권 수록)